TILL HEIN

DER KREUZBERG RUFT!

GRATWANDERUNGEN DURCH BERLIN

berlin edition im
be.bra verlag

Einige Episoden aus diesem Buch könnten Freunden der Holzmedien bekannt vorkommen, denn der Autor hat in den vergangenen Jahren immer wieder Artikel über das Leben in und um Berlin verfasst. Viele Personen und manche Schauplätze wurden nun so weit verfremdet, dass die Privatsphäre erhalten bleibt. Der Ich-Erzähler dieses Buch behauptet: »Alles war genau so!« Der Autor hingegen weiß: Vieles im Leben bildet man sich (vielleicht) nur ein. Im Zweifelsfall aber haben sich gerade diejenigen Begebenheiten, die manchen Lesern unrealistisch erscheinen mögen, im realen Berlin der Nullerjahre tatsächlich genau so zugetragen.

Bibliografische Information der Deutschen Nationalbibliothek
Die Deutsche Nationalbibliothek verzeichnet diese Publikation
in der Deutschen Nationalbibliografie; detaillierte bibliografische
Daten sind im Internet über http://dnb.d-nb.de abrufbar.

© berlin edition im be.bra verlag GmbH
Berlin-Brandenburg, 2012
KulturBrauerei Haus 2
Schönhauser Allee 37, 10435 Berlin
post@bebraverlag.de
Lektorat: Marijke Topp, Berlin
Umschlag: Ansichtssache, Berlin
Satz: typegerecht berlin
Schrift: DTL Documenta 10/13 pt
Druck und Bindung: GGP Media GmbH, Pößneck
ISBN 978-3-8148-0194-0

www.bebraverlag.de

Inhalt

Röbi, ein Neuberliner aus der Schweiz, hatte mit ein paar Kumpels und vielen Kästen Bier in seiner Kreuzberger WG ein Festli organisiert. Und in den frühen Morgenstunden lag er dann plötzlich auf Frau Stelzer. Nein, nichts Sexuelles. Im Rausch hatte ihn die Sehnsucht nach den Alpen übermannt: Röbi stellte sich auf seine Skier und bretterte das Treppenhaus hinab. Er bekam ordentlich Schwung, und Frau Stelzer aus dem Erdgeschoss, vom Gepolter aufgeschreckt, trat neugierig aus ihrer Wohnungstür. Als Röbi seine Nachbarin später im Krankenhaus besuchen wollte, hieß es: »Stelzer? – Ham wa keene.« Schließlich fand er die Dame dennoch wieder. Sie lag auf der psychiatrischen Abteilung. »Völlig verwirrt, die Alte«, knurrte ihn ein Pfleger an: »Labert andauernd von einem Skifahrer im Treppenhaus.«

Solche Anekdoten erzählte man sich bei uns in Basel über Berlin. Muss eine total faszinierende Stadt sein, dachte ich schon als Teenager. Damals hatte am Basler Stadttheater gerade das Berlin-Musical »Linie 1« Premiere. Musicals waren hassenswert, klar. Aber »Linie 1« war anders. »Fahr mal wieder U-Bahn!«, grölten da süße Grufti-Bräute gemeinsam mit fetten Polizisten und einem plötzlich wie entfesselt durch die Waggons steppenden Rentnerpaar: »Linie 1!« In Berlin war sogar der Nahverkehr Kult, staunten wir. Meine Lieblingsrolle war Bambi. Ein Typ in Lederjacke, der sich total gut auskannte im Großstadtdschungel und immer sagte: »Ein Glück ey, dass ihr mir jetroffen habt.« Seltsam, wie die da in Berlin redeten. Aber so lässig wie Bambi wäre ich gerne gewesen. Und da ein Freund von mir als Beleuchter am Stadttheater jobbte, konnte ich Bambi zumindest sooft ich wollte auf der Bühne bewundern.

Ich liebte es, im Rhein durch meine Heimatstadt zu schwimmen. Ich liebte das Spalentor, den Basler Zolli, Fondue, Schoggi,

Käswaie, das Alpenglühen in den Schweizer Bergen. Und dennoch sehnte ich mich von Tag zu Tag mehr nach der Weite der Welt – nach Berlin. Eines Abends kam ich vor dem Basler Kaffi Schlappe mit einem coolen Typen ins Gespräch. Er sei Künstler und lebe in Berlin, erzählte er, der wie eine Reinkarnation von Jim Morrison, dem Sänger der legendären Doors, aussah. Bald kam er auf Autofußball zu sprechen: »Das spielen in Berlin jetzt alle!« Man trifft sich auf einer Wiese und jeder Spieler fährt ein altes Auto, erzählte er: Der Ball ist aus Plastik und hat einen Durchmesser von einem Meter. Das Spielfeld sieht wie ein normaler Fußballplatz aus, nur weniger gepflegt. Es spielen fünf gegen fünf. Man darf gegnerische Autos unsanft vom Ball trennen. Ein frontaler Crash hingegen gilt als Foul. Es gibt gelbe und rote Karten, aber keine Auswechselautos. »Sehr geil«, sagte der Berliner und schüttelte sich die Lockenmähne aus dem Gesicht. Gespielt werde fast überall, auf gigantischen Brachen, mitten in der Millionenstadt: Wahnsinn! In Berlin, »der einzigen Stadt in der Welt, von der aus in alle Richtungen Osten ist« – wie ich aus »Linie 1« wusste –, schien wirklich alles möglich zu sein.

Kein Wunder, dass der Schweizer Schriftsteller Robert Walser schon vor fast hundert Jahren in diese Traumstadt auswandern wollte, dachte ich. »Berlin gibt immer den Ton an«, schrieb Walser, sagte dem Heidi-Heimatland adieu, zügelte nach Berlin und schrieb dort seinen wunderschönen Roman »Der Gehülfe« – über die Schweizer Provinz. Man konnte als Schweizer in Berlin allerdings auch ganz schön auf die Schnauze fallen, ahnte ich. So wie Röbi aus Frenkendorf-Füllinsdorf bei Basel im Kreuzberger Treppenhaus. Aber: No risk, no fun! Und war ich nicht schon immer ein Gipfelstürmer gewesen? Hatte ich nicht den Belchen bei Basel (1099 Höhenmeter) bezwungen, die Rigi (1798 Höhenmeter) am Vierwaldstättersee, die in der Schweiz auch »Königin der Berge« genannt wurde, und sogar den mehr als 3100 Meter hohen Piz Lischana im Kanton Graubünden? Hatte ich nicht Blitz und Donner im Gebirge überlebt und war zum Morgestraich der Basler Fasnacht Jahr für Jahr eisern um halb vier Uhr früh aufgestanden, um hinter den Trommlern und Piccolo-Spielern durch die Gassen der

Altstadt zu ziehen? Hatte ich nicht zwei Semester Studium und ein Praktikum in Zürich überlebt? Und sogar zwei Gastsemester in Österreich?

Doch meiner Heimat wirklich den Rücken zu kehren, fiel mir schwer. Vielleicht lag es am mittelalterlichen Erbe: Auf der Rütli-Wiese, hoch über dem Vierwaldstättersee, ist die Schweiz einst gegründet worden, so die Legende. »Wir wollen sein ein einzig Volk von Brüdern, in keiner Not uns trennen und Gefahr«, sollen sich dort die Urner, die Schwyzer und die Unterwaldner im 13. Jahrhundert ewige Treue geschworen haben. Es fühlte sich mies an, fahnenflüchtig zu werden. Und dann wollte ich auch noch ausgerechnet nach Deutschland zügeln, zu den Schwoobe! Sogar die selbstverliebten Zürcher hatten in Basel einen besseren Ruf. Das Schwoobeland war einfach zu nah bei Basel und zu mächtig. Selbst der Text unserer Stadthymne stammt aus der Feder eines Deutschen. Johann Peter Hebel (1760 –1826) hat ihn gedichtet. »Z'Basel a mym Rhy, jo dört mecht i sy, wait nyt d'Luft so mild und lau, und dr Himmel isch so blau …« (In Basel, an meinem Rhein, ja dort möchte ich sein …). Wie ich diesen Typen als Kind gehasst habe! Ich lernte im Petersschulhaus, das nach ihm benannt ist, lesen und schreiben. Und am 10. Mai, dem Geburtstag des Dichters, mussten wir jeweils vor dem Hebel-Denkmal antraben und »Z'Basel a mym Rhy« singen für diesen Schwoob.

Die Schweiz war schön und reich. Aber etwas flächenarm. »Diskurs in der Enge« hieß denn auch ein berühmtes Buch über mein Heidi-Land. Und als ich Anfang dreißig war, fasste ich mir ein Herz und beschloss, tatsächlich in die Stadt meiner Träume zu zügeln. In Berlin würde ich neue Inspiration finden, machte ich mir Mut. Meine Kumpels lächelten mitleidig. »Du und Berlin?«, spottete Ruedi Messerli. »Do bini skeptisch.« (Da bin ich skeptisch.) »Do bini sehr, sehr skeptisch«, sagte Schampe. Und nicht nur die Basler wollten mir den Umzug ausreden. »Daugd's da leicht, wonda ana in die U-Bahn eini schbeibt?« (Schätzt du es denn, wenn neben dir jemand in die U-Bahn kotzt?), spottete Irma aus München am Telefon. »Findst des inspirierend?« Lauter Bremser und Banausen. Dabei war sogar die Regierung des Schwoobelands kürzlich

9

aus der Bonner Provinz nach Berlin umgezogen. Auch wenn der große Berlin-Hype inzwischen wieder ein bisschen am Abklingen zu sein schien: »Es ist etwas Müdes und Kakanisches an dieser Metropole«, schrieb die ZEIT. »Berlin wird Bielefeld«, spitzte der Spiegel zu, und der Rheinische Merkur flehte seine Leser gar an: »Betet für Berlin!«

Röbi, den schneidigen Treppenhaus-Skifahrer, erreichte ich seit Wochen nicht mehr. In seiner Kreuzberger WG ging einfach keiner ans Telefon. Zum Glück kannte ich über ihn aber bereits einen echten Berliner: Joe. Der tatkräftige Sunnyboy mit Muskeln wie ein Gorilla hatte im vergangenen Jahr mal ein Wochenende in Basel verbracht. »Nett«, war sein Kommentar gewesen. Über meine Fluchtpläne aus der Schweiz schien er nun allerdings nicht sonderlich überrascht zu sein, als ich ihn anrief. »Logisch kannste erst mal bei mir wohnen«, sagte er und nannte mir die Adresse seiner WG. Drei Wochen später war ich auf der Autobahn, mit meinem ganzen Kram, in einem großen, weißen Lieferwagen. Käthi, eine alte Freundin aus Basel, hatte sich breitschlagen lassen, den Wagen zu fahren. Obwohl sie »total skeptisch« war, was meinen Umzug betraf. Aber ich hatte halt keinen Führerschein. Wie im Rausch hörte ich in voller Lautstärke Berlin-Songs: »Ich steh auf Berlin« von Ideal, »Berlin Woman« von Rocko Schamoni, »Berlin, dein Gesicht hat Sommersprossen« von Hilde Knef. Und immer wieder Udo Lindenbergs Klassiker »Sonderzug nach Pankow«. Einst hatte ich gedacht, in diesem Song gehe es um eine Eisenbahnreise nach Bangkok. Doch inzwischen war ich informiert: Pankow, klar! In Ostberlin, ehemals Hauptstadt der DDR. Und das »w« wurde nicht ausgesprochen. Wie exotisch! Diesen Stadtteil, der Panik-Udo so sehr faszinierte, wollte ich mir natürlich möglichst bald ansehen.

Doch kurz hinter Mannheim wurde mir flau im Magen. »Was, wenn Joe sich gar nicht mehr an mich erinnerte? Wir hatten fix ausgemacht, dass ich für eine Weile bei ihm in der WG einziehen würde. Aber in großen Städten sollen die Menschen recht unzuverlässig sein, hatte ich gehört: heute deine besten Freunde – und morgen alles vergessen. Ich wählte Joes Nummer. Nach einer Ewigkeit ging er an den Apparat. »Ciao, Joe«, stammelte ich ins Natel. »Äh, ich komme ja jetzt nach Berlin. Und ich wollte, äh, nochmal fragen, äh, wegen meiner Sachen?« – »Ham wir doch alles besprochen«, sagte Joe jovial. »Die kommen in den Keller.« Dann war es eine Weile still in der Leitung. »Äh, hallo?« – »Ja, bin noch da«, sagte Joe. »Ich schau gerade nach, ob der Keller noch unter Wasser steht.« Dann war die Leitung tot. Gefühlte zwanzig Stunden später erreichten wir Berlin – und Joe war zu Hause. Mein bleischweres Schlafsofa ließ er mich in den vierten Stock schleppen. »Ist besser so, wegen der Ratten«, sagte er. Wieso wir meine restlichen Habseligkeiten dennoch in den feuchten Keller stellten, blieb mir ein Rätsel.

So kam ich unter die Deutschen: ins Schwoobeland. Ich wurde ein Berliner. Wow! Die Linie 1 entdeckte ich sofort auf dem U-Bahn-Plan. Und ich malte mir aus, was ich alles unternehmen würde in den nächsten Tagen: Auf den berühmten Fernsehturm hochklettern, um einen ersten Überblick zu gewinnen. Und dann raus in die Natur: die Wiesen, Wälder und die Bergwelt meiner neuen Heimat erkunden. Ich wühlte in den Umzugskartons nach meinen Bergschuhen und Wanderstöcken und packte schon mal die wichtigsten Dinge in den Rucksack: Feldflasche, Kompass, Iso-Mätteli, Schlafsack, Seil und Taschenmesser. Gleich am nächsten Morgen sollte es losgehen. Wenn ich mich nur nicht plötzlich so elend gefühlt hätte, seit Käthi wieder abgereist war. Dieses Stechen in der Brust und der trockene Husten: wahrscheinlich Lungenentzündung. Die ersten drei Tage in Berlin verbrachte ich im Bett. Dann beschloss ich, einen Doktor zu konsultieren. Ich fragte Joe nach seinem Hausarzt. Doch der guckte mich nur befremdet an. »Hab ich nicht.« Im WG-Wohnzimmer fand ich ein Telefonbuch und schrieb mir die Adresse der Praxis auf, die unter »A« ganz oben stand. Nach zwei Stunden warten war ich an der Reihe. Der Doktor, ein stämmiger Greis mit Glatze, rammte mir seinen Zeigefinger zwischen die Rippen. »Tut dit weh?« Ich spürte kurz nach. »Geht so«, sagte ich. Er nickte. »Jetzt hau ick Ihnen mal in de Nieren«, sagte er mit heiserer Stimme und schlug herzhaft zu. Aus Basel kannte ich dieses Diagnoseverfahren nicht. »Und? Ist es Lungenentzündung?«, japste ich, in der Hoffnung, die Untersuchung ein wenig abkürzen zu können. Der Doktor schüttelte den Kopf. »Ihre Lunge is völlich in Ordnung«, sagte er. »Sie sind nur verspannt.« Wahrscheinlich habe ich mich »veratmet«. Ich unterdrückte einen Hustenanfall. Der Doktor maß meinen Blutdruck. »Auch völlich unbedenklich«, sagte er. Ich betonte, dass ich mich trotzdem sehr, sehr krank fühlte. »Wissense«, sagte der Arzt. »Der menschliche Körper is sehr kompliziert, da knarzt schon mal wat.« Er habe neulich selbst einen Hals-Nasen-Ohren-Spezialisten aufgesucht wegen ständiger Heiserkeit, vertraute er mir an: »Ick dachte: mindestens Krebs, dachte ick.« Aber es sei nur eine Erkältung gewesen. Wenn es mich beruhige, könne ich mir gerne noch von seiner Assistentin Blut abzapfen lassen, sagte er und quetschte zum Abschied meine Hand. Ich beschloss, dass es mir schon viel besser ging.

In Berlin musst du knallhart sein, lernte ich schnell. Nicht nur, was die Gesundheit angeht. In meiner alten Basler Heimat verdienten die Menschen Geld. Und wenn sie etwas haben wollten, gingen sie in ein Geschäft und kauften es sich. Die meisten Berliner hingegen kannten Geld nur vom Hörensagen. Im Haus von Joes WG zum Beispiel setzten daher viele Leute auf Tauschhandel: Französischunterricht gegen brasilianisches Essen, Babysitten gegen Auto verleihen, Projektanträge schreiben gegen afrikanisches Essen, Pilze aus dem Wald gegen selbst geschnitzte Holzelefanten. Sehr charmant. Nur leider besaß ich kein Auto, war handwerklich unbegabt und wollte meine Dosenravioli niemandem aufdrängen. Aber mir würde schon etwas einfallen. Ich hatte mir jedenfalls nicht zu viel versprochen: Berlin war eine Herausforderung – und diese Stadt setzte bei ihren Bewohnern ungeahnte Kreativität frei.

Es gab hier nur ein echtes Problem, stellte ich bald fest. Ein existenzielles Problem. Ein Problem, unter dem ich litt wie ein Emmentaler ohne Löcher: Berlin war flach. Platt wie ein Kuhfladen oder »Alpencharly«, wie wir im Heidi-Land sagen. Kein Matterhorn reckte sich in den Himmel, keine Jungfrau präsentierte ihren schroffen, makellosen Körper, keine Rigi leuchtete im Abendrot. Gut möglich, dass Berlin die Stadt war, in der einst der Irrglaube aufkam, die Welt sei eine Scheibe. Schon nach wenigen Tagen quälte mich das Heimweh. Denn die Alpen sind wichtig für jeden Schweizer. »Was machst du, wenn es Krieg gibt?«, diskutierten wir schon im Kindergarten. Dann schmiedeten wir Pläne: »Wir verstecken uns in den Bergen, da finden uns die Feinde nie.« Alpenvölker wie wir Schweizer sind stur und eigenwillig. Wir hassen »fremde Vögte und Richter«. Der Freiheitsdrang des Wilhelm Tell wohnt in unserem Herzen. Doch es war weniger das Nationale, das ich persönlich mit den Bergen verband. Es war der Duft der Freiheit, die Ferne von der Zivilisation, die Erschöpfung nach dem Aufstieg, die Herausforderung der Orientierung in der Wildnis und die emotionale Nähe zu den Weggefährten, die auf solchen Touren in großer Höhe automatisch entsteht. Für niedrige Gefilde hatten wir Schweizer schon immer wenig übrig. Tiefebenen nennt man bei uns auch »Depression«.

»Opfer nicht rum«, munterte mich Joe beim Abendessen in der WG auf. Berlin sei genau das Richtige für einen Schweizer Gipfelstürmer wie mich. Ich würde schon sehen. »Kreuzberg« zum Beispiel sei nicht nur der Name eines berühmten Stadtteils – »Kreuzberger Nächte sind lang – du weißt schon«, sagte Joe und zwinkerte mir zu –, sondern auch derjenige eines richtigen Berges. Dann zählte er weitere Berliner Hausberge mit eindrucksvoll klingenden Namen auf: Teufelsberg, Humboldthöhe, Herzberg, Mörderberg. »Die UNESCO sollte das Berliner Großstadtgebirge zum Weltkulturerbe erklären«, sagte er und schlug mit der Faust auf den Esstisch. Es gebe hier nämlich sogar Berge, die die Berliner selbst errichtet haben. Ein Glück, dass ich ihn getroffen hatte!

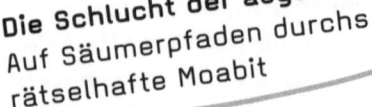

Ich wohnte jetzt in Berlin. Cool! Mein Stadtteil hieß Moabit. Weniger cool. Baslerisch ausgesprochen klang das wie »morbid«. Aber
wer würde sich von Vorurteilen blenden lassen? Auf meiner ersten
Wanderung durch die neue Heimat blieb mein Blick an einer abgehackten Hand hängen. Mannshoch und aus Stahl stand sie am
Straßenrand: ein Kunstwerk. Dass Berlin einst von einer Mauer
mitten durchgeschnitten wurde, wusste ich. Und auch von den
gebrochenen Lebensläufen vieler Berliner hatte ich gehört. War
die stählerne Klaue also ein Sinnbild für meine neue Heimatstadt?,
fragte ich mich. Sie wirkte bedrohlich, als wollte sie mich zermal-
men.

Ob ich hart genug sein würde für diese Stadt? Oder ob ich mein
Heidi-Land zu sehr vermissen würde? Die Schlucht der abgehackten Hand machte es mir nicht leicht: weit und breit kein Autofuß-
ballfeld und nirgendwo ein nennenswerter Berg. Dafür entdeckte
ich über einem Hauseingang das Hinweisschild »Warmer Otto«.
Wahrscheinlich eine Schwulensauna, dachte ich. Leider nicht das
Richtige für mich. Aber falsch: Der Warme Otto gehört zur Berliner Stadtmission, erfuhr ich. Gestrandete Zeitgenossen konnten
sich hier aufwärmen und kriegten ein kostenloses Süppli. Gut zu
wissen. Denn es war zwar bereits April, aber noch immer so ei-
sig in Berlin wie in Basel im tiefsten Winter. Und prompt kehr-
te ich bald darauf im Warmen Otto ein. Das kam so: Schweizer
Wirtschaftszeitschriften druckten Jahr für Jahr die Titelgeschichte
»Die 100 reichsten Schweizer«. Und hier im Schwoobeland waren
es nun eben »Die 100 reichsten Deutschen«. Eine Heftli-Redak-
tion aus Bayern hingegen hatte eine andere Idee: »Die 100 ärms-
ten Deutschen«. Und interessanterweise dachten sie da sofort an
mich – den Neuberliner – als Autor.

Es war ein Krampf, richtig arme Berliner zum Reden zu bringen. Vor allem, weil sie sich auch fotografieren lassen sollten und ich als Lockmittel nur zwanzig Euro bieten konnte. Mit einem jugendlichen Stricher kam ich schließlich ins Geschäft. Er wollte allerdings nur von hinten fotografiert werden. »Damit mich meine Mama nicht erkennt.« Sein Job sei »natürlich Scheiße«, sagte er. »Aber okay bezahlt.« Trotzdem sei er sehr arm, betonte er. Denn die ganze Kohle, die er verdiene, gehe sofort für Drogen drauf. Der Junge war vielleicht sechzehn. Als mich das Mitleid packte, tröstete er mich. »Dit mit der Schreiberei haste dir och anders vorjestellt, wa?« Arme Leute auszuquetschen sei doch würdelos. »Ick wünsch da, dass de mal en richtija Journalist wirst«, sagte der Stricher, nahm den letzten Löffel Suppe, steckte die zwanzig Euro ein und machte sich vom Acker. Auch ich verließ den Warmen Otto kurz darauf wieder, denn der Mensch lebt nicht vom Süppli allein. Und vor dem Eingang eines Restaurants hatte ich, ein paar Ecken weiter, auf der Tafel gelesen, dass dort gerade »Schweizer Woche« sei. Es gab Fondue für schlappe fünf Euro. Doch als ich das Gericht bestellte, verzog die Kellnerin ihr Gesicht, als müsse sie sich gleich übergeben. »Is aba nich jut!«, warnte sie mich. Ich blieb dennoch bei meiner Wahl. Die honiggelbe Flüssigkeit, die sie servierte, sah dann eher nach Karamellsauce aus. Aber zumindest die Qualitätseinschätzung der Kellnerin stimmte aufs Wort. So ehrlich war ich noch in keinem Basler Restaurant beraten worden. Ich lernte: Die Berlinerinnen und Berliner waren reizende, unverstellte, schonungslos offene Zeitgenossen.

Wenige hundert Meter von Joes WG entfernt ragte die Siegessäule in den Himmel. Ein gutes Omen! Gekrönt von der vergoldeten Siegesgöttin Viktoria erinnerte sie an militärische Triumphe Preußens. Hochkonzentriert umradelte ich das Monument auf meinem Velo. Ich war auf dem Weg ins Konrad Tönz, eine Kreuzberger Bar, die den Namen des ehemaligen Schweizer Moderators der TV-Serie »Aktenzeichen XY« trug. Röbi hatte immer von diesem Laden geschwärmt. Nun würde ich ihn bald selbst kennenlernen. Wo aber war die Abzweigung zum Kreuzberg? Nach der dritten Runde um die Siegessäule bog ich beherzt ab. In die Straße, aus der ich gekommen war. Viele Stunden später erreichte ich das Konrad Tönz schließlich doch noch.

Besonders steil schien die Gegend um den Kreuzberg zwar nicht zu sein – aber umso weitläufiger. Ich war schweißgebadet, sah aus, als wäre ich in die Spree gefallen. Und ich stellte fest, dass die Bar erst spät in der Nacht aufmachte. Enttäuscht versuchte ich mal wieder, Röbi zu erreichen. Vielleicht hatte er ja Lust, den angebrochenen Tag mit mir zu einem spaßigen Ende zu bringen? Autofußball gucken? Oder seine Haus-Skipiste besichtigen? Doch er ging wieder nicht ans Telefon.

Ich mahnte mich zur Geduld. Alles würde sich schon noch weisen. Der nächste Gipfel ist immer der schwerste, wusste ich als alter Bergfex. Ich mochte erbauliche Sprüche. An der Universität Basel war ich ursprünglich sogar für Philosophie eingeschrieben gewesen. »Wenn es den Tod nicht gäbe«, klärte uns die Dozentin im Proseminar auf, »dann gäbe es unser Fach wahrscheinlich auch nicht.« Klang eindrucksvoll. Doch bald spürte ich, dass bei mir der Zusammenhang eher umgekehrt funktionierte: Wenn ich weiter Philosophie studiere, sterbe ich. Dennoch liebte ich die Philosophie noch immer, und das »Treffen kritischer Geister« im Kreuzberger Café Jenseits, in das ich bei einer kurzen Rastpause hineinplatzte, schien wie für mich gemacht. Das Zitat »Wo der Glaube ans Diesseits zerfällt, kriegt das Jenseits Konjunktur« von Karl Marx hing an der Wand. Direkt darüber brummte der Ventilator. Der Milchschäumer zischte gemütlich vor sich hin, und schon bald waren wir – ein älterer, zarter Herr mit rotem Bart, schütterem Haar, Brille und kurzen Hosen, ein Freiburger Philosophie-Student mit Nasenring, der unscheinbar aussehende Schlagersänger und Doktor der Philosophie Konrad und ich – in angeregte Gespräche verstrickt. Die behandelten Themen: »Fortschritt pro und kontra«, »Albert Schweitzers philosophische Schriften«, »Faschismus als solcher«, »Hegel«, »Frau Holle« und »Heidegger«.

Eine Powerfrau mit einem tätowierten Indianerkopf auf dem Oberarm und einem Nietengurt um den Hals kam herein gehetzt und stürmte direkt an unseren Tisch. »Sorry«, sagte sie, »hab verschlafen.« Eines ihrer ersten Statements war dann: »Kunst ist entweder schön oder Scheiße!« Sie interessierte sich vor allem für politische Themen – und steckte uns alle an. »Am Anfang war nicht das Wort – am Anfang war die Tat«, sagte Konrad gegen Ende des Diskurses. Und: »Die Revolution wird nicht unter unserer Klobrille durchkriechen!« Dann bestellten wir alle noch eine Apfelschorle.

Als ich wieder aufs Velo stieg, rauchte mir der Kopf. Ich beschloss, mich erst mal wieder mit harmloseren Dingen zu befassen. Auf dem Rückweg ins Tal der abgehackten Hand kaufte ich mir das Wörterbuch »Lilliput Berlinerisch«. Denn erfolgreiche Integration beginnt bekanntlich mit der Sprache. Ich erfuhr, dass wenn wir Basler »odrrr?« schnarren, der gewöhnliche Schwoob »nicht wahr?«, »gell?« oder »nich?« sagt. Der Berliner aber sagt nur – so wie der Stricher heute Morgen – weltmännisch knapp: »Wa?«, mit kurzem »a«. Der Wortschatz war jedoch nicht das Hauptproblem, stellte ich fest. Viel schwerer war die Grammatik, und da half kein Lilliput. »Ick hab mir nich entwickelt in die Ehe«, klagte an der Frittenbude am Hansaplatz ein Einheimischer. In dieser Stadt spielte der Dativ offensichtlich eine völlig andere Rolle als in der restlichen Welt. Die redeten hier wirklich so wie Bambi aus »Linie 1«: »Ein Glück, ey, das ihr mir jetroffen habt!« Gelernt habe ich darüber hinaus, dass der Begriff »Charlottenburger« hier nicht etwa ein Frikadellen-Sandwich bezeichnet, sondern eine gelbgrünliche Substanz, die aus der Nase stammt. Ein Glück, dass ich so etwas noch nie bestellt habe.

Um meine Schwoobeland-Großstadtkompetenz weiter zu stärken, besuchte ich einen Wochenendkurs für Neuberliner. Berlin liege im Urstromtal der Spree an dessen Rändern sich der Barnim und der Teltow als Hochebenen anschließen, referierte der Neuberliner-Coach im Seminar-Zentrum. Hochebene, dachte ich. Klingt schon mal nicht übel. Die durchschnittliche Lebenserwartung des männlichen Berliners liege bei 77 Jahren, lautete eine der nächsten Informationen. Immerhin, dachte ich. In der Metropole gebe es derzeit 52 Theater, 100 Kinos und 175 Museen, erzählte der Coach weiter, aber: »Berlin hat nicht auf Sie gewartet!« Der Lehrgang war nicht schlecht. Doch als ich nach Autofußball

fragte, guckte der Coach mich wie ein Auto an und sagte schulter-
zuckend: »Nie gehört.« Schien eher ein Geheimtipp zu sein, diese
Sportart. Und die Berliner Berge? Der Coach lächelte. Im Bezirk
Schöneberg etwa gebe es tatsächlich einen Berg, erzählte er: den
Insulaner. Diese Erhebung sei allerdings nicht auf natürliche Weise entstanden, sagte er geheimnisvoll. Ein Retorten-Berg also? Ich
erinnerte mich an Joes merkwürdige Formulierung neulich: »Berge, die die Berliner selbst errichtet haben.« Doch der Coach hatte
bereits wieder das Thema gewechselt und erzählte irgendwas über
Stadtarchive. Zum Schluss des Lehrgangs gab er uns noch einen
wichtigen Hinweis mit auf den Weg, an den ich mich beim Suchen der Berge immer wieder erinnern sollte: Viele Straßennamen
in Berlin sind keine Unikate. »Die ›Berliner Straße‹ beispielsweise
existiert gleich acht Mal.«

Wie aber sollte ich all dieses Wissen im Alltag umsetzen? Zumal mich bereits viel banalere Dinge existenziell forderten. Wo
kaufte man zum Beispiel am besten ein? Es war toll, dass sich in
den Supermarktregalen Moabits so viele leckere Dinge stapelten
und ich nur selten Schlange stehen musste. Aber die unendliche
Zahl der Anbieter, Produkte und »Schnäppchen« überforderte
mich. In Basel gab es die Migros und den Coop, und eigentlich un-
terschieden sich die beiden Großverteiler kaum. Vielleicht gerade
deshalb trennten Coop-Fans und Migros-Fans Welten. Eher ging
ein Kamel durch ein Nadelöhr, als dass ein Migrosler freiwillig zu
Coop wechselte. Das Tolle: Etwa jeder zweite Basler war Migros-
Fan, so wie ich. Mit der Hälfte der lokalen Bevölkerung hatte ich
also große Gemeinsamkeiten. In Berlin hingegen kämpfte jeder für
sich: Lidl, Penny, Bio Company, Aldi, Netto, Edeka, Kaiser's, Kauf-
land, Karstadt, Hertie, Reformhaus, Rewe, Rudis Reste Rampe.

Röbis Leitung blieb wochenlang tot. Dafür fand ich einen Berliner
Herrenausstatter, der mir Vertrauen einflößte. Die Moabiter Jus-
tizvollzugsanstalt war nicht nur für ihr Gefangenen-Theater international berühmt, erfuhr ich auf einem Spaziergang durch den
fladenbrotebenen Kiez von einer älteren Dame. Dieser Knast be-
heimatete auch das Mode-Label »Häftling« und verkaufte im »Ge-

fängnis-Shop« elegante Streifenhemden, Hosen und Schuhe. Ich kratzte meine letzten Ersparnisse zusammen und kleidete mich neu ein. Schon weil ich unlängst eine glamouröse Einladung ins Randgebiet von Moabit erhalten hatten: in den Bezirk Tiergarten. In der Schweizer Botschaft sollte der 1. August – der Nationalfeiertag meiner alten Heimat – im großen Stil zelebriert werden. Keine Ahnung, wie ich auf die Gästeliste gerutscht war.

Die Party stieg unter freiem Himmel, auf dem Rasen hinter dem Botschaftsgebäude. Es war ein Hochgenuss, den aufgebrezelten Damen zuzusehen, die in ihren Stöckelschuhen im Gras umherstaksten. Dann sichtete ich einen Doppelgänger von Adolf Muschg, mit der obligaten Pfeife im Mund. Auf den zweiten Blick stellte ich fest: Es war tatsächlich der in der Schweiz weltberühmte Schriftsteller. Dass auf einem Rasen gefeiert wurde, war wohl eine Reminiszenz an die Rütliwiese, den Gründungsort der Schweiz. Und die Festgäste versuchten, an die glorreichen Zeiten des Rütlischwurs anzuknüpfen: Beim Armbrustschießen stellten viele im Anzug oder im kleinen Schwarzen ihr Talent als Wilhelm Tell unter Beweis.

Bis 2002 war Thomas Borer-Fielding der Schweizer Repräsentant in Berlin gewesen. Ein Freund des Bunga Bunga, wenn man den Berichten in Boulevardblättern Glauben schenkte – gleichsam der Berlusconi unter den Schweizern. Böse Zungen behaupteten, die Kernkompetenz seines Nachfolgers, dessen Namen ich mir nie merken konnte, sei die Unauffälligkeit. Einige der anwesenden Damen versuchten noch wie früher, den Stil der Borer-Gattin Shawne aus Amiland zu kopieren. Oder die schrillen Hüte und Klamotten sollten an die Basler Fasnacht erinnern, bei der wir im Februar, mit Masken – sogenannten Larven – und Kostümen verkleidet, den Winter aus meiner Heimatstadt vertrieben. Basel war nämlich in diesem Jahr Mitveranstalter der Feierlichkeit in der Botschaft: Und wo Basler sind, wird im Zweifelsfall fasnächtlich musiziert. Ein Marsch für Trommel und Piccolo, den unsere Delegation zum Besten gab, hieß »Nunnefürzli«, zu Deutsch: »Nonnen-Fürzchen«. Vielleicht war die Wahl dieses Marsches als sanfte Kritik an der aktuellen Situation in der Botschaft gedacht? In der Villa, wo das Buffet aufgebaut war, roch es nämlich streng – nach

Weihrauch. Bunga Bunga war nicht jedermanns Sache gewesen, klar. Aber musste man deswegen gleich ein katholisches Kloster aus der Botschaft machen?

Tausende Cocktail-Tomaten und Mozzarella-Stückchen hatte die Basler Delegation zu einem Schweizerkreuz aufgeschichtet. Dazu gab es Raclette, Mehlsuppe und »Mistkratzerli«. »Broiler« würde man in Berlin wohl sagen. Die »Läckerli-Rösti« war eine Innovation: Basler Spitzenköche hatten sie extra für diesen Abend »kreiert«. Basler Läckerli sind weltberühmte Kekse aus Mandeln, Zucker, Zimt, Ingwer und Anis. Aber gemischt mit geriebenen Kartoffeln und Zwiebeln? Die Berliner waren offensichtlich die ideale Zielgruppe. Sie futterten das Zeug weg, als würden sie dafür bezahlt. Ich musste an ein Berlin-Buch denken, das ich kurz vor dem Umzug gelesen hatte. »Auf dem Grunde der Berliner Seele, unerkannt und nie erforscht, wohnt eine Art Urhunger«, schrieb Walter Kiaulehn darin.

Vreni Schenkel, die Basler Tracy Chapman, und ihre Band begleiteten die Fressorgie musikalisch. Ihre Stimme war toll, die Texte gewöhnungsbedürftig. »Gefühle des Lebendigseins« hieß einer der Songs. Hörte sich an wie mit dem automatischen Internet-Übersetzungsprogramm aus dem Finnischen ins Schriftdeutsche übertragen. Ich spülte die Läckerli-Rösti mit viel Wein, Champagner und Bier herunter. An die Stunden danach konnte ich mich am nächsten Morgen – irgendwer musste mich nach Hause gebracht haben – nicht mehr erinnern.

Mein Schädel brummte. Gefühle des Halbtotseins marterten mich. Es war einer dieser grauen, einsamen Vormittage, an denen ich mich fragte, was ich in Berlin eigentlich suchte. Doch als ich mich schließlich aus dem Bett quälte und zu einem Spaziergang aufraffte, wurde dieser Kraftakt prompt belohnt. Kaum erblickte ich nämlich die Giraffe mit dem Hinweisschild »Zoo« am Hochhaus gegenüber vom Bahnhof Zoo, ging es mir schlagartig wieder besser. Ich liebte Tierparks. Voller Vorfreude lief ich durch das große Tor in den Berliner Zoo hinein.

Der Basler »Zolli« ist das Herz der Stadt. Schon bevor ich krabbeln konnte, kannte ich alle Zolli-Tierli beim Namen. Sogar die Okapis, die Zwergnilpferde und die Chinchillas. Natürlich wünschte ich mir damals ein Haustier. Aber meine Mutter sagte: »Du hast eine Schwester.« Mein Kindergarten-Freund Dani hingegen war ein Glückspilz. Er war Einzelkind und bekam von seinen Eltern zwei lustige Weichpanzerschildkröten zu Weihnachten. Eine große dicke und eine kleine dünne. Am liebsten badete er sie gemeinsam in einem roten Plastikbecken. Ich war neidisch. Doch kurz vor Silvester war Danis dicke Schildkröte plötzlich noch viel dicker und die dünne weg. Die Dicke hatte sie zum Frühstück gegessen. Von da an wollte ich kein Haustier mehr. Auf den Zolli aber ließ ich weiterhin nichts kommen. Viele meiner Bekannten und Studienkollegen konnten das nicht verstehen. Sie hassten Zoos: »Gefängnisse!«, ereiferten sie sich: »Tierquälerei!« Und meine Ex in Basel behauptete gar, meine Leidenschaft für den Zolli sei »symptomatisch« für meine »Entfremdung von der Natur«. Nur wenn sie hinter dicke Gitter gesperrt seien, könne ich eine Beziehung zu Tieren aufbauen. Das sei »typisch für emotional gehemmte Männer«. Ihren eigenen Kater hatte sie antiautoritär erzogen. Prompt fühlte er sich ständig vernachlässigt und kackte nachts mit Vorliebe in die Badewanne. Morgens beim Duschen war das unerfreulich. Zolli-Tierli tun so was nicht, war ich mir sicher. Es war besser, die Betreuung von Tieren Profis zu überlassen.

Der Berliner Zoologische Garten sollte mich nicht enttäuschen: Unendlich groß war er. Und im Gehege der Bergziegen erspähte ich sogar einige künstliche Felsen. Der Panda war eine Wucht. Gleich hinter seinem Käfig kam ich an einen Teich, der den schönen Namen »Vierwaldstättersee« trug. Allerdings schwammen die dicken, silbernen Karpfen darin auf dem Rücken. Der Weiher roch nach Jauche. »Neulich beim Sturm ist ein Baum ins Wasser gestürzt und hat den pH-Wert verändert«, erklärte mir ein Zoowärter. Das konnte passieren. Aber in Basel hätten sie die Leichen wenigstens aus dem Wasser gefischt, dachte ich. Mir kam ein Verdacht: Der Berliner Zoo war gar kein richtiger Zolli – sondern eine Schule fürs Leben. Und fürs Sterben. Wahrscheinlich suchten aus diesem Grund manche Tiere Zuflucht in der Religion. Die Giraffen zum Beispiel wohnten in einer Moschee.

Im Berliner Zoo ließ sich Gelassenheit lernen, wie bei der Zen-Meditation: Man folgte den Wegweisern Richtung Känguru und kam beim Biber raus, oder bei den Löwen, oder – sehr häufig – bei niemandem. Die Tiere zogen offenbar ständig um, und eine ganze Menge Käfige standen vorübergehend leer. Faszinierend, wie sich die Großstadt Berlin in ihrem Zoo spiegelte: die vielen Freiräume. Die Dinge passierten spontan – oder gar nicht. Alles war im Umbruch. Wie aufregend! Diese Stadt passte zu meiner ruhelosen Seele, spürte ich. Moabit aber, das war mir inzwischen klar geworden, würde ich bald wieder Tschüssli sagen müssen. Schon weil Joe und seine WG-Mitbewohner langsam Druck machten. Und ich wollte ja sowieso längst nach Kreuzberg rüber ziehen: Der Kreuzberg rief, und es gab kein Halten mehr.

Meine alte Basler Heimat bestand aus Kleinbasel und Großbasel. Großbasel war reicher und größer. Kleinbasel wurde, weil es dort zwei, drei Dönerbuden gab, auch »Kleinistanbul« genannt. Die meisten Basler verwendeten diese Bezeichnung eher abwertend. Ich aber fühlte mich in Kleinistanbul wohl. Wahrscheinlich verliebte ich mich in Berlin auch aus diesem Grund sofort in den Stadtteil Kreuzberg – den manche Leute ebenfalls so nennen. Und die Chancen, dort sesshaft zu werden, schienen gut: »In Berlin werden dir riesige, helle, spottbillige Wohnungen nur so nachgeschmissen!«, hatte Röbi früher immer erzählt: Ganz besonders in Kreuzberg, der traditionsreichen Hochburg der Hausbesetzer. Ich durchforstete Zeitungen, Heftli und Abreißzettel an Laternenpfählen. In der Tat gab es eine ganze Reihe Angebote. Man konnte auch im Internet bei google zum Beispiel »Studenten-WG« und »Berlin« eingeben – auch wenn man weder studierte noch ein WG-Zimmer suchte. Auf der einschlägigen Website tauchte dann nämlich auch die Rubrik »Mietwohnungen« auf. Und siehe da: jede Menge weitere Angebote!

Hermannplatz, sozialer Brennpunkt, Hinterhaus. Nicht ganz in Kreuzberg, aber sehr nah dran. Würden diesmal nur zehn Bewerber zur Besichtigung kommen? Oder wieder zwei Dutzend, wie bei den letzten Terminen? Es kamen vier Dutzend. Manche im knallbunten Sari, andere in der Jogginghose, wieder andere im Nadelstreif mit Aktenkoffer. Die Butze selbst war eine Ruine. »Wird alles top hergerichtet!«, schwärmte der Makler, ein stiernackiger Mann mit Schnauz. »Nur die Küche müssense selba mitbringen.« Schon für ein paar hundert Euro kriege man da »wat Anständijes«, sagte er, »zum Beispiel in der Teppichdomäne.« Er meinte ein ähnlich renommiertes Möbelhaus wie Rudis Reste Rampe, erfuhr ich später: einen Berliner Supermarkt für Ramsch aller Art. Schon kommende Woche würden die Schlüssel übergeben, machte uns der Makler Hoffnung: »Da fackeln wa nich lange!« Und schon ging der Kampf um die Wohnung los. Eine »Mietschuldenfreiheitsbescheinigung« hatte ich längst eingeholt. Jetzt schrieb ich einen herzerweichenden Brief an die Hausverwaltung: Wie sehr ich Neukölln liebte, bekannte ich, insbesondere den Hermannplatz. Eilig faxte ich den Brief los – und zehn Minuten später klingelte das Telefon. Die Wohnung sei leider schon weg, säuselte eine Dame. »Aber vielen Dank!«

Gefühlte tausend Besichtigungen später schöpfte ich eines Morgens in einer Jugendstilvilla an der vornehmen Fontanepromenade neue Hoffnung. Auch wenn mir die himmelblauen Wellen und rosa Luftballons, die jemand an die Wände gemalt hatte, gewöhnungsbedürftig erschienen. Ihre Mitbewohnerin sei »etwas verspielt«, offenbarte mir Lotte, eine Berliner Göre, Anfang zwanzig, mit strohblonden Zöpfen. Und leider habe sie sich mit der jetzt irgendwie verkracht. »Meine Eltern sagen aber sowieso, es wäre vielleicht besser, wenn ich mal mit einem Mann wohne.« Trifft sich gut, dachte ich: Warum eigentlich nicht doch wieder in eine WG ziehen? Und warum sollte man im Zeitalter des Feminismus nicht auch mal als Kerl einen Vorteil haben? »Meine Mutter hat'n Unterwäsche-Laden und mein Vater is so'n Jurist«, erzählte Lotte und holte Bier aus dem Kühlschrank. Super!, dachte ich: Unterhosen und Rechtsbeistand konnte man ja immer brauchen. Wir prosteten uns zu. »Du bist mir eigentlich ganz sympathisch«, sagte sie. Und zack hatte ich ein neues Dach über dem Kopf. In einer Villa mit Stuck an der Decke, mit einer reizenden Wohngenossin, mitten in Kreuzberg! Ich war wie berauscht.

Blöd nur, dass Lotte – meine Kumpels nannten sie wegen ihres gesunden Egoismus bald nur noch »Haifisch-Lotte« – so selten da war. Meistens spielte sie Tennis oder vertrieb sich bei ihren Eltern in deren Luxusvilla am Stadtrand die Zeit. In unserer Zweier-WG kümmerte sie sich um die Telefonrechnung. Für alles Weitere war ich zuständig. Und nach drei Monaten wurde das Telefon abgestellt. Eines Morgens dann kam mir aus dem Bad ein orientalisch aussehender junger Mann entgegen. »Hi«, sagte er. Er heiße Ramin und wohne jetzt hier. Zu Hause sei er rausgeflogen, und Lotte habe angeboten, ihn aufzunehmen. Ob Brötchen fürs Frühstück im Haus seien? Ein wunderbarer Mensch, der Ramin. »Haste schon mal Silikonbrüste angefasst?«, fragte er später in der Küche, machte eine fahrige Bewegung und fegte mit dem Ellenbogen die Teekanne vom Tisch. Silikonbrüste seien sozusagen »zu knackig« im Verhältnis zum Alter der Trägerin, erläuterte er, während ich die Scherben zusammenkehrte: »Wie bei einer Sechzehnjährigen, aber die Frau ist schon Ende zwanzig.«

Wenn Ramin hungrig war, aß er alles auf, was ich eingekauft hatte. Sonst kiffte er. Oder er kiffte und sah dazu fern. Um vier Uhr früh wurde ich regelmäßig von Schüssen geweckt. Western oder Brutalo-Filme. Mein neuer Wohngenosse schlief dann schon lange tief und fest. Denn tagsüber wollte er ja Arbeit suchen. Ein paar Tage nach seinem Einzug fragte er in einer Kneipe, ob die einen Barkeeper brauchten. Leider hatten sie schon einen. Von da an kiffte Ramin noch mehr. War halt auch total deprimierend, nirgendwo gefragt zu sein. Ramin schnorrte sich erst einmal Geld von mir. Und wenn ich es zurückverlangte, sagte er: »Sorry.« Sein Freund, von dem er sonst jederzeit was leihen könne, sei »heute gerade in Westdeutschland«. Nicht nur, dass er seine Joints mit Vorliebe auf Tellern mit Resten von Fertigpizza, Dosenravioli oder Spiegeleiern ausdrückte, die bald in der ganzen Wohnung herumstanden. Morgens, wenn ich mir die Zähne putzen wollte, erinnerte das Waschbecken meist an eine Installation von Meret Oppenheim: Pelz-Waschbecken. Denn Ramin hatte einen eindrucksvollen Bartwuchs und wahrscheinlich noch nie in seinem Leben einen Schwamm in der Hand gehabt. Als ich mal wieder mit dem Brechreiz kämpfte, stellte ich ihn zur Rede. »Sorry«, lallte er. »Duhasrechd. Is wirklisch total eklig.« Dann kuschelte er sich aufs Sofa und zündete sich einen Joint an.

»Ich mach dich Urban!«, zischte ich. Mit diesen Worten, so hatte ich gelesen, drohten Jugendliche hier in Kreuzberg, bevor sie jemanden plattmachten. In Anspielung auf das berühmte Urban Krankenhaus hier in der Gegend, in das auch Röbis Nachbarin nach ihrem Skiunfall im Treppenhaus eingeliefert worden war. Ein legendäres Spital: Es gingen Gerüchte, dass dort bei Amputationen mitunter links mit rechts verwechselt würde, so überarbeitet seien die Chirurgen. In dieses Spital wünschte ich mir Ramin. Lebenslänglich. Ich war ja selbst ein »Mensch mit Migrationshintergrund«, wie das hier so schön hieß, und darüber hinaus ein großer Freund der multikulturellen Gesellschaft. Doch zwischen Ramin und mir »stimmte irgendwie die Chemie nicht«, wie wir in Basel, einer Hochburg der Pharmaindustrie, zu sagen pflegten. Ansonsten aber fand ich mich im Kreuzberger Großstadtgebirge immer besser zurecht. Besonders beeindruckte mich die Vielseitigkeit der Menschen. Ganz in der Nähe der WG gab es zum Beispiel einen Frisör, der sich auch auf Medizin, Physiotherapie und Seelenklempnerei verstand. Das Motto auf seinem Werbeschild: »Frisör: Damen, Herren, Kids & Massage«. Besonders eindrucksvoll fand ich, dass er zusätzlich auch noch »Leiharbeit« anbot. Da hatte ich mich allerdings verlesen. Gemeint war »Leibarbeit« – eine Art Gymnastik, die dem seelischen Gleichgewicht dienen sollte. Weitere Attraktionen: »Homöopathie«, »Teenies: waschen, schneiden, stylen« sowie »systemische Aufstellung«. Basel war ein anderes Pflaster mit klarer Arbeitsteilung gewesen, erkannte ich. Coiffeure beschränkten sich bei uns aufs Haareschneiden und Dauerquasseln; das Verschreiben dubioser Globuli hingegen war die Domäne von Spezialärzten. Und für System und Aufstellung war Helmut Benthaus zuständig, der Trainer des FC Basel.

Der Frisör lächelte. In Berlin seien gar nicht Fußballer die Zielgruppe für die »systemische Aufstellung«, erklärte er mir, während er meine Haare schamponierte, sondern Menschen, die ihren familiären Hintergrund aufarbeiten wollten. Warum eigentlich nicht?, dachte ich. Und warum nicht beim Coiffeur? Von den Kreuzbergern konnte man so viel lernen. Lediglich die Muse hatte mich bisher leider nicht geküsst: Bei meinem Lyrikband über Berlin hing ich noch immer auf Seite null fest. Hoffentlich kommt die Inspiration jetzt bald!, dachte ich, denn mir gefiel diese Stadt ja wirklich sehr. Basel und Bern waren idyllischer gewesen, klar. Das schonte die Nerven. Aber mit dem schrägen Charme der Schwoobeland-Metropole konnte kein anderer Ort der Welt mithalten. Nur zu flach war Berlin leider wirklich. Ich vermisste die Alpen jeden Tag mehr. Röbi musste mir unbedingt bald seine Treppenhaus-Skipiste zeigen.

Aus einem Basler Designer-Laden ließ ich mir von meiner Mutter ein sauteures T-Shirt mit der Aufschrift »Erfolg« schicken. Irgendwo musste man ja anfangen, dachte ich. Prompt fraß eine Motte ein Loch in den Stoff. Dabei begegneten mir in Berlin im Alltag sonst nie Viecher. Außer Köter. Die vielen Hunde in Berlin waren eine Pest. Sie kackten die ganze Stadt zu. Und ganz besonders ging mir Frederico von Angélique auf die Nerven, der Rassedackel von Lottes Eltern. Schon allein, weil sie ständig Hundesitten gehen musste. »Fredi fühlt sich heute nicht gut«, sagte ihre Mutter dauernd am Telefon. Und ich blieb mit meinem Busenfreund Ramin allein in der WG zurück.

Zum Glück tobte draußen in den Straßen und Kneipen das Leben. In Basel wohnten alle schon ewig. In Berlin hingegen schien es fast nur Neulinge zu geben und man kam schnell ins Gespräch. In der Haifischbar lernte ich die Schmuckdesignerin Amanda kennen, eine zierliche, rothaarige, witzige Neuberlinerin aus Florida, die noch mehr redete als ich. Menschen aus Amerika standen offensichtlich unter Dauerstress, wurde mir schnell klar. Ständig mussten sie sich entschuldigen: Für die Ausrottung der Indianer, für George W. Bush und für den Hollywood-Kommerz-Blödsinn. Und Amerikanerinnen aus Florida auch noch für Arnie »Angebergeländewagen« Schwarzenegger, den Bizeps-Gouverneur. Auch kein Spaß.

Doch Amanda und ich schienen wie füreinander geschaffen. Ihre Eltern hatten früher eine Rinderfarm, erzählte sie, und als kleines Mädchen habe sie den Kälbern abends immer eine Gute-Nacht-Geschichte vorgelesen. Ich berichtete ihr von meinen zaghaften Versuchen, als Städter im »Landdienst« auf einem Oberbaselbieter Bauernhof eine Kuh zu melken.

Wenn Menschen aus Amerika in Berlin ein Päckchen aus der Heimat bekämen, so erreiche sie dieses nicht direkt per Post, erklärte Amanda mir. Sie mussten mit einem Abholschein zum großen Zollamt in der Kufsteiner Straße, ins tiefste Schöneberg, pilgern. »I hate these idiots!«, sagte sie. Spontan erklärte ich mich bereit, sie am nächsten Morgen zum Zollamt zu begleiten. Denn immerhin war Deutsch meine Muttersprache, und ich hatte eine enge Beziehung zu Kufstein. Während meiner Journalistenausbildung bei den Ösis in Wien fragte der Chefredaktor nämlich immer, wenn ihm meine Themenvorschläge mal wieder zu abseitig waren: »Interessiert das den Zahnarzt in Kufstein?«

Inzwischen hatte die Ausbildung beim Nachrichtenmagazin Profit ihr Gutes: Sie sicherte mir die Mitgliedschaft beim Berliner Österreicher-Club. Genauer gesagt beim »Stammtisch der österreichischen Journalisten«. Ich war da sehr gerne, fast so gerne wie beim »Club der polnischen Versager«. Wir testeten alle österreichischen Lokale Berlins durch. Das war sehr aufregend, denn es sollte sogar ein österreichisches China-Restaurant geben. Das Schöne am Ösi-Stammtisch war: Ich erfuhr dort immer topaktuell, was in Deutschland gerade so vor sich ging. Die Kollegen arbeiteten nämlich fast alle als Korrespondenten. Täglich berichteten sie für österreichische Medien über Ereignisse im ganzen Land. Derzeit war das Thema »Ärztestreik« besonders begehrt. »Geh, nudls ma des no eini?« (Wurstels du mir das bitte noch schnell rein?), habe sein Chef aus Linz heute Druck gemacht, erzählte mein Tischnachbar beim letzten Treffen.

Manchmal beneide ich die ganzen Korrespondenten, erzählte ich Amanda. Denn auf den Pressekonferenzen, zu denen sie ständig eingeladen wurden, schien das kulinarische Angebot hochwertig zu sein. Und man hatte immer etwas zu lachen. Es gab da beispielsweise einen reizenden Kollegen aus Sumatra. Der futterte alleine immer das halbe Buffet leer. Es ging das Gerücht, der Mann sei eigentlich gar nicht Journalist, sondern Schuhmacher. Aber seit der BND-Spitzel-Affäre war ja sowieso nicht mehr so klar, wer im Medienzirkus auf welcher Seite stand. Gegen ein Uhr früh verabschiedete sich Amanda etwas abrupt. »Okay. See you tomorrow, 10 a.m. at Kufsteiner Straße.« Mir war nicht ganz klar, ob sie es ernst meinte mit diesem Date. Aber ich würde da sein, morgen um zehn. Keine Frage.

Amanda war schon da, als ich eintraf. Und vor ihr Dutzende andere Leute: eine Warteschlange wie in Moskau, zur Blütezeit des Sozialismus. »Hi«, sagte sie und lächelte. Stunden später erreichten wir den Schalter. Ein Beamter mit teigigem Gesicht musterte Amandas Paket-Abholschein wie eine Krankenakte. »Sie werden aufgerufen«, sagte er ernst und deutete auf einen überfüllten Wartesaal. Lange bewunderten wir die Werbeplakate für die Berliner Polizei, die an den Wänden hingen. Das Zollamt war eine faszinierende Welt mit eigenen Gesetzen, lernte ich: Manche Leute fanden sich lange nach uns ein und wurden sofort aufgerufen. Andere waren bereits mumifiziert. Kurz vor Schalterschluss kam unser großer Moment: Der Beamte schleppte ein riesiges Paket herbei. Amanda musste es direkt am Schalter öffnen. Könnten ja Pumpguns drin sein, oder Kinderpornos. Knäule aus Zeitungspapier kamen zum Vorschein und in der Mitte eine kleine Box – mit Ohrringen drin. Ein verspätetes Weihnachtsgeschenk. »In Ordnung«, sagte der Beamte. Amanda musste nichts bezahlen. Sie lächelte selig. »Manchmal kostet der Zoll mehr als das Geschenk wert ist«, erzählte sie. Und einmal habe ihr die Großtante aus Oklahoma Kopfweh-Tabletten geschickt. Die Einfuhr solcher Medikamente nach Deutschland war verboten. Daher zertrümmerte der Zollbeamte die Pillen einzeln mit einem Gummihammer.

Heute aber war alles gut gegangen: ein Glückstag. Um diesen Erfolg zu feiern, erklommen Amanda und ich am späteren Nachmittag gemeinsam die Rixdorfer Höhe, den höchsten Gipfel im Neuköllner Volkspark Hasenheide. Die Wanderwege waren hier weniger gut markiert als in den Schweizer Alpen, stellte ich fest. Kiefern und Birken säumten den Weg. Plötzlich raschelte es im Unterholz, Äste knackten. Eine Gämse? Aber es war nur einer der zahlreichen Drogendealer. Die meisten hatten unten im Flachland ihr Revier. Doch es gab offensichtlich auch Bergspezialisten. Nach der nächsten Abzweigung erspähten wir einen rostigen Einkaufswagen im Unterholz. Auch das war mir in den Schweizer Bergen selten passiert. Kurz bevor wir den Gipfel erreichten, kam uns eine Frau im Ledermantel entgegen, die ein seltenes Tier an einer Leine führte. »Was ist denn das?«, fragte ich sie. »Ein Mini-Schwein«, sagte die Frau, »süß, nicht wahr? Stammt aus Minnesota.« »Wahrscheinlich illegal importiert«, raunte mir Amanda zu.

Die Rixdorfer Höhe war ein romantischer Ort. Und ihr Gipfel liege immerhin auf 68 Metern über dem Meer, las mir Amanda aus dem »Lonely Planet« vor, den sie in ihrer Handtasche ständig bei sich trug. Wir setzten uns auf einen der Findlinge, die kreisförmig angeordnet statt eines Gipfelkreuzes den höchsten Punkt markierten, und ließen unsere Blicke über die große, geheimnisvolle Stadt schweifen. Der Kirchturm des Gotteshauses am Südstern ragte in den Himmel. Und wenn ich mich konzentrierte, konnte ich mir vorstellen, irgendwo in den Alpen zu sein und auf ein Dörflein mit Bergkapelle hinabzublicken. Denn sonst sahen wir nicht viel von Berlin. Der Gipfel der Rixdorfer Höhe lag unterhalb der Baumgrenze und die hohen Birken versperrten die Sicht. Eine Weile lang saßen wir schweigend auf dem Stein und genossen die Abendsonne und die frische Bergluft. »Here we are!«, sagte Amanda plötzlich und grinste. Ich lächelte auch. Und ich ahnte: Wir beide würden in Berlin noch viel Spaß zusammen haben.

Auch mit Karl, einem ehrgeizigen Neuberliner aus Hamburg, der am Fuße des Kreuzbergs wohnte, freundete ich mich schnell an. »Normalerweise liegt das Festland auch hier in Norddeutschland über dem Wasserspiegel«, klärte er mich auf, als ich mich über die Plattheit von Berlin beklagte. »Denn sonst würde es ja vom Meer überschwemmt werden.« In Ostfriesland aber sei das anders. Dort gebe es zum Beispiel ein Dorf namens Freepsum, das exakt 2,30 Meter unter dem Meeresspiegel liege: der tiefste Punkt Deutschlands. »Im Vergleich zu den Ostfriesen sind wir hier in Kreuzberg also im Gebirge«, sagte er und zwinkerte mir aufmunternd zu. Ein guter Typ, war mir sofort klar. Oft saßen wir in den nächsten Tagen bis spät in die Nacht zusammen in meiner WG-Küche, tranken Dosenbier und plauderten über die Höhen und Tiefen des Lebens. Neulich kamen wir auf das Thema Karriere zu sprechen und die Frage: »Verdirbt Erfolg den Charakter?« »Keine Ahnung«, sagte Karl nachdenklich und nahm einen kräftigen Schluck aus der Bierdose. »Man steckt da ja nicht drin.« Wir tranken und tranken. »Du bist doch auch bald Mitte dreißig«, sagte er. »Wir müssen langsam sehen, wo wir unterkommen.« Ich versuchte ihn zu trösten: »Du bist doch schon Chef!« Karl dachte eine Weile nach. »Stimmt eigentlich«, sagte er dann. »Aber es fühlt sich nicht so an.« Sein Underground-Lifestyle-Magazin FETT war eher ein Geheimtipp: Inhaltlich großartig, aber finanziell noch »mit Luft nach oben«, wie er zu sagen pflegte.

Ich ließ meinen Blick durch die schummrige WG-Küche schweifen. Da fiel mir ein Abziehbild auf, das an unserem Kühlschrank prangte. Wahrscheinlich klebte es bereits lange vor meinem Einzug dort, doch ich hatte es bisher nie beachtet. Eine Vollversammlung der Tiere war darauf zu sehen. Und das Schaf sagte zum Eber: »Okay, du bist ein Schwein. Aber warum bist du dann automatisch der Chef?« Ein interessanter Punkt, fand auch Karl. Denn in der Tat eigneten sich ja nicht alle Lebewesen gleich gut für die Karriere. Aber war es denn überhaupt erstrebenswert, nur für den Beruf zu leben?

Urs, mein ältester Freund aus Basel, rief an. Er komme mich besuchen. Wir hatten nicht nur die Primarschule gemeinsam besucht, sondern – zwanzig Jahre danach – auch die Journalistenschule. Durch Zufall hatten wir von der Aufnahmeprüfung erfahren und waren prompt beide genommen worden. Das gemeinsame Jahr in Wien schweißte uns noch enger zusammen. Wenn der Chefredaktor bei unseren Themenvorschlägen einmal nicht auf den Kufsteiner Zahnarzt verwies, sagte er oft: »Ja ja, Siebziger-Jahre-Sozialreportage, gell? Wissens, a wenns aus der Schweiz seit's: Des is a bissal vorbei.« Unter den Mitstudenten gab es die Fraktion »Fakten, Fakten, Fakten – und immer an den Feierabend denken« und die anderen, die auch eigene Erlebnisse und Assoziationen in ihren Texten unterbringen wollten. Inspiriert vom Niklaus Meienberg, dem Schweizer Egon Erwin Kisch, und vielleicht auch ein bisschen vom »New Journalism« aus Amerika, von Truman Capote etwa und Hunter S. Thompson: Leute wie Urs und ich. Wir nahmen uns sehr ernst. Dennoch mussten wir noch viel lernen bei den Ösis. Zum Beispiel: »Recherchier'n haut die G'schicht zam« (Beim Recherchieren ist weniger oft mehr). Man nannte uns »die Power-Twins«. Wahrscheinlich war es das Heimweh nach Basel, das uns dann doch blockierte und den ganz großen Durchbruch verhinderte. Wir kehrten nach Basel zurück und wurden Freelancer. Und immer, wenn ich nun in Berlin bei einem Artikel nicht weiter kam, wusste ich: In good old Basel sitzt mein alter Freund und quält sich wahrscheinlich auch gerade.

Die freie Schreiberei war ein hartes Brot. Und Urs neigte zur Bequemlichkeit. Unlängst hatte er sich daher als Moderator beim Schweizer Radio DRS in Bern beworben und war sogar zum Vorsprechen eingeladen worden. Tagelang feilte er an seiner Aussprache. Leider hat er den Job schließlich nicht bekommen. »Sie sprechen zu gut Hochdeutsch«, hieß es. Bei Radio DRS sei ein gepflegter Schweizer Akzent Pflicht. Ich erzählte ihm am Telefon häufig von meinen Startschwierigkeiten bei den Schwoobe. Vielleicht hätten wir doch in Ösiland bleiben sollen?, diskutierten wir voller Nostalgie am Telefon. Dort gab es wenigstens richtige Berge. »Und weißt du noch?«, sagte Urs dann häufig und lachte: »Interessiert das den Zahnarzt in Kufstein?«

Doch jetzt war alles anders geworden. Er habe die Schreiberei an den Nagel gehängt, erzählte er mir gleich nach seiner Ankunft am Flughafen. Verschämt nestelte er an seiner Lederjacke herum. Jetzt mache er »Kommunikation«. Und zwar für futuristisches Telefonieren. Mit Hilfe einer Software, die seine Firma entwickelt habe, würden wir uns beim Telefonieren schon bald gegenseitig auf dem Computerbildschirm sehen können, erzählte er: »Scho no praktisch, gäll?« Na ja, dachte ich: Wie meine Freunde aussehen, kann ich mir eigentlich auch ohne so ein Gerät merken. Und bei vielen Leuten, die ich aus beruflichen Gründen anrief, war ich froh, dass ich ihre Visage nicht sehen musste. »Stell dir vor, deine Freundin fährt für ein halbes Jahr nach Afrika«, sagte Urs später in der S-Bahn Richtung Grunewald, wo wir bergwandern und baden wollten. In den neunziger Jahren hatte ich tatsächlich mal eine Freundin gehabt, die nach Afrika reiste, erinnerte ich mich. Sie machte dort ein Praktikum als Erzieherin, in einem Waisenhaus in Tansania – und nach drei Wochen lernte sie einen anderen Typen kennen. Kein Mensch braucht dieses Dödel-Telefon!, dachte ich, als wir durch die Matterhornstraße wanderten, immer in Richtung Schlachtensee, einem Badesee am Stadtrand von Berlin, den mir Joe empfohlen hatte. Ein Matterhorn sahen wir leider keines. Dafür war der See eine Wucht. Klares Wasser, wenig Leute und am Ufer Wald und Wiesen und ein idyllischer Biergarten. Vielleicht würden wir uns künftig häufiger hier treffen? Denn seit mein Freund Werbung machte, hatte er ja das nötige Kleingeld, um mich hier nach Lust und Laune besuchen zu fliegen, dachte ich. Auch nicht schlecht. Und in gewisser Weise hörte es sich ja ganz nett an, was er vom neuen Job erzählte: Von neun bis siebzehn Uhr dachte er sich Argumente wie »die Freundin in Afrika« aus. Und dafür flossen jeden Monat Unsummen auf sein Konto.

Aber nicht mit mir!, entschied ich mich sofort nach der Abreise von Urs. Ich würde es da weiterhin mit dem Berliner Liedermacher Funny van Dannen halten: »Ich wollte mich nie verkaufen, an die Business-Idioten«, sang der in einem seiner schönsten Lieder, »und um ehrlich zu sein, es hat auch keiner was geboten.« Ich beschloss, mich künftig wieder voll auf meine Kernkompetenz zu verlassen: den knallhart recherchierten Qualitätsjournalismus. Bald darauf stellte ich mich mutig im Prenzlauer Berg vor: bei »Edel & Vorzüglich«, der Supertopchecker-Fraktion unter den Berliner Schreiberlingen. Wir saßen in einem lichtdurchfluteten Saal auf Thonet-Stühlen im Kreis, und fünfzehn Augenpaare waren auf mich gerichtet. Gleich kommt die Frage nach meiner größten Schwäche, dachte ich, und wollte schon, abgeklärt lächelnd, »Perfektionismus« hauchen. Da fragte eine zierliche Blondine mit Designerbrille auf der Nase: »Bist du denn auch mit Leib und Seele freier Journalist?« Ich war verwirrt: Descartes' Leib-Seele-Problem? Was sollte das denn jetzt hier? Endlich fing ich mich wieder. »Also, äh, beim Spiegel oder so«, druckste ich rum, »könnte ich mir schon vorstellen, auch in Festanstellung zu arbeiten.« Dann wurde ich mutiger. In Berlin, so wusste ich ja mittlerweile, sagen einem die Menschen offen und ehrlich die Wahrheit ins Gesicht. Da musste man sich natürlich anpassen. »Und, machen wir uns nichts vor«, setzte ich nach und lächelte charmant, »so eine Chance würde sich doch auch von euch keiner entgehen lassen.« Eine Weile lang war es völlig still im Saal. Ich schien die Kollegen beeindruckt zu haben.

Erstaunlicherweise bekam ich den Büroplatz dann doch nicht. Aber egal. Ich landete bei den »textschreibern« in Kreuzberg. Die nahmen jeden, der Texte schrieb. Und wir ergänzten uns prima, denn jeder hatte seine Kernkompetenzen. Fidel zum Beispiel kannte sich bestens mit Klimawandel, Kochen, Palästina-Konflikt, Raubtierkapitalismus und Steuererklärungen aus, Toni mit dem Trenchcoat, unser Star aus Brunn am Gebirge bei Wien, war Experte für Fernreisen, Abenteuer und Krankheitsdiagnostik. Cordula wusste alles über die Schaubühne, Tiefenpsychologie, Genderforschung und Popkultur, Gerlinde schrieb über das »Berliner

Stadtleben« und Franz war Experte für alles: ein Generalist mit Durchsetzungskraft – den wir in geheimer Abstimmung bald zum inoffiziellen Betriebsrat beförderten. Ich selbst etablierte mich als Experte für den Basler Zolli. Taktisch geschickt hatten die Kollegen mir verschwiegen, dass ich mich bei Vertragsunterzeichnung gleich für drei Jahre verpflichtete, die Miete zu bezahlen. »Mach dir nix draus«, sagte Toni mit dem Trenchcoat und zündete sich eine Zigarette an. »Jetzt bist du halt zum Erfolg verdammt.«

Unser erstes gemeinsames Projekt waren Visitenkarten. Ob man so etwas wirklich brauchte? Franz und Fidel schworen darauf. Wochenlang bastelten wir am Design und diskutierten über Inhalte. Sollten wir zum Beispiel »tel.« schreiben oder »fon«? Auch sonst halfen wir uns in diesem Büro liebevoll gegenseitig. »Junge, du musst in die KSK!«, legte Cordula mir während einer Mittagspause ans Herz. Was das wohl sein mag?, fragte ich mich. Eine politische Partei? Eine Freikirche? Oder eine Fußballmannschaft? Ich erfuhr, dass die KSK mit der Altersvorsorge zu tun hat. »Wir sind da alle drin«, mischte sich Franz ins Gespräch ein. »Künstlersozialkasse« heiße der Laden ausgeschrieben: »Aber egal, ich bin auch weder Künstler noch sozial.« So wurde ich Mitglied.

Glücklicherweise beinhaltete dieser Künstlersozialkram auch eine Art Krankenversicherung. Denn Berlin war wild und gefährlich. Bereits nach wenigen Wochen wurde ich auf dem Weg zur Arbeit beinahe geköpft. Vom Eingangstor zum Gewerbehof, in dem unser textschreiber-Büro sich eingemietet hatte. Es war ein stählernes Tor, das den Gewerbehof vor der Außenwelt schützen sollte. Grün angestrichen, grün wie die Hoffnung. Anfangs konnte man das Schutzgitter mit Muskelkraft zuziehen und mit dem Schlüssel absperren, erzählte mir Cordula. Doch das Fleisch war schwach. Oft ließen die Kollegen das Tor auch über Nacht einfach offen. Prompt wurden sie Opfer eines Stinkbomben-Anschlags von Autonomen. Die Hausverwaltung reagierte sofort: Das neue Tor ging automatisch zu. Das war praktisch, da es Chaoten fernhielt. Und es diente der natürlichen Selektion: als eine Art Guillotine. Wer zu langsam war, wurde auf halbem Weg zerquetscht oder enthauptet. Manche spotteten, ich bewege mich halt wie eine

Schnecke, weil ich aus der Schweiz sei. Frechheit! Denn immerhin war der amtierende Formel-1-Weltmeister, Michael Schumacher, ja auch ein halber Schweizer. Zumindest lebte er schon ewig nicht mehr im Schwoobeland. Aber es gab eben Situationen, in denen auch Spitzengeschwindigkeiten nichts halfen: Gegen zwei Uhr früh wollte ich neulich nach Hause. Aber das Tor war zu. Kein Problem, wusste ich: In solchen Fällen musste man den Schlüssel irgendwo einführen, eine Lichtschranke wurde aktiv, es piepte fürchterlich und irgendwann öffnete sich das Tor. Nur in dieser Nacht nicht. Zum Glück kamen gerade Nachbarn von einer Party nach Hause. »Schon den ganzen Tag spinnt dieses verdammte Tor!«, regten sie sich auf. »Wir wurden fünf Mal rausgeklingelt! Wir heißen nämlich ›Besuch‹.« Leider konnten die Besuchs ausgerechnet mir nicht helfen, denn jetzt ließ sich das Tor auch von außen nicht mehr öffnen. Aber alles hatte seine Vorteile: Vielleicht kam ich hinter Gittern auf gute Ideen für meinen Lyrikband über Berlin?, machte ich mir Hoffnungen. Ich würde mich von den Pflanzen im Konferenzraum ernähren. Das alles ließe sich PR-mäßig gut ausschlachten. Aber es nervte langsam. Und der Schlaf auf dem Teppich im Konferenzzimmer war enden wollend.

Ansonsten aber stieg meine Begeisterung für Berlin mit jedem neuen Tag. Schon weil ich ständig dazulernte. Die »Stabi« etwa hatte nichts mit der Stasi zu tun. Es handelte sich dabei um eine große Bibliothek. Früher dachte ich immer, die NVA sei eine Spezialeinheit der Stasi. Dabei war das die Armee der DDR. Bei uns in Basel (BS) wiederum sprach man im Zusammenhang mit der Armee von »WKs«, klärte ich die textschreiber-Kollegen auf: Und die waren kein Spaß. »I muess in WK!«, stöhnte ständig jemand. WK bedeutete in der Schweiz zwar nicht »Weltkrieg«, sondern »Wiederholungskurs«. Aber schlimm genug. Die Armee-Grundausbildung im Schießen, Robben und so dauerte nur ein paar Wochen. Dafür musste man seine Kenntnisse aber jedes Jahr auffrischen.

Zum Glück war ich dienstuntauglich und konnte mich auch in Berlin ganz auf die zivilen Herausforderungen des Lebens konzentrieren. Auf den Kampf mit dem Finanzamt am Mehringdamm zum Beispiel, der gigantischen ehemaligen Kaserne des

Garde-Dragoner-Regiments aus dem 19. Jahrhundert, die mit ihren Türmen und Zinnen an eine mittelalterliche Burg erinnerte. In Basel war das mit den Steuern unspektakulär gewesen: Es gab ein paar Pauschalen, die man als freier Schreiberling von den spärlichen Honoraren abziehen konnte, und Ende Gelände. In Berlin hingegen gingen alle Freelancer bis an ihre Grenzen. »Ich habe die Hoffnung, dass dir das auch ein bisschen Spaß machen könnte«, sagte Fidel, unser Büroältester, und half mir, eine Liste zusammenzustellen, was ich alles vom »Betriebsgewinn« abziehen konnte. Zum Beispiel »geringfügige Wirtschaftsgüter«. Bei meinem Einzug ins Büro hatte ich mir zum Beispiel ein Akten-Regal aus Pappe gekauft. Es kostete 7,36 Euro – und die konnte ich jetzt knallhart mit dem »Betriebsgewinn« gegenrechnen. Dann die »Geschäftsgänge«: Das war »immer, wenn man sein Büro aus beruflichen Gründen verlässt«, wenn ich es richtig verstanden habe. Brachte jedenfalls Kohle, die man eiskalt abziehen konnte. Leider fielen Geschäftsgänge bei mir aber schon länger flach, weil ich ja mit der Steuererklärung beschäftigt war. Besonders sexy fand ich die Mehrwertsteuer: Als »Kleinunternehmer« hatte ich mich davon befreien lassen. Aber Fidel sagte, das sei ein grober Fehler, denn da verschenke man Geld an den Fiskus. Nicht mit mir! Jetzt war ich mehrwertsteuerpflichtig, »zum reduzierten Satz für Journalisten mit sieben Prozent«. Ans Finanzamt »abführen« musste ich nur 4,8 Prozent. Super Trick! Auf drei Leben hoch gerechnet, würde sich das enorm auszahlen. Und die Langeweile war auch besiegt: Ich durfte jetzt nämlich jeden Monat eine Mehrwertsteuer-Vorerklärung ausfüllen. Es ging dabei um Beträge, die jeden Bettler beleidigt hätten. Aber die reizenden Damen vom Finanzamt Kreuzberg wollten alle vier Wochen einen Vorerklärungs-Text von mir lesen. Ein gutes Gefühl, als Autor so begehrt zu sein! Mein Großvater selig hatte eben doch Recht: Talent setzt sich irgendwann durch.

Die Weltgeschichte allerdings wurde – dem Berlin-Hype in vielen Zeitschriften zum Trotz – mittlerweile anderswo geschrieben. In Schanghai zum Beispiel, erzählte textschreiber-Großreporter Toni mit dem Trenchcoat immer, gebe es inzwischen Werften, in denen täglich mehr Öltanker gebaut werden als in Berlin

S-Bahn-Züge fahren. Und wer heute in Berlin nicht bereits als Säugling Mandarin lerne, werde es zu nichts bringen. China galt bei Schwoobe, die sich auskannten, offensichtlich längst als die neue Hegemonialmacht. Nur an mir war diese Entwicklung bisher vorbeigerauscht. Neulich aber suchte ich ein Geburtstagsgeschenk für meine Kollegin Cordula, eine sehr gebildete Frau. Nach langen, ergebnislosen Streifzügen durch das KaDeWe fand ich in einem kleinen Asia-Shop eine Pappschachtel mit der Aufschrift »Intellectual Birthday Candle«. Wow! Made in China. Mit diesem Geschenk war ich auf der Party in Mitte ein gefragter Gesprächspartner. Denn keiner der Gäste hatte so etwas je zuvor gesehen. Das Geburtstagskind hielt ein Feuerzeug an die intellektuelle Kerze. Nichts geschah. Schade. Dann entdeckten wir einen Beipackzettel. Man musste erst irgendwo draufdrücken und die Kerze danach anzünden. Bingo! Prompt faltete sich das Ding auf wie eine Lotusblüte, Flammen züngelten und es erklang »Happy Birthday«. Cordula lächelte gerührt. Genau genommen war es eine Variation dieses Liedes, wahrscheinlich mit Anleihen an die Zwölftonmusik. Gute Kunst musste Wahrnehmungsgewohnheiten aufsprengen, wussten wir. Und die Chinesen waren offensichtlich auch in diesem Bereich ganz weit vorne. Alle auf der Party fanden die Kerze toll. Etwa eine Stunde lang. Dann begann uns das Gedudel auf den Geist zu gehen. Einer schmetterte die Kerze auf den Küchentisch. »Happy Birthday to You!« dudelte sie. Selbst nach ausgiebigem Waterboarding in der Badewanne musizierte sie weiter. Chinesische Wertarbeit hielt allem stand. Erschöpft ging ich früh nach Hause. Am nächsten Tag erreichte mich eine E-Mail. »Die Kerze ist besiegt!«, schrieb Cordula. Um halb vier morgens sei ihr die Lösung eingefallen: Mit einer Schere habe sie alle Drähte durchgeschnitten. »Nochmals vielen Dank«, schrieb sie. »Wirklich ein sehr lustiges Geschenk!«

Als ich abends aus dem Büro nach Hause kam, saß Ramin auf dem Wohnzimmersofa zwischen Spiegelei-Resten, Donald-Duck-Comics, Weingläsern und Joint-Stummeln und kiffte. Alles wie immer also. Nur dass ich im Flur bis zu den Knöcheln im Wasser stand und aus der Wand neben dem Telefonanschluss – den die Telekom, nach wochenlangen Verhandlungen, kürzlich wieder freigeschaltet hatte – eine Fontäne spritzte. Ramin zuckte mit den Schultern. »Ischweißauchnisch.« Wieso er nicht die Feuerwehr gerufen habe?!, schrie ich ihn an. »Sorry«, sagte er und nahm einen tiefen Zug. »Aber ich wohn ja gar nisch hier, offiziell.« Das Wasser im Flur stieg weiter. Ich wählte die Natel-Nummer von Haifisch-Lotte. »Lotte, komm! Schnell! Ein Rohrbruch in der Wohnung!« – »Kannste später nochmal anrufen?«, fragte sie. Sie spiele gerade Tennis.

Ramins Passivität empfand ich als problematisch. Aber irgendetwas schien dieser Mann auch richtig zu machen, dämmerte es mir langsam, als der Wasserschaden schließlich behoben war: Wieso arbeiten? In Berlin gab es ja eine reizvolle Alternative: gratis einkaufen. Zum Beispiel im sympathischen Umsonstladen, gleich um die Ecke. »Jeder Kauf ist ein Fehlkauf!«, stand in blutroten Buchstaben auf einem Leinentuch, das über dem Eingang hing. Der Kapitalismus müsse überwunden werden, versuchte mich ein bärtiger Schluffi hinter der Kasse ohne Kasse zu missionieren: Aus diesem Grund hätten er und seine Mitstreiter diesen Laden eröffnet. Nur einen Nachteil hatte das Geschäft: Man durfte sich pro Tag höchsten drei Sachen aussuchen. »Sonst wären die Regale bald leer«, erklärte der Schluffi. Und wie sollte dann der Kampf gegen das System weitergehen? »Der Einzelne steht hier nicht im Vordergrund«, erklärte der Aktivist. Der Umsonstladen werde kollektiv verwaltet und alle verdienten gleich viel: nichts. Das Sortiment bestand überwiegend aus Büchern, Klamotten und Schallplatten. Ich suchte mir einen Wintermantel aus. Leider war er himmelblau, dafür aber kuschelig warm. Und der Schluffi sagte, ich dürfe den Umsonstladen gerne weiterempfehlen. »Sogar wenn jemand mit dem Porsche vorfährt, haben wir kein Problem damit.« Cool. Nur zu essen gab es leider nichts, und die Miete für mein WG-Zimmer wollte er auch nicht übernehmen. Schade, eigentlich.

Um mich aufzumuntern, schenkte mir mein Kollege Fidel, ein hedonistischer Linkslinker, sein Lieblingsbuch: den »Großen Konz«. Ein faszinierendes Werk mit 1072 Seiten. Man sollte ja überhaupt viel mehr lesen! Der »Konz« kostete lediglich 8,90 Euro – und war noch »steuerlich absetzbar«. Da waren tolle Tipps drin. Zum Beispiel: »So legt das Finanzamt 3000 Euro beim Autokauf dazu.« Nur schade, dass ich immer noch keinen Führerschein hatte. Und wie der Trick mit den 3000 Euro genau funktionierte, kapierte ich auch nicht ganz. Haifisch-Lotte aber hatte sich gerade einen alten VW-Bus für 3000 Euro gekauft. Der wollte ich dieses Buch unbedingt ausleihen. Doch als sie drei Wochen später erstmals wieder in der Jugendstil-WG auftauchte, wirkte sie bedrückt. Schlechte Neuigkeiten: Sie hatte ihren Job verloren, war pleite und hatte daher beschlossen, wieder offiziell in den Palast ihrer Eltern am Stadtrand zurückzuziehen. »Alles Gute für dich«, sagte sie noch. »Nächste Woche beginnt die Sanierung. Wirf den Wohnungsschlüssel am Sonntagabend einfach in den Briefkasten.« Dann trippelte sie davon. Erst in diesem Moment kapierte ich: Lotte hatte bereits gekündigt. Und um die Mieterhöhung durch die Luxussanierung berappen zu können, die die Hausverwaltung jetzt plante, hätte ich eine Bank überfallen müssen. Zumindest bin ich jetzt auch Ramin wieder los, dachte ich.

»Man soll auf Bergen leben«, hat Friedrich Nietzsche einmal notiert, wahrscheinlich bei einer Wanderung in den Alpen. »Erlöst ist endlich meine Nase vom Geruch allen Menschenwesens.« Und nach diesem Hochgefühl sehnte ich mich mit jeder Zelle meines Körpers. Gerade nach dieser deprimierenden Nachricht. In meiner Verzweiflung suchte ich Zuflucht beim Kreuzberg, nach dem dieser Stadtteil, der mir in kurzer Zeit so sehr ans Herz gewachsen war, benannt ist. Lange stand ich an der Hauptstraße unten vor dem idyllischen Wasserfall im Viktoriapark und überließ mich trübsinnigen Gedanken. Dann erklomm ich den Berg zum ersten Mal. Röbi hatte unten beim Wasserfall mal Silvester gefeiert. Er war mit drei Freunden da gewesen und becherte so munter, dass er die drei Jungs bald nicht mehr auseinander halten konnte. Gegen Mitternacht trugen sie ihn bis zum Gipfel und flößten ihm Sekt ein. Erst das Geböller beim großen Feuerwerk weckte ihn auf. Er tanzte mit einer Investmentbankerin aus der Schweiz, einer Psychoanalytikerin aus Buenos Aires und drei Berliner Hippies um ein Freudenfeuer Pogo. Dann der Filmriss. Und irgendwann wachte er in einem Einkaufswagen wieder auf, irgendwo im tiefsten Wedding. Typisch Röbi. Doch apropos Röbi: Wo steckte der eigentlich die ganze Zeit? Ich wählte seine Nummer – und wieder ging niemand an den Apparat.

Der Kreuzberg selbst war lange nicht so beeindruckend, wie ich gehofft hatte. Mir schien er sogar noch niedriger zu sein als der liebliche Hügel namens Rixdorfer Höhe in der Hasenheide. Doch am Südhang erspähte ich den Biergarten Golgatha. Benannt nach dem Ort, an dem Jesus einst gekreuzigt wurde. Bei seiner Hinrichtung war der Messias 33 Jahre alt, in einem ähnlichen Alter also wie ich jetzt. Ob bei mir auch langsam der Ofen aus war?, überlegte ich, als mir die Kellnerin das dritte Bier brachte. Dann aber riss ich mich zusammen: Es gab noch so viele Gipfel, die auf mich warteten. Und bald würde Amanda wieder aus dem USA-Urlaub zurück sein. Mit der gab es immer was zu lachen. Und sie hatte versprochen, mit mir weitere Gipfel zu erklimmen. Ein echter Basler Bergsteiger geht nicht unter!, redete ich mir gut zu. Und die letzten Worte, die Gautama Siddhartha – der Buddha – vor seinem Tode an seine Schüler gerichtet haben soll, lauteten: »Geht weiter!«

Als ich nach Berlin zog, träumte ich davon, endlich über interessante Themen zu schreiben: Kreuzberger Nächte, die Volksbühne, die Russlanddeutschen, die Berlinale, Botho Strauß – und damit Geld zu verdienen. Jetzt allerdings, nach etwa neun Monaten, war ich Schweiz-Reporter mit Wohnsitz in Nordostdeutschland: Wenn mal eine Zeitung einen Text in Auftrag gab, dann über meine Basler Heimat oder über das Nachtleben in Zürich. Oder über die »Schweizer Schulreform«, von der ich noch nie etwas gehört hatte. Ich pendelte mit dem ICE in meine Vergangenheit zurück. Bald verfügte ich wieder über enormes Insider-Wissen aus Basel: Käthi hatte einen neuen Job, Schampe Grippe, Urs eine neue Freundin und Ruedi Messerli einen neuen Hund. Es war ein gutes Gefühl, Experte zu sein. Auch wenn dieses Fachwissen selten gefragt war und schlecht bezahlt wurde.

Jedes Mal kam ich von solchen Dienstreisen mit einem Rucksack voll spannender Bücher zurück. Ein Großteil meiner Bibliothek lagerte nämlich noch bei meiner Mutter in Basel. Nach und nach transportierte ich sie mit dem ICE nach Kreuzberg. Diesmal hatte ich den »Grünen Heinrich«, den »Schellen-Ursli«, »Die Welt als Wille und Vorstellung, Band II« und etwa drei Dutzend weitere Werke im Gepäck. In meinem WG-Zimmer schichtete ich die Bücher überall auf. Das Bett, das Sofa, der Schreibtisch, die Kommode – das ganze Zimmer verschwand unter dem Bücherberg. Klar hätte ich längst ein zweites Regal gebraucht. Aber ich kaufte sehr ungern Sachen. Man war hinterher ja sowieso meist enttäuscht. Neulich hatte ich mir zum Beispiel fürs Büro ein neues Faxgerät angeschafft und wochenlang kein einziges Fax bekommen. Heute kam das erste: eine Einladung zum »Diskussionsforum Darmkrebsvorsorge«.

Irgendwie schien gerade alles den Bach runterzugehen in meinem Leben.

Ich musste an Schöggi denken, einen ehemaligen Klassenkameraden aus dem Gymnasium in Basel. Er hatte einen Iro-Haarschnitt und wusste alles über Anarchie. In den Sommerferien legte er sich in Kampfstiefeln und Lederjacke an den Strand, während wir im Meer plantschten. Schöggi war Punk. Wir haben ihn alle sehr bewundert. Doch die Zeiten änderten sich und die Anarchos in ihnen. Inzwischen arbeite Schöggi bei einer Großbank, erzählte mir Urs neulich am Telefon. Gut möglich. »Punk ist, wenn man mit dem Porsche gegen einen Baum fährt«, hatte ich unlängst in einem Heftli gelesen, »und anschließend ganz lässig aussteigt.« Zumindest in Berlin schien jedoch auch die Billigvariante der Punk-Bewegung überlebt zu haben, fiel mir auf meinen Touren durchs Großstadtgebirge auf. An zahllosen Kreuzungen standen Menschen mit bunten Iro-Frisuren, Hunden und Bierdosen und putzten für ein paar Cent Autoscheiben. Andere bettelten vor Kaufhäusern, wie in der guten alten Zeit. Inzwischen eroberten Punks aber auch neue Welten: Kürzlich traf ich im Zug einen streng riechenden Jüngling mit Iro. »Punk sein, bedeutet Kampf!«, dozierte er. Er habe bereits Häuser in Österreich, Deutschland und Liechtenstein besetzt. Der ICE war also gewissermaßen sein Dienstfahrzeug. Sein bester Kumpel sei schon Anfang sechzig und noch immer Punk, erzählte er. Nur mit dem Irokesenschnitt gebe es Probleme, wegen des Haarausfalls. Aber der Kampf gegen die Spießer müsse weitergehen.

Als mich ein paar Tage darauf mein Jugendfreund Schampe, zum ersten Mal in Berlin besuchen kam, wärmten wir die alten Zeiten auf: An der Uni hatten wir – Billig-Punks im Geiste – jahrelang die Karrieristen in Anzug und Krawatte ausgelacht, die Wirtschaft oder Jura studierten. »Hast du schon gehört«, sagte er, »Schöggi arbeitet jetzt bei einer Großbank.« Ich nickte. »Hat mir Urs schon erzählt.« Wir schwiegen und betrachteten vom Balkon der Ankerklause aus, wie das Wasser des Landwehrkanals, in dem einst Rosa Luxemburg ertrunken war, träge dahinfloss. »Immerhin sind wir beide unseren Idealen treu geblieben«, brach Schampe schließlich das Schweigen und zog die rechte Augenbraue nach oben, »keine Karriere.« Ich versuchte ein Lächeln und holte noch zwei Hefeweizen. »Punk's not dead!«, sagte Schampe.

Schampe, der klügste von meinen Freunden, ordnete im Basler Stadtarchiv irgendwelche verstaubten Akten. Und ich war, wie gesagt, Schreiberling mit Spezialgebiet Basler Zolli geworden. Schon kurz darauf aber kam sie doch noch, meine Chance, ganz groß rauszukommen: Eine Leitende Redaktorin der Neuen Zürcher Zeitung rief an, ob ich nicht regelmäßig und an prominenter Stelle für sie schreiben wolle: über Mode. Ich schluckte leer. »Sorry, aber, äh, da bin ich nicht so, äh, drin, in dem Thema«, stammelte ich und nestelte an meinem verwaschenen H&M-Pullover herum. »Das sagen die wirklich guten Leute doch immer«, schmeichelte mir die Redaktorin. Sie habe unlängst in einem Magazin meinen »wunderbaren Artikel über Krawatten« gelesen. Muss eine Verwechslung sein, dachte ich. Doch dann erinnerte ich mich: Ich hatte einen Wissenschaftler interviewt, der berechnen konnte, wie viele unterschiedliche Knoten sich mit einem Schlips binden ließen. Mathe also – nicht Mode. Doch es kostete viel Kraft, die Zürcherin wieder abzuwimmeln. Und kaum hatte ich den Hörer aufgelegt, hätte ich mir am liebsten in den Hintern gebissen. Wann kam man denn schon mal kostenlos nach Milano? Und auf Modenschauen rannten die schönsten Frauen der Welt halbnackt über die Bühne, wusste ich von Toni mit dem Trenchcoat, der unlängst Naomi Campbell interviewt hatte. Ich hingegen musste noch viel lernen: Kreativ sein, spontan sein, mobil sein. Etwas wagen. Man musste nur wollen!

Es war ein gutes Gefühl, in der Hauptstadt eines Landes zu leben, in der gerade ein Abenteurer und Bergsteiger zum Nationalheiligen stilisiert wurde. Und Alexander von Humboldt muss in der Tat ein sehr sportlicher Typ gewesen sein: »Ein Vorbild«, schwärmte neulich sogar Reinhold Messner in einem TV-Interview. Und Humbi konnte nicht nur prima klettern: »Er hat die Vereinten Nationen der Wissenschaft begründet«, verkündete Joschka Fischer, der immerhin mal Außenminister des Schwoobelands gewesen war, in einer Werbebroschüre zur Neuauflage von Humbis Gesamtwerk. Vielleicht waren die Worte des Ober-grünen die eigentliche Initialzündung. »Deutschland ist auf Humboldt angewiesen«, stand plötzlich in allen Blättern des Landes. Und der Spiegel schrieb: »Wenn es einen Vorzeige-Deutschen, einen Mutmacher-Deutschen geben sollte in diesen düsteren Tagen, dann ihn.« Danke, Humbi!

Denn einen Mutmacher konnte auch ich als Exilbasler dringend gebrauchen, ganz besonders beim Kampf um eine neue Schutzhütte im Berliner Großstadtgebirge. Die nächste WG, die ich mir ansah, lag direkt über einer Metzgerei. Im ganzen Haus roch es nach Schweineblut. Muss man mögen. In der nächsten Wohngemeinschaft wiederum wurde jeder gesteinigt, der Salami oder Schinken in den Kühlschrank legte. Keine leichte Entscheidung für einen leidenschaftlichen Gelegenheitsfleischesser. Ich wählte die Hardcore-Vegetarier, obwohl es eine reine Männer-WG war.

Die erste k.o.-Runde überstand ich locker. Dann jedoch wurde es ernst: ein Abendessen, nur ich und sie. Die drei Jungs, Oskar, Theo und Albert, hatten vegetarische Lasagne mit Roter Bete gekocht. Fast so lecker wie mit Fleisch. Aber das sagte ich denen natürlich nicht. Die Jungs waren eigen: Theo ein kommunistischer Jungunternehmer, Albert ein Asket aus Bayern und Oskar ein Deutschlehrer und Kung-Fu-Trainer mit chronischem Hexenschuss. Aber mein Bestechungsgeschenk, eine weiße Riesentoblerone, die ich aus Basel angeschleppt hatte, kam super an. Ich bekam das Zimmer – und fühlte mich wie im Himmel.

Drei Tage darauf erreichte mich im Büro eine E-Mail von Amanda. Sie freue sich schon sehr auf Berlin – bleibe aber nun doch noch drei Wochen in Florida bei ihren Verwandten. Ich war sehr enttäuscht. Immerhin aber kam ich über den asketischen Albert unverhofft zu einer reizenden Brieffreundin: Shunju war eine junge Geschäftsfrau aus Peking, gerade mal zwanzig Jahre alt. Mein neuer Mitbewohner, ein großer Liebhaber Asiens, hatte sie kürzlich auf seiner China-Reise kennengelernt und ihr jetzt meine E-Mail-Adresse geschickt, damit sie mich über aktuelle journalistische Themen aus Peking auf dem Laufenden halten könne. Reizend. Prompt bekam ich jetzt dauernd Post aus China. »Hallo Till«, mailte Shunju an diesem Vormittag. »Ich bin sehr Freun, weil ich mal dich anrufen. Ich habe dir gesagt, ich habe eine neue Frima, ich habe das Foto gesenden. Bitte schlagen vor. Diese Firma gehort mir, ich bin Chef, aber habe ich Problem, dass ich nur Englisch Name haben, ohne deutsch Name. Kannst Du mir helfen? Bitte ıbersetzen. Mein english Name ist ›Sino-Euro concordance Cultural Exchange Ltd‹. Bitte ıbersetzen, vielen Dank. viele Grusse aus Shunju.« Endlich mal wieder ein Auftrag! Ich zermarterte mir das Hirn und wälzte Wörterbücher. »Sino-Europäischer Verein für Kulturaustausch« schlug ich ihr schließlich vor. Nicht perfekt, aber ich hatte ja auch nicht ewig Zeit.

Denn ich wollte jetzt endlich auch zielstrebiger werden und Unternehmerqualitäten entwickeln. So wie Shunju. Es gab auch hier in Kreuzberg interessante Geschäftsmöglichkeiten: Auf dem Weg ins Büro kam ich zum Beispiel immer an einem Laden mit dem Schild »Restposten aus London« vorbei. Die Klamotten im Schaufenster sahen aber eher wie Restposten aus Rumänien aus. Guter Trick! Sogar meine Kollegin Gerlinde hatte neulich ein T-Shirt dort gekauft. Vielleicht könnte man Joint-Venture-mäßig was machen mit »Restposten aus London« und der »Sino-Euro concordance Cultural Exchange Ltd.«? Irgendwas im Multikulti-Segment?, dachte ich.

Doch erst einmal wollte ich nun richtig Bergsteigen gehen und den Kopf wieder freikriegen. Irma »Daugd's da leicht, won da ana in die U-Bahn eini schbeibt?« aus München hatte spontan ihren Besuch angekündigt. »Zwischenduach amoi is Berlin ja eh gonz nett.« Ich beschloss, mit ihr die Ahrensfelder Berge im Stadtteil Marzahn zu erklimmen. Die gehörten zu den reizvollsten Gipfeln Berlins, wusste ich von Joe. Und auf dem Stadtplan sah alles nah und einfach aus. In Wirklichkeit aber war Marzahn mit seinen riesigen Plattenbau-Siedlungen erstaunlich weitläufig, stellten wir fest. Doch es schadete ja auch nichts, Umwege zu machen und sich hin und wieder zu verlaufen. »Viele Wege führen zum Gipfel des Berges«, lautete ein Sprichwort aus dem Alten China, das mir der asketische Albert nach dem Casting-Essen in der WG mit auf den Weg gegeben hatte. »Aber die Aussicht bleibt immer die gleiche.«

Eine Anekdote fiel mir ein, die ebenfalls Albert erzählt hatte: In Peking hielt er auf seiner Reise durch China ständig Ausschau nach Menschen, die Tai-Chi übten. Denn er hatte gelesen, wie populär diese jahrhundertealte Meditationsform im Ursprungsland bis heute sei. Nach knapp einer Woche wurde er fündig. Neben einer vierspurigen Straße bewegten sich betagte Männer und Frauen tatsächlich wie in Zeitlupe zu Musik aus einem Ghettoblaster. Sie war also, der rasanten Industrialisierung und Modernisierung Chinas zum Trotz, noch nicht völlig ausgestorben, die altchinesische Kultur. Und es gebe eine Möglichkeit, dieses ehrwürdige kulturelle Erbe auch weiterhin zu erleben, vertraute Albert ein weißhaariger Chinese an: »Fahren Sie nach Japan.«

Auch ich hatte mich immer sehr für die altchinesische Kultur begeistert. Besonders für traditionelle Tuschezeichnungen der Himalaya-Gipfel. Leider aber war mir eine Japan-Reise immer viel zu teuer gewesen. Auf der Suche nach den Ahrensfelder Bergen, mitten in Marzahn, landeten Irma und ich dann jedoch prompt im Fernen Osten. Im »Erholungspark Marzahn« entdeckten wir den »Garten des wiedergewonnenen Mondes«, in dem die altchinesische Kultur blühte. Erst war ich noch ein bisschen verärgert, weil wir die Berge nicht gefunden hatten. Und dass der Mond verloren gegangen war, hatte ich gar nicht mitbekommen. Es freute mich aber natürlich trotzdem, dass zumindest dieser Himmelskörper jetzt wieder aufgetaucht war. An einem Weiher, in dem Goldfische schwammen, konnten wir auf der Terrasse eines Prachtbaus zwischen mehr als zwanzig Sorten Grüntee wählen. Hier in Marzahn sei alles original chinesisch, erzählte die Kellnerin im Geisha-Look. Das gesamte Material für den Mondrückeroberungspark, vom Felsbrocken bis zum Holztisch, sei in hundert Containern aus China eingeschifft worden.

Marzahn war offensichtlich das Berliner Tor zu Asien: Einen koreanischen, einen balinesischen und einen japanischen Garten gab es hier auch. Und im Gegenzug exportierte Berlin seine Geschichte in die Welt: Etwas abseits der Blumenbeete entdeckten wir riesige Betonplatten. »Module der original Berliner Mauer«, erklärte uns ein Gartenarbeiter stolz. Erst gestern habe ein Unternehmer aus Kiew ein Stück gekauft, erzählte er weiter. Vielleicht würden ja bald auch chinesische Geschäftsleute Gefallen an unseren Mauerrelikten finden und damit in Peking einen »Alt-Europäischen Garten« schmücken. China war zweifelsohne wirklich der neue Nabel der Welt, nicht nur was intellektuelle Geburtstagskerzen anging.

Doch die Sehnsucht nach dem Gebirge keimte wieder in mir auf. Die Gier nach Bergluft, schroffen Felsen, schneebedeckten Hochebenen und der zauberhaften Stimmung unterm Gipfelkreuz. »Nur wer auf die Berge steigt, kann die Höhe des Himmels ermessen«, stand auf einer Postkarte, die am Schwarzen Brett unserer Hardcore-Vegetarier-WG hing. In Berlin allerdings waren die Berge gut versteckt. Die Ahrensfelder Berge jedenfalls fanden wir selbst nach der Stärkung bei den Chinesen nicht. Schließlich brachen Irma und ich die Expedition ab. Man darf auf Touren durchs Gebirge nichts erzwingen, wussten wir. Das führt nur zu Unfällen. Und so begaben wir uns schließlich statt auf die Gipfel der Ahrensfelder Bergwelt eben in die Schlucht der abgehackten Hand, zu Joes Geburtstagsparty.

Als wir nach der turbulenten Feierei gegen Mittag im Wohnzimmer seiner WG unseren Rausch ausgeschlafen hatten, beschlossen wir, nun den Teufelsberg zu erklimmen. »Der ist wirklich sehr leicht zu finden«, versicherte uns Joe. Dann drehte er sich auf die andere Seite und pennte weiter. Toni mit dem Trenchcoat hatte mir schon oft von diesem Berg erzählt, der im nördlichen Teil des Grunewalds liegen sollte. Als Ösi aus Brunn am Gebirge bei Wien konnte Toni zumindest ansatzweise verstehen, dass mir die Alpen fehlten.

Einmal lud er mich in seine kultige Altbauwohnung am Mariannenplatz ein. Er zündete Dutzende Kerzen an, braute einen Kaffee, der so stark war, dass ich nach dem ersten Schluck Schweißausbrüche bekam, und erzählte mir die Geschichte der Berge, die sich die Berliner selbst gebaut hatten.

Nach dem Zweiten Weltkrieg lag Berlin in Trümmern. Fast die Hälfte der Gebäude war zerstört. Größere Steine und Ziegel wurden zum Wiederaufbau verwendet. Wohin aber mit den rund achtzig Millionen Kubikmetern Schutt? Die Berliner fanden eine Lösung. Man beschloss, die zerstörten Häuser zu Bergen aufzuschütten. Und die »Trümmerfrauen«, die diese Arbeit übernahmen, wurden zur Legende. Später bepflanzten die Berlinerinnen und Berliner die mehr als zwanzig Trümmerberge, die sie »Mont Klamott« nannten, und es entstanden Parks. »Klamott« war im Gegensatz zu »mont« (Berg) zwar kein Lehnwort aus dem Französischen. Dafür machte es aber den Hintergrund der Bezeichnung deutlich: Klamottenberg – Berg aus allem möglichen Zeug.

Um einen dieser mehr als zwanzig »selbst gebauten« Berge in Berlin schien es sich auch beim 114,7 Meter hohen Teufelsberg zu handeln, dem höchsten Gipfel Berlins. Toni kramte in seiner Plattensammlung und legte eine LP der Ostberliner Band Silly auf, die er vor Jahren auf dem Flohmarkt gekauft hatte: »Mitten in der City, / zwischen Staub und Straßenlärm, / wächst 'ne grüne Beule / aus'm Stadtgedärm. / Dort hängen wir zum Weekend / die Lungen in den Wind, / bis ihre schlappen Flügel / so richtig durchgelüftet sind – Mont Klamott – aufm Dach von Berlin / Mont Klamott – sind die Wiesen so grün.«

In den 1930er Jahren begannen die Nationalsozialisten an der Stelle des heutigen Teufelsbergs, eine Militär-Hochschule zu errichten, erzählte Toni später. Auch ein riesiges Krankenhaus, einen Campus und einen Zolli planten sie. Das Zentrum der neuen Welthauptstadt »Germania« wollten sie hier aus dem Boden stampfen. Doch kurz nach der deutschen Niederlage im Zweiten Weltkrieg sprengten die Alliierten die Rohbauten. Und bald darauf wurde ein Trümmerberg aufgeschüttet. Später nutzten die Berliner das Gelände als Mülldeponie: Zwanzig Jahre lang wuchs der Teufelsberg Meter um Meter auf dem Betonfundament der alten Nazibauten. Am Ende lagerten hier etwa 26 Millionen Kubikmeter Schutt und Abfall. Dann entschied sich der Senat für eine typische Berliner Lösung, sagte Toni und grinste: Ein Freizeitparadies. Rund 180 000 Bäume wurden auf dem Müllberg gepflanzt. Und eine Rodelbahn, ein Skihang mit Sprungschanze und Schlepplift sowie ein Kletterfelsen verwandelten das Gebiet in eine Art Erlebnispark.

Anfang der 1960er Jahre schließlich richteten die West-Alliierten auf dem Berg eine Abhöranlage ein. Getreu dem Motto: »In god we trust; all others we monitor.« (Auf Gott vertrauen wir; alle anderen überwachen wir.) Die futuristisch anmutenden Radaranlagen, umzäunt und streng bewacht, konnten bis weit hinein in das Gebiet des Warschauer Paktes lauschen. Rund um die Uhr wurde der Funkverkehr der östlichen Nachrichtensysteme aufgezeichnet. Auf und auch tief im Teufelsberg entstand eine große Spionagezentrale, die »Field Station Berlin«. Der Skilift fiel dieser Anlage zum Opfer, da sein Betrieb die Funkanlage störte.

Dennoch blieb der Teufelsberg ein lohnendes Ausflugsziel. Wildschweine, Hasen und allerlei anderes Getier. Amerikanische und britische Soldaten in voller Montur, zu Fuß und im Jeep. Mountainbiker, Downhillskater, Drachen- und Gleitschirmflieger, Jogger, Spaziergänger, Familien mit Picknickkörben, und oben die Spione: Der Teufelsberg hatte für alle Platz. Zur 750-Jahr-Feier Berlins 1987 gab es dann gar einen Weltcup-Slalom auf dem Skihang. »So sind sie, die Berliner«, sagte Toni. »Die würden noch den Weltuntergang als Party feiern.«

Bald nach dem Fall der Mauer, im Winter 1990, wurde die Abhörstation mangels Feind dicht gemacht. Ein Berliner Investor erwarb das Gelände und träumte von Eigentumswohnungen, einem Hotel und einem Spionagemuseum. Umgesetzt wurde keine der Ideen. Dann begann sich eine Sekte aus den USA für den geschichtsträchtigen Müllberg zu interessieren. Star-Regisseur David Lynch und seine Jungs von der spirituellen Vereinigung »Globales Land des Weltfriedens« wollten ihn kaufen und auf seinem Rücken – wie einst die Nazis – eine Hochschule errichten. Eine »Universität der Unbesiegbarkeit«, als Zweigstelle der Maharishi-Weltfriedensuniversität, an der unter anderem Transzendentale Meditation gelehrt werden sollte. Der Guru Maharishi Mahesh Yogi hatte die Sekte einst gegründet und auch die Beatles, die Beach Boys und Mia Farrow zählten in den späten sechziger Jahren vorübergehend zu seinen Jüngern. Fortgeschrittene Anhänger dieser Sekte sollen, in Meditation versenkt, fliegen können. Doch die Flug-Yogis zogen schließlich doch nicht hierher.

Irma und ich fanden den Teufelsberg tatsächlich. Wir spazierten durchs Gehölz, vorbei an einem Weiher, an dem zwei Mütterlein Enten fütterten. Dann schritten wir forsch bergan, und weiter oben am Hang stießen wir auf eine Art Ufo-Landestation. Das seltsame Gebäude, von einem Maschendrahtzaun umgeben, hatte jedoch nichts mit Guru Maharishi und seiner Sekte zu tun, klärte uns ein Wandersmann mit Spazierstock auf. Es handelte sich vielmehr um das alte Gebäude mit der Abhöranlage. Ganz oben wurde der Pfad rund um das ehemalige Spionagezentrum immer schmaler. Und ausgerechnet an der Stelle, weit oben auf dem Teufelsberg, wo der Weg kaum mehr zu erkennen war, erschien uns ein Engel. Plötzlich stand es da, das himmlische Wesen. In einem schneeweißen Kleid mit Fellborte und einem blitzsauberen weißen Kinderwagen.

Der Engel lächelte. Irgendwo hatte ich dieses Wesen schon einmal gesehen, dachte ich. Das Kind im Wagen begann zu schreien. Da lächelte der Engel nicht mehr und trippelte rasch an uns vorüber. Irma bekam rote Wagen, sie war außer sich. Vielleicht lag es daran, dass sie vor ein paar Wochen einen Job bei einem Boulevard-Heftli angenommen hatte. »Hostas g'sehn? Die Schröderin!« In der Tat: Die charismatische deutsche Familienministerin, unlängst Mutter geworden, führte ihren Blag am Teufelsberg aus. Irma zückte ihr Natel und mir wurde klar: Sie würde sich erst wieder entspannen können, wenn sie als Paparazza reüssiert hatte. »Sex geht imma in der Zeidung«, dozierte sie. »Tiere geh'n imma – und Promis mit Kindern geh'n a imma.« – »Mist!«, sagte ich. »Und wir haben's verpennt.« Irma hingegen kombinierte messerschaft. Wir mussten einfach weiter geradeaus gehen, rund um die ehemalige Abhörstation – und vorne beim Parkplatz würde die Familienministerin samt Blag wieder auftauchen. »Ja ja«, sagte ich. Man muss seinen Freunden ihr Wunschdenken lassen, wusste ich.

Beim Parkplatz angekommen, gab Irma Anweisungen. Ich müsse mich so am Hang positionieren, dass sie so tun könne, als ob sie mich fotografiere – die Ministerin aber trotzdem von ihrer iPhone-Kamera erfasst würde, wenn sie gleich käme. Nach fünf Minuten schliefen mir die Füße ein. Ich gähnte. »Na, dann«, wollte ich gerade zum Aufbruch drängen, als ein Lichtschein den Parkplatz zu erhellen schien: Dann trat der Engel tatsächlich ein weiteres Mal in unsere Mitte. Irma fotografierte wie ein Berserker.

Als wir die Fotos anguckten, war auf allen ich zu sehen und irgendwo am Rand manchmal eine Fußspitze oder Ferse der Familienministerin. Irma war verzweifelt. »Los!«, rief sie plötzlich und rannte zu unserem Mietwagen. Wir nahmen die Verfolgung auf, rasten dem Engel hinterher. Ich kam mir vor wie Baby Schimmerlos aus der TV-Serie Kir Royal. Schon erblickten wir den Engel am Straßenrand. Wir überholten ihn, bremsten abrupt, rissen die Wagentüren auf, sprangen raus und schlenderten so selbstverständlich, wie wir konnten, der Lichtgestalt entgegen. Sympathisch lächelnd stellte sich Irma vor und nannte den Namen ihres Heftli. Dann fragten wir höflich, ob wir ein Foto machen dürften. Die Ministerin lächelte uns an. Dann sagte sie. »Nein!«, machte auf dem Absatz kehrt und trippelte, den Kinderwagen mit dem noch immer quengelnden Blag vor sich herschiebend, davon. Irma und ich sahen einander verdattert an. Was hatten wir falsch gemacht? »Die Welt ist ein Berg, und alles, was man je von ihr zurückbekommt, ist der Widerhall der eigenen Stimme«, zitierte ich eine Weisheit des persischen Mystikers Mevlana Rumi. »Schmarr'n!«, sagte Irma. Und in der Tat: Auch dieses Grundprinzip schien in Berlin nicht zu gelten. Einmal mehr wurde mir deutlich, wie weit der Weg noch war, ein richtiger Berliner zu werden.

Der Humboldt-Kult ging weiter im Schwoobeland. Bei den textschreibern mietete sich ein Humboldt-Konsortium ein, um Alexander von Humboldt und sein Werk nach allen Regeln der Kunst zu vermarkten. Ich kaufte mir den Humboldt-Fan-Seidenschal und wartete sehnsüchtig auf die Humboldt-Badehose. Eigentlich gab es ja sogar zwei Humboldts, wusste ich noch aus Studienzeiten. Ähnlich wie bei den Schumi-Brüdern. Der Willi tat mir ein bisschen leid. Er war stillschweigend zum Humbi II degradiert worden. Niemand schien sich mehr für ihn zu interessieren. Dabei hatte sich Wilhelm im frühen 19. Jahrhundert immerhin für die »Freiheit der Wissenschaften« eingesetzt. Sein Ideal war das genaue Gegenteil der verschulten Universität, die inzwischen viele Politiker und Funktionäre in der Schweiz und im Schwoobeland forderten. Vielleicht konzentrierten sich ja deshalb jetzt alle auf seinen Bruder. Alexander war mehrheitsfähiger.

Für die Indianer von Cumaná war der blasse Fremdling mit dem riesigen Hund ein ungewohnter Anblick gewesen: Baron Alexander von Humboldt aus Berlin in seinem preußischen Gehrock, mit einer Dogge, groß wie ein Tiger. Am 16. Juli 1799, kurz nach Sonnenaufgang, kletterten sie in der venezolanischen Hafenstadt Cumaná von der Fregatte »Pizarro« an Land. Humboldt war wie berauscht von der Schönheit der tropischen Vegetation: Kandelaber-Kakteen, Mimosen, Orchideen und unzählige gewaltige Kokospalmen. »Welche Bäume!«, schwärmte er in einem Brief: »Wie die Narren laufen wir itzt umher.« Bald fassten die Einheimischen Vertrauen zu dem seltsamen Herrn aus Europa, der sechs Wochen auf einem Schiff verbracht hatte, nur um hier die Pflanzenwelt zu erforschen. Besonders beeindruckte sie Humboldts Zauberglas. Sie klaubten sich gegenseitig Läuse von den Köpfen und vergrößerten sie mit Hilfe des Mikroskops zu bizarren Fabelwesen. Humboldt kam nun ebenfalls ins Staunen: »Jede Läuseart hat ihren eigenen indianischen Namen«, notierte er. Humbi war ein Generalist, genau wie ich. Getrieben von Ehrgeiz, Neugier und Sammelwut. Fünfzig technische Instrumente vom Thermometer über Chronometer und Sextanten – zur Bestimmung der geografischen Länge und Breite – bis hin zum Hyetometer, mit dessen Hilfe er Niederschlägen maß, hatte er in die lateinamerikanische Wildnis geschleppt. Rastlos nahm er Bodenproben, ermittelte an jedem Tümpel die Wassertemperatur, hielt Luftdruckschwankungen fest, zeichnete Höhenkurven in Geländeskizzen und analysierte die chemische Zusammensetzung der Luft. Er träumte davon, mit Hilfe dieser Datenberge die Wechselbeziehungen zwischen Vegetation, Tierwelt, Boden und Klima besser verstehen zu lernen. Ähnlich wie ich die Rätsel des geheimnisvollen Ökosystems Berliner Großstadtgebirge entschlüsseln wollte.

Nichts also gegen Humbi I. Zumal auch er sehr gerne auf Berge kraxelte. Die Hochgebirge am Äquator wurden denn auch besonders wichtig für seine Forschung. Dort fand er auf engem Raum das gesamte Spektrum der klimatischen Bedingungen: von der tropischen Hitze bis zum ewigen Eis. Auf waghalsigen Bergtouren analysierte der Baron, wie sich die Vegetation mit der Meereshöhe radikal veränderte. Und er wurde immer größenwahnsinniger: In Gehrock, Poncho und Stulpenstiefeln, ohne Handschuhe, wollte er in Ecuador im Juni 1802 den Chimborasso bezwingen. Der erloschene Vulkan galt zu jener Zeit mit 6310 Metern als höchster Berg der Welt. Die indianischen Träger gaben bald auf. Sie sagten, sie würden vor Atemnot sterben. Der Weg war entsetzlich. Humbi war übel, Zahnfleisch und Lippen bluteten, das Weiße seiner Augen war blutunterlaufen. Doch er marschierte weiter, oft auf einem Pfad, der nur fünf Zentimeter breit war. Kurz vor dem Ziel aber versperrte eine riesige Spalte den Weg. Der Gipfel blieb ihm verwehrt. Er scheiterte – und dennoch wurde diese Expedition zu seiner vielleicht berühmtesten. Irgendwie tröstlich für mich als Neuberliner, dachte ich. Hunderte von Pflanzenarten – von der fleischfressenden Regenwaldpflanze utricularia humboldtii bis hin zur Lilie lilium humboldtii – wurden später nach ihm benannt. Und der Name von Alexander von Humboldt, der am 6. Mai 1859 in Berlin starb, ist auf den Landkarten der Welt heute rund tausend Mal vertreten, als Gewässer, Städte und Berge.

Natürlich war ich begeistert, als ich hörte, dass auch einer der berühmtesten Berge Berlins nach Alexander von Humboldt benannt worden war. Ich schlug Irma vor, diesen Gipfel zum Abschluss ihres Besuchs zu erklimmen – Ende gut, alles gut! Erst kamen wir uns beide etwas lächerlich vor beim Aufstieg. Die Humboldthöhe reckt sich gleich hinter der Shopping Mall Gesundbrunnencenter in den Himmel – und ist keine hundert Meter hoch. Doch da ich nicht mehr so in Übung war, kam ich bald ins Keuchen. »Dass es mit der Gesundheit bergab geht, merkt man am besten beim Bergaufgehen«, sagte Irma schlecht gelaunt. Wahrscheinlich trauerte sie noch immer der verbaselten Gelegenheit mit der Familienministerin nach. Ich hingegen fühlte mich mit jedem Schritt, der uns weiter aus der Ebene führte, beschwingter. Auch der Humboldthügel war ein Trümmerberg. Über einem ehemaligen Flakturm hatten ihn die Berlinerinnen und Berliner aufgeschichtet. Und die Aussicht vom Gipfel war eindrucksvoll: Wir sahen den Fernsehturm, die Langstreckenflugzeuge, die die Landebahn in Tegel anflogen, und das Messegelände ganz im Westen der Stadt. Ich dachte an Alexander Humbi, einen der großen Pioniere der Bergsteigerei, der trotz aller Strapazen fast den Chimborasso bezwungen hätte. Und wenn ich mich stark konzentrierte, nahm meine Zunge im Mund einen archaischen Geschmack wahr. War das etwa Blut?

Einer der ersten Sätze, die mir in Kreuzberg zu Ohren gekommen waren, lautete: »Keiner ist gemeiner als der Friedrichshainer!« Was ist ein Friedrichshainer?, wollte ich wissen. Und die Kreuzberger erklärten mir, dass Friedrichshain ein Stadtteil sei, der im Osten liege. Warum der Friedrichshainer aber so gemein war, konnte mir niemand sagen. Jörg Schönbohm, der zu dieser Zeit CDU-Innenminister von Brandenburg war – einem Landstrich rund um Berlin, der einen zweifelhaften Ruf genießt –, hatte nun eine Theorie dazu formuliert: Die »Proletarisierung« unter dem einstigen SED-Regime sei eine »wesentliche Ursache für die Verwahrlosung und Gewaltbereitschaft«, behauptete er. In Gegenden, die einst von den Sowjets »proletarisiert« worden waren, dürfe man sich daher über rohe Sitten nicht wundern, so der Politiker. Zum Beispiel, wenn eine Mutter neun Babys umbringe. Eine interessante Theorie. Zumal eine Kindsmörderin, von der ich neulich in der Zeitung las, die Babyknochen in Blumentöpfen vergraben haben soll. Die DDR war ja nicht nur ein Arbeiter-, sondern auch ein Bauernstaat – und dadurch war eine gewisse Erdverbundenheit schon mal gegeben. Erstaunlich eigentlich, dass Herrn Schönbohm dieser Kausalzusammenhang nicht auch aufgefallen ist.

Konsequent weiter gedacht konnte seine Theorie vieles erklären. Dass der »Kannibale von Rothenburg«, der neulich einen Ingenieur verspeiste, mit dem er sich im Internet verabredet hatte, ein »Besser-Wessi« war, erschien plötzlich logisch. Hatte der Kapitalismus die Menschen im Westen doch über Jahrzehnte hinweg maßlos und gierig gemacht. Da griff man als Nachspeise halt gerne auch mal zum Artgenossen. Erstaunlich war eigentlich nur, dass aus meiner alten Heimat noch kein einziger Fall von Kannibalismus an die Öffentlichkeit gedrungen war. Allerdings: Wir

Schweizer konnten eben schweigen wie ein Grab. Bei uns gab es nicht nur die ärztliche Schweigepflicht, sondern auch das Bankgeheimnis. Da blieben Schweinereien schon mal unentdeckt.

Vielleicht auch wegen solcher Tabus fühlten wir in Basel in den achtziger Jahren, als wir jung waren, alle irgendwie links. Mein bester Freund Urs trug Tag und Nacht eine Bolschewistenmütze mit rotem Stern. Die kam bei den Mädchen gut an. Überhaupt waren wir sehr subversiv unterwegs. Mit Vorliebe ritzten Urs, Schampe, der eigentlich Jean-Pierre hieß, Ruedi Messerli und ich mit unseren Schweizermessern »CCCP« in Schulbänke. Das heißt, ich eigentlich weniger, denn wir hatten keinen Fernseher zu Hause. Daher war ich etwas weltfremd und dachte, CCCP sei eine Eishockey-Mannschaft aus Kanada.

Natürlich waren wir alle scharf darauf, den Osten kennenzulernen. Und an einem heißen Sommertag, Mitte der achtziger Jahre, war es so weit: Urs, Schampe, Ruedi und ich wollten mit dem Velo von Wien aus den Ostblock erkunden. Unser vages Ziel: Budapest. Beim Neusiedlersee, nahe der Grenze zu Ungarn, verirrten wir uns. Weit und breit kein Häuschen mit dem Hinweisschild: »Wenn Sie etwas zu verzollen haben, bitte klingeln!«, wie wir es aus dem Basler Dreiländereck gewohnt waren. Stattdessen sprangen plötzlich Soldaten aus dem Schilf und richteten Schnellfeuerwaffen auf uns. Nicht gerade gastfreundlich. Aber wir hatten halt aus Versehen die Grenze überschritten.

Viel später lernten wir, dass die Machthaber im Osten sich viel mehr davor fürchteten, dass ihre eigenen Leute abhauen könnten als vor Immigranten aus dem Westen. Die Soldaten hatten uns für Ungarn gehalten, die nach Ösiland fliehen wollten. Als sie unsere Pässe begutachtet hatten, steckten sie die Knarren sofort wieder weg. Eine seltsame Welt, dieser Osten. Trotzdem blieb ich in gewissem Sinne mein ganzes weiteres Leben über Gesinnungs-Ossi. Solange ich jung war sowieso.

Es war ein erlauchter Kreis, der in den neunziger Jahren das Studium der russischen Sprache an der Universität Basel aufnahm. Eine Kommilitonin hatte sich zum Beispiel aufgrund der Ballade »I hope, the Russians love their children too« von Sting dafür entschieden. Andere waren von Gorbatschows »Perestroika« begeistert. Meine Peergroup hingegen – auch Schampe war vorübergehend für Russistik eingeschrieben – interessierte sich vor allem für den Sozialismus. Wir sagten zum Beispiel immer »Leningrad« statt »St. Petersburg«. Bei einem Sommer-Sprachkurs in Leningrad stellte ich dann allerdings ernüchtert fest, dass die Menschen dort alle St. Petersburg sagten – und sozialistische Experimente etwa so sehr schätzten, wie die meisten Basler Zürich. Russisch war schwer, lernte ich darüber hinaus: Einmal wollte ich auf einer Party erzählen, dass Mitja, der Sohn meiner Sprachlehrerin, ein Muskelmann mit Gelfrisur, der sich erstklassig mit dem Schwarzmarkt auskannte, mir immer beim Devisentausch behilflich sei. »Er wechselt mir regelmäßig«, dachte ich auf der Party einer Gruppe von Studentinnen zu erzählen. Gesagt haben soll ich, so erfuhr ich viel später auf Umwegen: »Er bläst mir regelmäßig einen.« Von jenem Abend an nahm mich Mitja jedenfalls nie mehr auf eine Party mit.

Dennoch wurde ich immer russophiler. Und als ich nach Berlin kam, zog mich das »russische Berlin« natürlich besonders an. Der Stadtteil Charlottenburg soll wegen der vielen russischen Emigranten in den 1920er Jahren »Charlottengrad« genannt worden sein. Doch so sehr ich auch nach ihnen suchte, sichtete ich in ganz Charlottenburg nie einen. Ein Russisch-Studium aber konnte ich trotzdem wärmstens empfehlen. Schon wegen des Berliner Rundfunkprogramms. Seit Wochen hörte ich nur noch den Sender Radio Russki Berlin. Da lief Rockmusik aus Moskau und zwischendurch bekam man tolle Informationen in russischer Sprache über »nasch gorod« (unsere Stadt). Auch Menschen aus den »Kantonen« der ehemaligen Sowjetunion gehörten zur Zielgruppe. Neulich wurde ich morgens unter der Dusche zum Beispiel darüber aufgeklärt, wie man in »nasch gorod« seinen ukrainischen Reisepass unbürokratisch verlängern lässt. Vielleicht sollte ich Ukrainer-Coach werden?

Viele meiner Basler Freunde hingegen trauten sich mittlerweile, rund zwanzig Jahre nach dem Fall der Berliner Mauer, nicht einmal mehr für ein paar Stunden in die ehemalige Projektionszone ihrer Sehnsüchte. Neulich schaffte es Schampe zumindest mal wieder bis nach Westberlin. Doch als ich ihm am Flughafen Tegel von einer Grillparty in Strausberg erzählte, zu der wir eingeladen waren, wurde er nervös. »Strausberg?«, fragte er ängstlich. »Ist das nicht im Osten?« Da sei er nicht dabei, sagte er: »Lauter Nazis!« Wir Basler sind eben hoch sensibel. Viele von uns können das Gras wachsen hören. Das liegt wahrscheinlich daran, dass wir in einem Zwergstaat aufgewachsen sind. Und die Kleinen, so wissen wir, werden leicht gefressen. Deutschland galt als besonders gierig. Und weil wir über Jahrhunderte hinweg gelernt hatten, ein ängstliches Leben zu führen, fürchteten wir uns ständig: sei es vor Schnupfen, Hungersnöten, Tsunamis, dem Weltuntergang, Brüssel – oder eben Ossi-Nazis. Wir wussten, dass das Leben gefährlich war, und sorgten vor. Neubauten in Basel mussten alle über einen »Schutzraum« verfügen. Tief unten im Keller und von einer dicken Panzertür gesichert. Der Chef des baselstädtischen Zivilschutzes war stolz auf die nahezu perfekte Versorgung der Bevölkerung: »Einige Schlafdörfer im Umkreis von Basel«, sagte er auf einer Pressekonferenz, »haben sogar eine Auslastung von über hundert Prozent!« Manche Menschen konnten dort im Ernstfall also zwischen mehreren Schutzräumen wählen. Je nach Stimmung etwa mal im trauten Familienkreis oder bei den Kumpels aus dem Kegelclub.

Jeden ersten Mittwoch im Monat Februar heulte eine Sirene auf und alle Basler übten, ihren Schutzraum aufzusuchen. Das war gar nicht leicht. Denn viele Familien bunkerten dort unten Schlagzeuge, Gokarts, Tischtennisplatten oder Surfbretter. Vor allem aber Berge von Fressalien: den Notvorrat. Diese eiserne Reserve war – wie fast alles in der Schweiz – föderalistisch ausdifferenziert. Der Kanton St. Gallen zum Beispiel empfahl seinen Bürgern: »Frucht- und Gemüsesäfte für mindestens zwei Tage« sowie »Kerzen, Batterien, Seife, Apotheke«. Der Kanton Zürich hingegen, der in der Schweiz eine vergleichbare Rolle spielt wie die USA in der Welt: »1–2 kg Zucker, 1–2 l/kg Öl oder Fett, 1–2 kg Reis oder Teigwaren, 6 Liter Mineralwasser«. Das humanistisch geprägte Basel hingegen überließ es ganz den persönlichen Vorlieben der Bürger, was sie als Notvorrat bunkerten. Dann kam der Ernstfall wirklich: Am 1. November 1986 brach in Schweizerhalle bei Basel in einer Chemiefabrik Feuer aus, giftige Dämpfe strömten aus. Rauchschwaden verdunkelten die Stadt und Löschwasser vergiftete den Rhein. Doch man schickte uns nicht in den Bunker, sondern in die Schule. Man habe »alles unter Kontrolle«, hieß es im Basler Rundfunk.

Ich versuchte, Schampe zu beruhigen, so wie es 1986 der Moderator von Radio Basilisk getan hatte: »Numme kei Panik!« Die Grillparty finde im Hinterhof von Oskars Kung-Fu-Schule statt. Und Oskar, mein Mitbewohner, sei bärenstark. »Mit dem kann uns nichts passieren«, sagte ich. »Und auf der Hinfahrt?«, fragte Schampe ängstlich. Wir hatten Glück. Die S-Bahn war fast leer. Nur drei überdrehte Teenager saßen bei uns im Waggon. Mehr oder minder entspannt unterhielten Schampe und ich uns auf Baseldeutsch. Nach einer Weile stellte uns eine der Gören zur Rede: »Wat redet ihr denn da für'n ulkijen Dialekt? Is det Bayerisch oder Sächsisch?« – Wow! Die deutsche Wiedervereinigung hat offensichtlich doch funktioniert!, dachte ich: Die Mauer in den Köpfen war gefallen, zumindest bei der jungen Generation aus Ostberlin! Als bei der nächsten Haltestelle drei Glatzköpfe in Bomberjacke und Springerstiefeln zustiegen, begann Schampe vor Angst zu zittern. Ich lächelte krampfhaft und versuchte zu überspielen, dass ich mich genauso beschissen fühlte wie er. Die Glatzen indes ignorierten uns. Sachsen und Bayern schienen sie nicht als Volksfeinde zu betrachten.

Auch auf der Grillparty wurden wir nicht verprügelt. Und sogar der bedächtige, kopflastige Schampe fasste langsam wieder Vertrauen in den Osten. Prompt trauten wir uns am Samstagabend in die angesagte Magnet-Bar gleich beim Alexanderplatz: beste Lage, gutes altes Ostberlin. Die meisten Stammgäste dieser eleganten Cocktail-Bar lebten in den Stadtteilen Prenzlauer Berg oder Mitte. Dauernd umarmten sie einander oder streichelten sich gegenseitig den Rücken. Viele trugen Schlüsselanhängerketten in Neonfarben um Hals oder Handgelenk. Das war offenbar gerade der heiße Scheiß. Alle gaben sich fröhlich und gelöst, und auch Schampe und ich bemühten uns. Ein netter Abend, irgendwie. Doch dann kippte die Stimmung. Gegen drei Uhr früh hockte mein alter Freund ganz am Rand eines anthrazitfarbenen Designersofas und machte ein finsteres Gesicht. »Die Einrichtung, die Leute, das Getue«, sagte er angewidert. »Alles genau wie in Zürich!« Es war eines der härtesten Urteile, zu dem wir Basler fähig waren. Und Schampe hatte Recht. Tja, dachte ich: Osten? – Ham'wa nich!

Prompt sollte bald darauf auch ein wichtiges Symbol des ehemaligen Ostberlins geschliffen werden. Der Palast der Republik muss weg!, entschied der Deutsche Bundestag. Mit seinen verspiegelten Fensterscheiben, die wie Messing im Sonnenlicht glitzerten, wirkte dieser Palast auf seine ganz eigene Weise sexy. Doch nun war er in Ungnade gefallen. Wahrscheinlich sollte in der Berliner Republik, wie die Schwoobe ihr Heimatland nun häufig nannten, nichts mehr an die DDR-Diktatur erinnern. Interessant war, dass viele deutsche Politiker und Intellektuelle dafür das Berliner Stadtschloss wieder aufbauen lassen wollten: Die Monarchie betrachteten sie offensichtlich als eine zeitgemäße Staatsform. Kostenpunkt für den Abriss des Palasts der Republik: zwanzig bis vierzig Millionen Euro. Nachteil: Die Statik des Doms, der ganz in der Nähe stand, könnte gefährdet sein.

Ich war traurig. Denn im Palast hatte ich wunderschöne Stunden verlebt. Mit Urs und Schampe war ich dort einst auf unserer Matura-Reise »Berlin in three days« im Restaurant eingekehrt. Auf der Speisekarte standen unzählige reizvolle Gerichte. Ich wählte eines aus, und der Kellner sagte: »Ham'wa nich!« Auch die Wunschgerichte von Schampe und Urs waren leider nicht vorrätig. Verständnisvoll bestellten wir andere Speisen. Denn das war jetzt eben der Sozialismus. Es gab nur, was man wirklich brauchte. Nicht diesen Konsumterror wie bei uns in der Schweiz. Erneut konnte unseren Bestellungen nicht entsprochen werden. Spannend! Als wir drei Viertel der Speisekarte durch hatten, fragte ich den Kellner, was denn da sei. Mürrisch deutete er auf das Foto einer Suppe. Wurst und Paprika und allerlei anderes Zeugs schienen da drin zu sein: Soljanka. Wir nickten und bald darauf verdrückte jeder von uns hochzufrieden drei Portionen.

Ich war ja sowieso immer überfordert mit den vielen Wahlmöglichkeiten in Restaurants. Beim Chinesen neben dem textschreiber-Büro beispielsweise gab es 116 verschiedene Gerichte. Ich wählte immer »M 13«: Ente süßsauer. Schampe und ich beschlossen, zumindest noch ein letztes Mal im Palast der Republik speisen zu gehen. Leider war rund um das Gebäude ein Zaun errichtet worden. Auf einem Hinweisschild stand, dass jeweils zur vollen Stunde Führungen stattfänden. Immerhin. In der Eiseskälte tummelten sich unzählige Touristen vor dem Zaun, aber niemand ließ uns rein. Weder um elf noch um zwölf Uhr. Auf dem Schild stand eine Kontakt-Fax-Nummer, doch leider hatte gerade niemand ein Fax-Gerät dabei.

Schampe und ich regten uns auf: Klassische Touristenfallen gab es in München, Luzern oder Hamburg doch bis zum Abwinken. Der Palast der Republik aber passte perfekt zu Berlin. Wir beschlossen, gegen den Abriss zu kämpfen, uns an das Gebäude ketten zu lassen. Aber dann musste Freund Schampe zurück nach Basel in sein Archiv. Und von den Berlinern wollte mich keiner unterstützen. Nicht einmal meine sonst so engagierten Mitbewohner Theo, Albert und Oskar aus der Hardcore-Vegetarier-WG. Im Februar 2006 vergingen sich die ersten Schaufelbagger an den geschichtsträchtigen Gemäuern – und bald erinnerte nur noch ein riesiges Loch im Asphalt an den Palast. Ein wichtiges Stück Ost-Geschichte war in der Versenkung verschwunden.

Mich aber zog es weiterhin häufig in den Osten von Berlin. Schon wegen des Eisbärbaby-Hypes im West-Zolli. Süß war der kleine Knut ja schon. Aber mal ehrlich: Der wurde doch völlig überschätzt! TV-Teams aus der ganzen Welt reisten an, um seinen Alltag zu dokumentieren. Und bald stieg der Berliner Eisbär, knapp vor George W. Bush und Günter Grass, zur weltweit wichtigsten Persönlichkeit auf. »Diese Hände haben Knut berührt«, hauchte mein Kollege Fidel eines Morgens im Büro. Er war noch ganz aufgewühlt von diesem Erlebnis und zeigte allen wie ein Heiliger seine Handflächen. Fidel hatte eine Werbebroschüre für das Umweltamt getextet, und Knut war als »Klimabotschafter« eine zentrale Figur in dieser Publikation. Ich hatte den Berliner Zolli geliebt. Ein Besuch beim Panda, den Lamas und den Orang-Utans beruhigte meine Nerven. Und ich hatte dieses Gelände, auf dem die Giraffen in einer Moschee lebten und die Tiere so häufig umzogen, auch als Sinnbild für das Berliner Lebensgefühl lesen gelernt. Doch die Hysterie um das Eisbärenbaby nahm immer groteskere Formen an.

Aus Protest wurde ich Stammgast im Ost-Tierpark Friedrichsfelde, der Nummer zwei unter den Berliner Tierkäfig-Arealen. Einer musste ja mal ein Zeichen setzen! Es war ein kluger Entscheid: Im Terrassencafé des Tierparks gab es nämlich die wohl größte Currywurst der Welt: einen halben Meter lang, körperwarm und liebevoll mit einem würzigen, beigefarbenen Spezialketchup garniert. Verwunderlich war allerdings, dass alle Gehege unbewohnt zu sein schienen. Verglichen mit diesem Tierpark herrschte im West-Zolli Überbevölkerung. Ein schrecklicher Verdacht keimte in mir auf: Ob die Tiere hier im Zuge von Sparmaßnahmen Stück für Stück zu Riesencurrywürsten verarbeitet wurden?

Was die Alpen in der Vertikalen leisteten, schaffte der Tierpark Ost in der Horizontalen. Er war der ideale Trimm-dich-Pfad für das Ausdauertraining in der Fläche. Alt und Jung gingen hier freiwillig an die Leistungsgrenzen – auf der verzweifelten Suche nach den Tieren. Bald erkannte ich: Es war leichter, in den Schweizer Bergen ein ganzes Rudel Steinböcke zu sichten als in diesem Tierpark irgendein Tier. Doch der Einsatz lohnte sich: Nach einer Stunde Fußmarsch entdeckte ich in einem Winkel der Anlage fünf anmutige Damhirsche. Einige Kilometer weiter südlich dann erneut ein bewohntes Gehege: Eine andere Sorte Damhirsche hauste hier. Am Ende meiner Kräfte erreichte ich schließlich ein Gehege mit Wapitis: Hirsche aus Amerika. Die Krankenkassen sollten die Eintrittsgebühren für Besuche in diesem Tierpark erstatten, gerade bei Senioren: Mein Onkel Günther aus Schwaben zum Beispiel wäre genau die Zielgruppe. Neulich bekam er Herzstechen, als er zur Straßenbahn-Haltestelle rannte. Er suchte zahlreiche Herz-Spezialisten auf. Alle kamen zur selben Diagnose: »Kerngesund, aber null Kondition.« Wäre Onkel Günther, der in den 1980er Jahren in Berlin lebte, besser hier geblieben, dachte ich, und regelmäßig in den Tierpark Friedrichsfelde gepilgert, statt zu Hause in Schwaben TV zu glotzen.

Manche Menschen kritisierten, in Berlin gebe es in vielen Branchen Doppelungen: ein Erbe aus Mauerzeiten. Sie plädierten für klare Schwerpunkte und Spezialisierungen: Opernhäuser und Museen im Westen, Theater und Hochschulen im Osten, oder so ähnlich. Im Tierpark Friedrichsfelde war diese Schwerpunktbildung offensichtlich bereits konsequent umgesetzt worden: Was Hirsche betraf, konnte man die Anlage mit gutem Gewissen als Elite-Tierpark bezeichnen. Beim West-Zolli hingegen lag noch vieles im Argen: Dieser läppische Knut beispielsweise hatte ja nicht einmal ein Geweih!

Nur eine Sorte Tier ging mir noch mehr auf die Nerven als dieser Eisbär: Hunde. Mehr als 100 000 dieser Kläffer lebten in Berlin. »Als ich zum ersten Mal nach Berlin kam, war ich entsetzt über die Unmengen von Hundescheiße auf der Straße. Furchtbar!«, klagte selbst die Pressesprecherin des Berliner Tierschutzvereins. Aus Angst vor Tretminen gingen die Menschen gesenkten Hauptes durch die Metropole. Doch inzwischen sah man hin und wieder jemanden, der die körperwarme Hundescheiße, ein Plastikbeutelchen über die Hand gestülpt, vom Trottoir klaubte. Aus der Schweiz kannte ich robidog: eine Art Briefkasten, in den man Spezial-Plastiksäckli mit Hundekot werfen konnte. In Berlin verwendete man gewöhnliche Plastikbeutel und Müllbehälter. Die meisten Herrchen und Frauchen ließen es aber lieber sein. War ja nur was für Spießer.

Dass ich mit den Kläffern auf Kriegsfuß stand, hatte auch lebensgeschichtliche Gründe. Während des Studiums jobbte ich bei einer Hilfsorganisation. Ich klingelte im Basler Umland in Hochhaussiedlungen, bei Bauern und Villenbewohnern. »Grüezi. Wollen Sie die Arbeit des Roten Kreuzes nicht auch ein bisschen unterstützen?« Viele Bonzen hatten ein Schild am Gartenzaun hängen: »Vorsicht, bissiger Hund!« Doch ich durchschaute bald, dass die Schilder nur der Einschüchterung dienten. So konnten sich die Geizhälse einen echten Wachhund sparen: Rüttelte ich an einem Gartentor mit Warnschild, kam fast nie einer um die Ecke gehechelt. Beschwingt öffnete ich von da an einschlägige Gatter, spazierte auf die Villa zu – und eines Tages stürzte sich eine Dogge auf mich.

Leider zog mein Kumpel Karl, der ehrgeizige Neuberliner aus Hamburg, aus Kostengründen ausgerechnet nach Friedrichshain rüber, wo die Leute zwar nicht gemeiner waren als anderswo in Berlin, wie ich feststellte – aber Hundenarren. Und Menschen lassen sich viel zu leicht beeinflussen: Unlängst hatte eine wissenschaftliche Studie ergeben, dass beispielsweise, wer sich häufig mit dicken Menschen umgibt ein erhöhtes Risiko aufweist, selbst zu verfetten. In Friedrichshain wiederum wirkte offensichtlich Hundebesitz ansteckend. Es war wie eine Epidemie: Prompt kaufte sich Karl, der mit Tieren sonst nichts anfangen konnte, sofort auch einen Vierbeiner. Einen Straßenköter aus dem Tierheim. »Nonja bellt nie«, schwärmte er am Telefon. »Sie ist ein richtiger Schatz.« Ja ja, dachte ich. Das sagen sie alle, diese Hundewahnsinnigen. Dummerweise aber hatte Karl einen viel besseren Fernseher als ich. Daher wagte ich mich neulich zum Fußballgucken erstmals in seine neue Wohnung. Das Verblüffende: Nonja bellte in der Tat nie. Und sie guckte so lieb, dass ich sogar freiwillig mit ihr Gassi ging. Auf der Hundewiese wollte Karl mir dann vorführen, wie schnell sie rennen konnte. Aber die meiste Zeit über lag Nonja träge und zufrieden neben mir im Sand. Mit der konnte man prima rumhängen. Und Karl hatte Recht: Mit einem Hund gab es immer einen Grund, auch bei schlechtem Wetter und schlechter Laune das Haus zu verlassen. Man kann viel lernen von den Friedrichshainern.

Du kannst in dieser Stadt auf der Post arbeiten oder Kängurus Gesangsunterricht erteilen. Du kannst im Frack oder im Taucheranzug joggen gehen. »Total ejal.« Die Berliner sind tolerant – und gleichgültig. So hatte ich das gelernt. Doch es gab etwas, das zumindest viele Frauen ab dreißig sogar hier von den Socken haute. »Was? Du wohnst noch in einer WG?!«, fragte die hübsche Physiotherapeutin in der Neuköllner Indoor-Kletteranlage T-Hall entsetzt. »In deinem Alter? Wie hältst du das bloß aus?!« Ich erklärte ihr, dass ich ein harter Hund sei: »In meiner Jugend war ich beim Christlichen Verein Junger Menschen.« So eine Kreuzberger WG sei für mich wie Urlaub. »Und das Putzen?«, fragte die Bergfreundin, mit der ich vor wenigen Minuten eine schwierige Indoor-Kletterpartie gemeistert hatte, noch immer fassungslos. »Nervt dich das nicht?« Ob sie zu Hause denn nie putze?, fragte ich zurück. Sie grummelte etwas wie: »Kann man doch nicht vergleichen.« Irgendwie ergab es sich dann prompt nie wieder, dass wir zusammen kletterten.

Seltsam. Ich liebte WGs. Und ich war glücklich, dass mich die Hardcore-Vegetarier aus dem Bergmannkiez genommen hatten. Auch wenn es viel zu renovieren gab in meinem Zimmer. Mein Vormieter hatte wahrscheinlich Kette geraucht, die Wände waren schwarz wie die Nacht. Auf dem abgerockten Fußboden wiederum prangte ein rötlich-violetter Farbton, der an verdorbenes Fleisch erinnerte. Schon in vielen Berliner Wohnungen war er mir aufgefallen. »Ochsenblut«, sagte mein Lieblingsmitbewohner Oskar und lächelte. »Der Klassiker. Sehr widerstandsfähig.« Er musste es wissen. Oskar wohnte schon seit zwanzig Jahren in Berlin.

Handwerkliche Tätigkeiten waren nicht so mein Ding. Ich war da traumatisiert. In Basel brauchte ich einmal dringend einen

Ferienjob. Und das einzige Angebot war: Löschwasserbecken bauen für den Pharmakonzern Sandoz – nach dem Chemie-Unfall von Schweizerhalle. Am schönsten waren die Znüni-Pausen, die Kaffeepausen morgens um neun. Während die Kollegen Schweinshaxen abnagten, löffelte ich Waldbeerjoghurt.

Vielleicht nahm mich der Vorarbeiter auch deshalb nicht ernst. Die anderen Malocher errichteten aus Stahl und Zement Mauern. Mich ließ er tagelang rostige Schrauben aufsammeln. Nach einer Woche versuchte ich einen Trick und verwickelte den Bauleiter in ein Gespräch über berühmte Schweizer Architekten. Eigentlich hatte ich keinen Schimmer von Architektur. Aber der Chef nahm mein Interesse ernst, und ich durfte von nun an in seinem Büro Akten sortieren. Das war zwar eine ähnlich öde Tätigkeit wie zuvor, aber ohne die Gefahr einer Blutvergiftung. Seit jenem Herbst in Schweizerhalle mied ich Bau- und Renovierungstätigkeiten aller Art und verbrachte mein Leben in sicheren Hörsälen, Seminarräumen oder Büros. Doch jetzt in Berlin wurde mir bewusst, dass dieses Verhalten vielleicht auch eine Flucht vor dem wirklichen Leben war.

Mutig schritt ich in den Baumarkt beim Hermannplatz. Solche Oasen für Heimwerker befanden sich in der Schweiz weit draußen auf dem Land und man brauchte ein Auto, um zu ihnen zu gelangen. Hier hingegen gab es sie auch innerorts. Die Fülle an Pinseln, Äxten, Hämmern, Lacken, Schraubenziehern, Wandfarben, Kettensägen und Möbeln zum Selberbasteln beeindruckte selbst mich. Besonders das Holzregal »Regalux« für »flexible Raumlösungen« sprang mir ins Auge: so billig und dazu noch praktisch. Beim Streichen der Wände lief alles halbwegs glatt. Das Zusammenbasteln der »flexiblen Raumlösung« allerdings war dann doch etwas komplizierter als gedacht. Erst ließen sich die Schrauben nicht ins Holz drehen, und als ich schließlich den Hammer zur Hilfe nahm, brach gleich die erste ab. Immerhin stand das Regal am Ende. Irgendwie. Und inzwischen wusste ich auch, woran es mich erinnerte: Ich hatte mir das Foto auf der Verpackung noch einmal genauer angesehen. Da standen dunkelgrüne Gummistiefel und ein Sack Düngemittel drin. Auch ein Gartenschlauch lag ganz oben im

»Regalux«. Genau so ein Regal stand im »Schue-Rümli« (Abstell-
kammer für Schuhe) auf dem Bauernhof in der Gegend von Bern,
wo ich als Mittelschüler einst meinen »Landdienst« absolviert hatte. Damals durfte ich immer den »Chueschtall usmischte!« Einmal
Schweiz – immer Schweiz.

Blieb das Bodenproblem: Ochsenblut – wie das schon klang!
Aber in jeder zweiten Wohnung und WG, die ich besichtigt hatte,
prangte dieser ätzende Farbton auf den Dielen. Was diese Blutor-
gien wohl über die Mentalität der Berliner aussagten? In meinem
Zimmer wollte ich den Boden abschleifen lassen. Das Delegieren
des Problems an Profis war jedenfalls der ursprüngliche Plan gewesen. Doch der stellte sich als viel zu teuer heraus. Kung-Fu-
Oskar schlug vor, dass wir das doch auch »entspannt gemeinsam
erledigen« könnten. Ihm mache so etwas Spaß. »Gerne«, sagte ich
in meiner Naivität. Ich dachte mir die Arbeitsteilung etwa so: Ich
besorge Toblerone, Kaffee und Bier und plaudere ein bisschen aus
meinem Leben, Oskar kann sich unterdessen mit der Schleifma-
schine so richtig ausleben – und am Abend ist alles tipptopp. Er
hingegen verfolgte bei diesem »Projekt« offensichtlich didakti-
sche Ziele. Ich solle »ruhig mal lernen, wie es sich anfühlt, eine
schwere Maschine zu bedienen«, sagte er. Als Erstes schleppte er
mich zu einem Schleifmaschinenverleih. »Tornado oder Maus?«,
fragte der Mann an der Kasse. »Puuh«, sagte ich. »Maus is leichter«,
erklärte der Mann, »für Anfänger jeeignet.« Die Tornado hingegen
sei leistungsstark, ideal für geübte Heimwerker. Ich nickte und
wollte gerade die Tornado reservieren, da sagte Oskar: »Maus.«
Mist!

Ich hatte erwartet, dass er das Ochsenblutabschleifen im Schlaf
beherrscht. Sonst war er nämlich immer sehr kompetent. Mit einem Blick stellte er neulich zum Beispiel fest, dass die vermeintliche Eichenholzverschalung an meinem Ikea-Kleiderschrank aus
Kunststoff war. »Chemische Weichmacher, leicht lösliche Schad-
stoffe«, analysierte er. »Durch die giftigen Dämpfe verändert sich
dein Körper ständig«, ergänzte der asketische Albert, der gerade
von der Arbeit nach Hause gekommen war. Ich schluckte leer.
Dann jedoch erläuterte ich den beiden, dass meine Physis eigent-

lich recht robust sei. Ich hätte lediglich eine Allergie gegen Ochsenblut. Albert schüttelte mitleidig den Kopf. »Du musst es wissen.«

Nach drei Stunden schleifen, schmirgeln und staubsaugen war ich am Ende. Ich bat Oskar, eine Weile alleine weiterzuarbeiten, taumelte ins Freie und saugte den Duft des Großstadtgebirges durch meine Nüstern ein. Schon nach den ersten Schritten fühlte ich mich wie ein neuer Mensch. Und als ich mich dem Kreuzberg näherte, spürte ich, wie die Lebenskraft wieder durch meinen Körper pulsierte und machte immer größere Schritte. »Die Hälse werden im Gebirge frei«, beschrieb Franz Kafka dieses Gefühl einst so treffend. »Es ist ein Wunder, dass wir nicht singen.«

An der Ecke vor dem Antiquariat weckten Grabbelkisten, randvoll mit Taschenbüchern, mein Interesse, wie in den Schweizer Bergen Alpenrosen. »Beim nächsten Mann wird alles anders«, »Haben oder sein«, »Narziss und Goldmund« – das Übliche halt. Dann aber blieb mein Blick an einem Büchlein hängen, von dem ich noch nie zuvor gehört hatte: das »Kreuzberger Wanderbuch«. Fast dreißig Touren für Anfänger und Fortgeschrittene waren darin verewigt! Schon die Kapitelüberschriften klangen vielversprechend: »Der Schwarze Tod«, etwa, »Verschüttgegangen« und »Wo die Gestapo folterte«. Aber auch: »Weinlese am Kreuzberg«. Endlich würde ich nicht mehr auf mich allein gestellt sein. Es gab offensichtlich Pioniere, die dieses Gebirge bereits erwandert hatten. Joe hatte nicht zu viel versprochen: Wanderer und Freunde der Berge kamen in Berlin voll auf ihre Kosten!

Kung-Fu-Oskar erlitt bald darauf mal wieder einen Hexenschuss und konnte mich beim Blutschleifen nur noch verbal unterstützen. Viele Tage später aber war ich tatsächlich fertig. Der Fußboden sah pikobello aus – und schon bald begann ich mich richtig heimisch zu fühlen. Dann wurde es schwierig. Anfangs war es nur unsere Waschmaschine, die ein bisschen herumzickte. Wenn wir unsere Klamotten aus der Trommel fischten, dufteten sie nicht mehr wie frisch gewaschen, sondern nach faulen Eiern. Albert der Asket schwor auf Naturheilmittel und kippte eine Flasche Teebaumöl in die Trommel. Erfolglos. Ich versuchte es mit chemischer

Waschmaschinenmedizin. Das brachte auch nichts. Wochenlang diskutierten wir über die Anschaffung einer neuen Maschine. Theo machte sich für ein gebrauchtes Gerät stark. »Dann können wir gleich die alte behalten!«, hielt Albert dagegen. Da Oskar und ich uns der Stimme enthielten und Basisdemokratie bei uns nicht nur ein Wort war, blieb alles wie es war. Dann jedoch lenkte Albert völlig überraschend ein: Mit hundert Euro sei er dabei. Bald darauf stand die Koalition! Wir waren vier Leute und kamen auf vierhundert Euro. Theo, unser Experte für Wirtschaftsfragen, fand in einschlägigen Geschäften heraus, dass man für diese Summe sogar ein fabrikneues Gerät bekam. Toll!

Amanda war zurück in Berlin. Endlich! Ich war aufgeregt, als sie in der Hardcore-Vegetarier-WG erstmals zum Sonntagsfrühstück aufkreuzte. Doch wir hatten viel Spaß und sie fand meine Mitbewohner okay. Was die Waschmaschine betraf, brachte sie allerdings prompt eine neue Theorie auf: Das Gerät sei wahrscheinlich gar nicht das Problem, sagte sie, sondern ein Opfer. Schuld am Faule-Eier-Geruch sei vielmehr unsere marode Kanalisation. Und in der Tat: Manchmal, wenn die Maschine lief, schien unser Waschbecken im Bad an Blähungen zu leiden. Prompt vertagten wir das mit dem Waschmaschinenkauf erst einmal wieder. Ein Glücksfall. Denn so entdeckte ich ganz in der Nähe der WG den Waschsalon »Schnell & Sauber« mit integrierter »Französischer Weinhandlung Montparnasse«. Dieser Laden war ein echter Gewinn im Bergmann-Kiez, der ansonsten stark maritim geprägt war. Kaum Gebirgszüge gab es hier, dafür aber das Kaffee am Meer und die Bar Atlantic. Wahrscheinlich eröffnet bald auch ein Kosmetikstudio mit integrierter Fischhandlung, dachte ich. Denn Fische schienen sich hier in der Gegend ganz besonders wohlzufühlen. Oder waren es Fisch-Geister?

Inzwischen sehnten wir uns alle nach dem dezenten Faule-Eier-Geruch zurück, denn jetzt stank es in der Hardcore-Vegetarier-WG Tag und Nacht penetrant nach fauligem Fisch. Und zwar ausgerechnet vor meinem Zimmer. Da lag aber gar kein Fisch. Stundenlang säuberte ich die Türschwelle mit dem Wischmopp und literweise Putzmittel. Der Gestank ging nicht weg. War das die berühmte Berliner Luft? Wir suchten jede Ritze und jeden Winkel in der Wohnung ab. Prompt fand Theo ganz hinten im Gefrierfach des WG-Kühlschranks eine Forelle, die noch aus dem Jahr 1976 stammte, wie das Datum auf der Verpackung belegte. Der Fisch war jedoch steif gefroren und völlig geruchlos. »Der Gestank kommt bestimmt aus der Nachbarwohnung«, vermutete Oskar. Wir hatten aber keine Nachbarn, die Tag und Nacht fauligen Fisch zubereiteten. Und wieso miefte es nur vor meiner Tür? Sehr sonderbar. Spukte es etwa bei uns?

Ich hatte nie an Geister geglaubt. Doch seit ich in Berlin lebte, wurde ich immer unsicherer. Unlängst hörte ich im Radio ein Interview mit einem Geister-Experten. Ausgerechnet in Freiburg, einem hübschen Vorort meiner Heimatstadt Basel, gab es eine Parapsychologische Beratungsstelle für Menschen, die ungewöhnliche Dinge erlebten. Manche hörten zum Beispiel Stimmen aus dem Teekessel. Walter von Lucadou, der die Beratungsstelle leitete, war promovierter Physiker und promovierter Psychologe. Er sagte: »Gespenster gibt es; schon weil ich mich dauernd mit ihnen beschäftige.« Und vielleicht hatte er ja Recht? Ein Verdacht keimte in mir auf: Vielleicht war ich eine »Fokusperson«? Nach Lucadous Theorie lösten solche Menschen zwangsläufig Spuk aus. Und die Zwischenfälle häuften sich: Neulich guckte ich mit Oskar, Albert und Theo Tatort. Als ich die Fernbedienung in die Hand nahm, um den Ton lauter zu stellen, blieb die Filmszene stecken. Egal, welchen Knopf ich drückte, das Bild bewegte sich nicht mehr. Es war wie verhext. Gar nicht uninteressant, die Mimik der Protagonisten mal in aller Ruhe zu studieren. Und eindrucksvoll, dieser totale Stillstand. Fast wie auf Kreuzberger Postämtern.

Es wurde noch ein netter Abend, auch ohne TV. Oskar öffnete eine Flasche Rotwein und Albert erzählte von seiner China-Reise. Nur das Problem mit dem toten Fisch drückte auf die Stimmung. Doktor Doktor von Lucadou behauptete, dass Spuk immer etwas bedeute. Und wenn man diese Botschaft entschlüsselt habe, höre er meist wieder auf. Dunkel erinnerte ich mich aus Studien-Zeiten an Aufsätze des Schweizer Tiefenpsychologen Carl Gustav Jung:

War ein toter Fisch nach seiner Theorie nicht ein archaisches Symbol für Glück?

Knapp daneben, stellte ich in der Stabi ernüchtert fest. C. G. Jung deutete Fische vielmehr als »Sinnbilder für das Selbst«, als Symbole also für die Gesamtheit des Bewusstseins und des sogenannten Unbewussten: den Trieben und dem seelischen Schutt, der aus emotionalen Verletzungen in der frühen Kindheit stamme. Klang kompliziert. Doch zum Glück gab es bei den textschreibern für wirklich jedes Fachgebiet Experten. Meine Kollegin Cordula hatte vor ihrer Karriere als Kultur-Kritikerin Psychologie studiert. Und zwar nicht nur zwei Semester, so wie ich. »Ein Traum über Fische stellt die Verbindung zur emotionalen Seite des Träumenden her«, dozierte sie in der Mittagspause. »Der Fisch verdeutlicht, dass die Begabung des Träumenden nicht im strategischen Denken liegt«, sagte sie. Da er im Wasser lebe und das Wasser ein Symbol für das Unbewusste sei, deute der Fisch auch auf die vom Unterbewusstsein gesteuerten Triebkräfte des Träumenden hin, die zu stark unterdrückt oder abgelehnt würden. Oder es stehe der Wunsch nach Kindern dahinter. Ich winkte ab. Klang alles sehr dubios. Aber Cordula war nun nicht mehr zu stoppen. Schon im alten Babylonien galten Fische als phallisches Symbol, erzählte sie: Nach Jungs Theorie ergeben sich je nach den Begleitumständen sehr unterschiedliche, individuelle Deutungen des Symbols Fisch. »Wenn man im Traum zum Beispiel selbst ein Fisch ist, kann man sich, so behauptet C. G. Jung, im Wasser erneuern und verjüngen«, erklärte Cordula. »Liegende Fische wiederum deuten auf eine Schwächung der Vitalität hin.« Einzig über die Bedeutung stinkender Fische konnte sie mir nichts sagen. »Sicher ein sehr gutes Zeichen«, sagte Toni mit dem Trenchcoat, der Cordulas Vortrag mit gespieltem Ernst gelauscht hatte, und zwinkerte mir zu. Dann erzählte er von der Mäuse-, Tauben- und Mehlwurmplage, die er einst, kurz nach seinem Umzug nach Kreuzberg, erlebt hatte. »Berlin ist ein Paradies für Viecher aller Art«, sagte er und zündete sich eine Zigarette an. »Wieso also nicht auch mal eine Forellenplage?«

Eines Tages war der Fischgestank in der WG plötzlich weg. Theo, Oskar und Albert behaupteten zwar, dass sie ihn noch wahrnahmen. Aber er war weg. Oder hatte ich mich mit ihm angefreundet und empfand ihn jetzt als Bereicherung? Denn völlig neutral roch es in der Tat noch immer nicht vor meiner Zimmertür. Vielleicht war es vielmehr ein Hauch des Aromas, das die Chemikerin Sissel Tolaas als »pikon« bezeichnete? Der Besuch in ihrem Labor hatte nicht nur meine Nasenlöcher geweitet, sondern auch meine Toleranzschwelle. Dabei begann alles wenig erfreulich: Es war ärgerlich, in Hundescheiße zu treten – ausgerechnet auf dem Weg zu einer Duftforscherin. Aber so war das Leben.

Sissel Tolaas, Wahlberlinerin aus Norwegen, residierte im gutbürgerlichen Stadtteil Wilmersdorf. An ihrer Klingel stand auf einem Messingschild »IFF«: das Kürzel für International Flavors and Flagrances, einer der größten Aromenhersteller weltweit. Das Labor, das IFF für die Chemikerin mietete, und ihre Wohnung lagen auf demselben Stockwerk. Zaghaft drückte ich den Klingelknopf.

Tolaas entwarf für IFF neue Duftnoten, schuf Geruchs-Kunstwerke, die in Galerien auf der ganzen Welt gezeigt wurden, und lehrte an der Harvard University in Cambridge (USA) »unsichtbare Kommunikation«. Sie behauptete, dass man mit Duftmolekülen Demenzkranken helfen könne, und hatte gerade die olfaktorische Identität einer Schweizer Hotelkette kreiert.

Plötzlich schwang die Tür auf und eine Frau mit blondem Haar und knallrot geschminkten Lippen stand auf der Schwelle. Sie trug hautenge Jeans, eine weiße Bluse und sah aus wie Marilyn Monroes ältere Schwester. »Hi«, sagte sie und grinste übers ganze Gesicht. »I am Sissel.« Die Forscherin reckte ihre große Nase in die Höhe, schnupperte – und verdrehte mit gespielter Empörung die

Augen. Schüchtern zog ich die Schultern hoch. »Lassen Sie die Schuhe einfach im Treppenhaus stehen«, sagt Sissel Tolaas und lachte laut und heiser wie nach einer durchzechten Nacht. »Meine Nachbarn sind einiges gewohnt.« Wer im Haus einer Duftforscherin wohne, dürfe nicht heikel sein. Hundescheiße heiße auf Nasalo übrigens »pikon«, klärte sie mich auf. »Klingt doch gleich ansprechender, nicht wahr?« Nasalo sei eine Kunstsprache, die sie gerade entwickle, in Zusammenarbeit mit dem Sony-Konzern. Aber ich solle doch erst einmal reinkommen.

Zielstrebig schritt Tolaas auf ihren hohen Absätzen voraus und führte mich in einen hellen, langgezogenen Raum. Eine Mischung aus Konferenzzimmer, Lounge und Büro. Auf dem Boden ein saftig grüner Kunststoffteppich mit langen Fasern, der wie eine Wiese aussah. In milchigen Vasen leuchteten schneeweiße Tulpen in der Morgensonne. Auf dem ebenfalls weißen, langen Konferenztisch standen auch Gläser und eine Flasche Mineralwasser ohne Kohlensäure. Es roch – nach nichts. Erstaunlich, wo Sissel Tolaas' Domäne doch die Welt der Düfte war. »23700 Mal pro Tag atmen wir ein und aus«, dozierte sie, »und wir bewegen dabei mehr als zwei Kubikmeter Luft.« Das menschliche Auge könne lediglich einige hundert Farben unterscheiden, die Riechzellen in unserer Nasenschleimhaut hingegen 10 000 Düfte. »Doch es ist ein Jammer«, eiferte sich Tolaas. »In der westlichen Kultur wird die Nase sträflich vernachlässigt!« Nicht überall, dachte ich. Bei meinen Mitbewohnern in der Hardcore-Vegetarier-WG nahm das Thema »Gestank nach fauligem Fisch« im Alltag durchaus großen Raum ein.

Der spontane Vortrag der Duftforscherin riss mich aus meinen Gedanken: Aristoteles etwa betrachte den Riechsinn als eine Art Bindeglied zwischen Tier und Mensch und klassiere ihn niedriger als die »wahrhaft humanen Sinne« Sehen und Hören, führte sie aus. Nach Sigmund Freud wiederum sei der Geruchssinn mit Wildheit, Regression und Wahn verbunden. Kurzum: »Die meisten Menschen haben Angst vor Gerüchen.« Und dennoch war die Duftforscherin eine international gefragte Expertin. Unlängst leitete sie an der Harvard University ein Seminar für Geisteswissenschaftler zum Thema »interkulturelle Differenzen«. Bei manchen kleinen Völkern hat die Nase einen völlig anderen Stellenwert als in unserer Kultur, erzählte sie und nahm genussvoll einen Schluck Mineralwasser: Die Inuit etwa rieben zur Begrüßung ihre Nasen aneinander und bei den Andaman, einer kleinen Volksgruppe auf Island, basiere der Kalender auf Gerüchen, die für die einzelnen Jahreszeiten typisch sind. Gibt es einen Duft, dem niemand widerstehen kann? Sissel Tolaas verzog das Gesicht. »Ich hoffe nicht«, sagte sie. »Unsere Nasen werden ohnehin schon ständig manipuliert.« Bereits Kindern würden von ihren Eltern und der TV-Werbung »fragwürdige Geruchsnormen« eingebläut. Zum Beispiel die Unterscheidung zwischen Duft und Gestank.

Mit Handschuhen und Plastiksäckli war sie monatelang durch Städte und Wildnis gepirscht und hatte alles gesammelt, was eigenwillig duftete: vom Kameldung aus Kairo bis hin zur fauligen Mango aus Indonesien. »Schon wieder die Blondine mit ihrem Müll«, spotteten Zollbeamte. Alle ihre 6370 Fundstücke verschloss Tolaas luftdicht in silberne Blechdosen. Nur beim Training öffnete sie die Spezialbehälter jeweils für einen Moment: Tolaas übte die Düfte wie Musiker Tonleitern, lernte sie auswendig. Sechs Jahre lang. Ihr Hauptziel: Ekel abbauen. »Toleranz fängt bei der Nase an!«, dozierte die Forscherin. »Und wie haben Sie gelernt, den Brechreiz zu überwinden?«, fragte ich. Tolaas lächelte. »Man muss die Gerüche mischen: zum Beispiel Hundekot und Rosenblätter«, sagte sie. Dann verwandle sich das Würgen im Hals bald in Faszination. Bei ihr selbst schien der Trick funktioniert zu haben. »Alles duftet auf seine Weise reizvoll«, schwärmte sie, »auch ein toter Körper.« Gerne würde sie einmal Leichengeruch synthetisch nachbauen. »Aber kommen Sie«, sagte die Duftforscherin, »das Labor ist gleich nebenan.«

Sissel Tolaas konnte Aromastoffe mit Hilfe der Headspace-Technologie in ihre feinsten Strukturen aufschlüsseln. Der Duft einer Blüte, einer frisch angeschnittenen Frucht – oder einer Leiche – wurde bei diesem Verfahren einfach abgesaugt und in einer Glasglocke aufgefangen. Dann erstellte man seine »molekulare Identitätskarte« und rekonstruierte ihn aus synthetischen Grundstoffen. Das Analysegerät selbst sah unspektakulär wie ein Kaffeeautomat aus. Etwa 2000 kleine braune Fläschchen, die flüssige Duftgrundstoffe enthielten, hatte Tolaas in weißen Regalen aufgereiht. Aus diesen »Bausteinen« ließen sich natürlich auch Düfte kreieren, die es in der Natur so gar nicht gebe, erklärte Tolaas: zum Beispiel neulich der Duft einer Schweizer Hotelkette. Geruch als »Corporate Identity« eines Unternehmens – eine typische Sissel-Tolaas-Idee. Das Hotel-Management wollte, aufgrund des Namens, einen Bezug zur Schweiz herstellen. Doch wie riecht die Schweiz? »Ich hätte am liebsten Käseduft reingemischt«, erzählte Tolaas. Der Vorschlag wurde jedoch abgeschmettert. »Sauber, frisch, modern« wollten die Hoteliers stattdessen – und »Wärme«. Letzteres sei besonders anspruchsvoll gewesen. Die Duftforscherin nahm eine beigefarbene, zerbeulte Kartonschachtel aus dem Regal, mit Filzstift hatte jemand »CH« drauf geschrieben. Es war der Baukasten für den kostbaren, streng geheimen neuen Corporate-Identity-Duft. Knapp drei Dutzend Komponenten zur Erweckung der Illusion von Bergpanorama, Schnee, Sauberkeit und Wärme.

Die Forscherin öffnete eine der Phiolen, schnupperte genießerisch daran und fächelte die Duftwolke zu mir herüber. Ein metallischer Geruch stieg mir in die Nase. »Edelstahl«, verriet Tolaas. Das nächste Aroma juckte in der Nase, ich musste nießen. »Rote Pfefferbeere«, sagte Sissel Tolaas, »Gesundheit!« Pfeffer wachse ja eigentlich nicht in der Schweiz, räumte sie ein, »aber der Duft passte so gut.« Mehr dürfe sie aber nun wirklich nicht ausplaudern.

Etwas später zog Tolaas mit großer Geste die Visitenkarte eines Hotels aus einem Futteral und drückte sie mir in die Hand. Das Kärtchen roch enttäuschend: nach Karton. »Come on«, sagte Tolaas. »Du musst dran reiben!« Sie sprang ständig zwischen Deutsch und Englisch, zwischen Sie und du hin und her. Als ich mit dem Zeigefinger sanft über das Kärtchen fuhr, entfaltete sich ein Duft, der mich von Wanderferien in den Alpen träumen ließ.

Scheinbar wahllos griff die Duftforscherin bald darauf einige Phiolen aus den Regalen, öffnete sie, gab mit einer Pipette jeweils einige Tropfen in eine Glasschale und rührte mit einem Glasstäbchen um. Jetzt ließ sie mich näher herantreten und schnuppern. »Na?«, sagte sie triumphierend. Der Aromen-Cocktail duftete wie ein Geburtstagsstrauß aus frisch gepflückten Frühlingsblumen. Auf einem weißen Labortisch lag ein schwerer, tiefschwarzer Felsbrocken. »Steinkohle aus Spitzbergen«, flüsterte Tolaas beinahe ehrfürchtig, »schwarzes Gold.« Aus dieser in Jahrmillionen entstandenen Substanz wolle sie als Nächstes den Duft extrahieren.

Schon die Duftgrundstoffe aus ihren Regalen hatten etwas Magisches: Aus einer Phiole duftete es nach frisch gemähter Wiese. Und das hier? Ein undefinierbarer Hauch von irgendwas stieg mir in die Nase. »Der Duft einer Jungfrau«, sagte Tolaas. Mit der Headspace-Technik am Körper einer jungen Frau abgesaugt. Wozu soll das gut sein? »Wer weiß?«, sagte Sissel Tolaas und lächelte geheimnisvoll. »Düfte haben Macht.« Wenn man etwa künstliches Babyhaut-Aroma in der Luft zerstäube, baue das nachweislich Aggressionen ab. Und Mediziner aus Mannheim konnten kürzlich zeigen, dass Gerüche uns sogar im Schlaf beeinflussen: Menschen behalten ihre Träume positiver in Erinnerung, wenn man in ihrem Schlafzimmer angenehme Düfte verströmt. Mit dem Geruch von Jungfrauen sei das allerdings noch nicht getestet worden.

Sissel Tolaas war nun ganz in ihrem Element. Theatralisch wie eine Operndiva beim großen Finale öffnete sie eine Phiole, deren Etikett ein verschnörkelter Schriftzug zierte. Ein Edelparfüm? Sie tunkte einen weißen Kartonstreifen hinein und hielt ihn mir mit spitzen Fingern unter die Nase. Ich spürte ein Würgen im Hals, mein Frühstück kam beinahe wieder hoch. »Pikon!«, sagte Tolaas. »Riecht aufregend, nicht wahr?« Ein infernalischer Gestank hatte sich im ganzen Raum ausgebreitet. Wie der meiner Turnschuhe heute Morgen – nur viel intensiver.

»Wie lautet die Duft-Formel für Pikon?«, fragte ich, als sich mein Magen wieder etwas beruhigt hatte. »Wenn das so einfach wäre«, sagte Tolaas und lächelte nachsichtig. »Das kommt natürlich ganz darauf an, was der Hund gefressen hat.« Als nächstes Aroma präsentierte sie »Schlachthaus«. »Könnten wir eine kurze Pause machen?«, fragte ich. »No problem«, sagte die Duftforscherin. Bis sie endlich Erbarmen hatte und ein Fenster öffnete, atmete ich nur noch durch den Mund. Trotz der Abhärtung durch den Toter-Fisch-Gestank in meiner WG musste ich mich beinahe übergeben. »Gerüche überqueren Grenzen, indem sie verschiedene Einheiten zu einem Ganzen verschmelzen«, hatte Sissel Tolaas neulich in einem Essay geschrieben. »Ein solches Sinnesmodell läuft unserer modernen, linearen Weltsicht, mit ihrer Betonung der Privatsphäre, ihren Diskretionsabständen und oberflächlichen Beziehungen zuwider.« Wo sie Recht hatte, hatte sie Recht. Endlich verflüchtigte sich der pikon-Gestank. Jetzt lag nur noch ein Hauch davon in der Luft. Und es roch plötzlich – interessant. Verblüffend.

Neben ihrer Arbeit im Duftlabor unterrichtete Tolaas an mehreren Berliner Grundschulen das Fach »Nase«. Sie ließ die Kinder Düfte aus dem Alltag, die sie im Labor nachgebaut hatte, erschnuppern. Den Geruch von Currywurst etwa, von frischem Teer, den Duft nach verbranntem Bremsklotz-Gummi in den U-Bahnhöfen, das Aroma von ranzigem Fett an Frittenbuden, den fauligen Geruch aus der Kanalisation am S-Bahnhof Friedrichstraße, den Duft von feinen Lederhandschuhen, edler Seife und Geld in den vornehmen Gegenden von Charlottenburg. Das Röst-Aroma der Coffeeshops rund um den Hackeschen Markt, den Duft von Polyester und chemischen Reinigungen beim Rathaus Neukölln. Die Grundschüler sollten die Düfte nicht nur erraten, sondern so genau wie möglich beschreiben: War der Geruch süßlich? Stach er in der Nase? Wirkte er hart oder weich? Witzig oder eher traurig? Am Schluss durften die Kinder Vorschläge machen, wie er künftig heißen solle. Die Ideen flossen in das Projekt Nasalo mit ein. »Was man benennen kann, nimmt man bewusster wahr«, dozierte sie. Etwa tausend Wörter hatte sie bereits kreiert, rund 15 000 sollten es werden.

»Ich zeige dir noch was!«, sagte sie plötzlich. Voller Begeisterung fischte Sissel Tolaas eine weitere Kartonschachtel aus einem Regal. Aus etwa zehn Fläschchen wählte sie eine große Phiole aus, öffnete sie – und im ganzen Labor stank es auf einmal wie in einem Tigerkäfig. Die Duftforscherin verzog keine Miene. Sechzehn Männer aus aller Welt, die unter Panikattacken litten, schickten ihr regelmäßig ihre Ausdünstungen per UPS zu: frisch produzierter Angstschweiß, mit kleinen Schwämmchen in den Achselhöhlen aufgesaugt. In Berlin baute Tolaas die Gerüche dann synthetisch nach. Angstschweiß müffelt sehr individuell. Aus einem Fläschchen stank es erstaunlich süßlich. »Schweiß von einem Alkoholiker«, klärte sie mich auf. Und in der Tat: Vor der Absturzkneipe Schlawinchen roch es manchmal ähnlich.

Schweißgerüche verwendete Tolaas bisher nicht für Parfüms, sondern für sogenannte Duft-Installationen. Zu diesem Zweck ließ sie die Aromen in hauchdünne Mikrokapseln aus Kunststoff einschweißen und danach in gewöhnliche Wandfarbe mischen. Nach einem ähnlichen Prinzip wie bei der Hotel-Visitenkarte konnte man die Gerüche dann in Galerien auf allen Kontinenten erleben. Die Ausstellungsbesucher mussten lediglich an den Wänden reiben oder kratzen. »Dabei strömen auch sie Körpergerüche aus, und diese mischen sich mit denjenigen der unter Phobien leidenden Männer«, schwärmte Tolaas. Es entstehe eine »faszinierende Duft-Collage«. Mitunter waren die Reaktionen auf ihre Kunstwerke sehr emotional: In der MIT Art Gallery in Boston küssten manche Besucher einzelne Wände, andere schmierten mit Filzschreibern Schimpfworte drauf, hämmerten mit den Fäusten dagegen. Eine Frau kam mehrere Wochen lang täglich in die Galerie und roch an Schweiß Nr. 9. »Offensichtlich hatte sie sich verliebt«, sagte Tolaas.

Nicht nur Ängste und Ekel faszinierten Sissel Tolaas. Gerade beschäftigte sie sich mit dem Thema »Glück«. Die chemische Zusammensetzung von Freudentränen sei völlig anders als diejenige von Tränen der Trauer, sagte die Forscherin. Nun wollte sie den – kaum wahrnehmbaren – Geruch von Freudentränen rekonstruieren. Vielleicht könnte er eines Tages therapeutisch eingesetzt werden und zu Glücksgefühlen anregen. Denn Düfte, davon war Sissel Tolaas überzeugt, wirken auch auf das Unterbewusstsein. Das Hirn speichert emotionale Erlebnisse nämlich gemeinsam mit Gerüchen ab, und bereits der Hauch eines Dufts kann das gesamte Ereignis wieder ins Gedächtnis zurückholen. Ein interessantes Potential für die Psychotherapie – das bisher weitgehend ungenutzt geblieben war. Berliner Mediziner waren nun an Tolaas herangetreten. Ihre Idee: Man könnte Gerüche bei der Therapie von Alzheimer und anderen Demenzerkrankungen einsetzen. Als Anregung für das Gedächtnis, gleichsam als Katalysator beim Gehirntraining.

Bei manchen Aktionen ging es der Forscherin aber auch einfach nur darum, Spaß zu haben. Neulich etwa sprühte sie ihren ganzen Körper mit Männerschweiß ein. Duft Nr. 9 aus der Angstschweiß-Ausstellung. Dann takelte sie sich auf wie eine Diva und ging in die Deutsche Staatsoper auf eine Premierenfeier. »Ich sah super aus!«, erzählte Tolaas. In einem champagnerfarbenen Abendkleid von Chloé – und um sie herum die Wolke aus Männer-Angstschweiß. »Die Frauen reagierten angewidert«, erzählte die Forscherin und lachte ihr raues Sissel-Tolaas-Lachen. »Aber viele Männer waren interessiert.«

Berlin war eine Metropole der Verwirrungen, der Verpeiltheit und der Maskerade: Im Tiergarten gab es keine Tiere, die U-Bahn fuhr an vielen Orten nicht etwa unterirdisch, sondern in schwindelerregender Höhe, Berliner hießen in Berlin nicht Berliner, sondern Pfannkuchen, Hundescheiße duftete mitunter interessant und die Salatblätter wurden in manchen Restaurants auf den Tellern versteckt: »Unter den Nudeln«, klärte mich in einem Kreuzberger Lokal neulich der Kellner auf. Und selbst die typischsten Bewohner Berlins waren in der Regel gar keine echten Berliner. Sogar Joe war kein Eingeborener, gestand er mir eines Abends im Dietrich Herz nach dem vierten Bier. Er stammte aus dem Ruhrgebiet und lebte erst seit sechs Jahren hier. »Aber Castrop-Rauxel und Berlin – das nimmt sich nicht viel«, behauptete er. »Im Ruhrgebiet sagen wir immer: ›Was nicht passt, wird passend gemacht!‹« Ob er mal wieder was von Röbi gehört habe, fragte ich. Über den Treppenhaus-Skifahrer aus der Schweiz hatten wir uns ja einst kennengelernt. »Ist wahrscheinlich viel unterwegs«, sagte Joe und zuckte mit den Schultern. »Wird sich schon wieder melden.« Ich nickte.

Ein paar Dinge wusste ich mittlerweile über die Bergvölker im Großraum Berlin: Es gab hier nomadisch lebende und halbnomadisch lebende Völker. Was jedoch fast alle Berliner und Neuberliner verband, war ihre hohe Flexibilität und Dynamik. Bereits vor hundert Jahren hatte der Publizist Karl Scheffler eine »ausgesprochene Unhäuslichkeit des Berliners« beobachtet. Sie gebe sich »in seinem Wirtschaftsleben, in der Unbehaglichkeit seiner Wohnung und dem fast krankhaften Hang, oft die Wohnung zu wechseln, kund«. Und im ständigen Abhängen in Bars und Kneipen, dachte ich. Darüber hinaus ließen sich stadtteilspezifische Merkmale beobachten. Wenn man beim Joggen zum Beispiel von

Frauen in Burkas überholt wurde, dann war man nicht in Reinickendorf oder Marzahn, sondern in Kreuzberg oder Neukölln. So
hatte ich das gelernt. Neulich aber wanderte ich mal wieder durch
die Hasenheide und sichtete weit und breit keine Burka-Trägerin.
Dafür marschierten mir Nonnen in weißen Kutten entgegen. Mit
Nordic-Walking-Stöcken in den Händen. Im Slalom bahnten sie
sich ihren Weg durch das Heer der Drogendealer. Was suchten die
denn plötzlich hier? Ob sie aus Bayern zugewandert waren?

Ich machte mir Sorgen um die Ordensschwestern. Ob sie sich
gut in der Schwoobeland-Metropole einleben würden? In einer
neuen Stadt konnte man sich schnell einsam fühlen. Ganz besonders in einer Monsterstadt wie Berlin. Man durfte sich nicht
wundern, wenn man seine paar Berliner Freunde nach dem Umzug plötzlich viel seltener sah als früher, als man nur gelegentlich
aus dem Süden zu Besuch gekommen war. Immerhin hatte ich im
»Club der polnischen Versager« schnell Anschluss gefunden, erinnerte ich mich. Die waren total tolerant und nahmen auch Basler
auf. Alter, Beruf, Geschlecht, IQ, alles egal. Und die Mitgliedschaft
kostete nur fünfzig Cent pro Nacht. Dabei war der Club berühmt.
Toni mit dem Trenchcoat reiste damals gerade für eine Reportage
nach Afrika. Und in Bamako, in Mali, hörte er im Radio prompt
eine Sendung über den Berliner Club der polnischen Versager. Es
war ein gutes Gefühl, in einer Weltstadt zu leben und Mitglied in
einem so kultigen Verein zu sein. Abend für Abend trat ich aufs
Neue bei. Das Tyskie-Bier aus der Gegend von Katowice schmeckte
lecker und man saß wie in einem gemütlichen Wohnzimmer beisammen. Kurzfilme wurden gezeigt, Jazzpunk-Bands traten auf
oder Nachwuchskünstler stellten Nacktbilder aus: Aktfotos von
Ohren. Vielleicht würde das auch den Nonnen aus Bayern gefallen?

Bei einem Streifzug begegnete ich Sally aus Sydney, einer Lifestyle-
Journalistin mit Korkenzieherlocken, die sooft sie konnte nach
Berlin pendelte. Obwohl sie letztes Jahr auf der Berlinale schlech-
te Erfahrungen gemacht hatte. Irgendwas mit der Akkreditierung
war schief gelaufen. Sie sei die Kultur-Chefin des Sydney Morning
Herald und extra um die halbe Welt geflogen, um diese Filme zu

sehen, bezirzte Sally den Typen am Schalter. Der aber zuckte mit den Schultern und sagte: »Tja. Shits happen.« Sallys Liebe zu Berlin tat dieses Erlebnis jedoch keinen Abbruch. Die Menschen hier seien »wunderbar unverstellt«, sagte sie. Und es müsse ja nicht jeder perfekt Englisch können. Trotzdem war ich froh, dass wir Basler als Sprachgenies galten. »In der Schweiz kann jeder vier Sprachen«, sagte Sally. Dieser Mythos hatte es offensichtlich bis nach Sydney geschafft: Deutsch, Französisch, Italienisch, Rätorumänisch, wusste Sally. »Rätoromanisch«, korrigierte ich. Auch das mit der Viersprachigkeit stimmte nur theoretisch. Aber das sagte ich Sally natürlich nicht, denn ich hoffte, sie würde dadurch gnädiger über mein lustiges Englisch hinwegsehen. Immerhin wusste ich seit einem Kurzurlaub in London: Englisch ist wesentlich schwerer als man denkt. Fast so tückisch wie Russisch.

Schon daher konnte ich mich in die Schwierigkeiten von Neuberlinern, die mit der hiesigen Landessprache noch nicht vertraut waren, sehr gut einfühlen. Mein Mitbewohner Oskar unterrichtete neben Kung-Fu auch Deutsch als Fremdsprache – und unterhielt regelmäßig die ganze WG mit Anekdoten aus diesen »Integrationskursen«. Neulich etwa stellte sich ein Ehepaar bei ihm im Schulungszentrum vor. »Das mein Frau«, sagte der Mann und zeigte auf seine Gattin. »Das bisschen dumm. Das muss Deutsch von Grund lernen.« Für sich selbst buchte er einen Englischkurs. Weil: »Ich Deutsch gut.« Wahrscheinlich wird es dieser Mann weit bringen, dachte ich. Denn was konnte man mit dem Idiom Goethes denn heute noch ausrichten? Schon Dreijährige lernten in Berliner Kitas Englisch. Supertopchecker wie Toni mit dem Trenchcoat ließen ihren Nachwuchs gar mit Frühchinesisch aufwachsen. Aber Englisch war Pflicht: Wer in dieser Weltsprache nicht eindrucksvoll parlieren konnte, schien in Berlin ein Kandidat für Hartz IV – lebenslänglich. Oder vielleicht für einen Job bei der Berlinale.

Zum Glück wurde mein Englisch durch die Bekanntschaft mit Amanda und Sally immer besser. Wenn ich mal nach Australien oder in die USA telefonierte, sagte ich jetzt ständig: »Well, actually ...« Das klang klug, und Sally hatte mir versichert, dass diese Redewendung letztlich nichts bedeute. Da konnte man also wenig falsch machen, hoffte ich. Denn, wie wir alle wussten: »Shits happen every day.« Mir sowieso. Zum Beispiel neulich auf einer Gartenparty in Mitte. Nach ein paar Gläsern Sekt erzählte ich bestens gelaunt von einer Gang kichernder Frauenzimmer in Ganzkörperverschleierung, denen ich auf meinen morgendlichen Streifzügen durch Kreuzberg häufig begegnete. Offensichtlich begeisterten sich diese Damen auch für den Wandersport. »Schrecklich«, eiferte sich ein Soziologie-Doktorand mit Seitenscheitel. Man sehe in Berlin in letzter Zeit immer mehr Burkaträgerinnen. »Na ja«, sagte ich, »die Frauen wirken eigentlich immer recht beschwingt und gut gelaunt, soweit man das halt sehen kann.« Mein Gesprächspartner runzelte die Stirn. Es gehe nicht an, dass Frauen sich verhüllen müssten, mitten in Berlin, sagte er. »Genau!«, pflichtete ihm eine junge Kunsthistorikerin bei, »darüber brauchen wir einen öffentlichen Diskurs.« Ich musste mich am Buffet-Tischli festhalten. Beim Stichwort »Diskurs« wurde mir immer schwarz vor den Augen. »Na ja«, versuchte ich die Kurve zu kriegen. »Jeder Mensch sollte sich doch so kleiden dürfen, wie er will. Findet ihr nicht auch?« – »Eben!«, brüllten alle. Und in türkisch-arabischen Familien bestimme der fundamentalistische Pascha-Vater bekanntlich alles: von der Ganzkörperverschleierung bis zur Zwangsverheiratung und Klitorisverstümmelung! Der Soziologie-Doktorand wiederholte, wie wichtig ein »öffentlicher Diskurs« über solche Missstände sei. »Und wie stellst du dir das vor?!«, fragte ich. »Soll ich zu einer Burka-Trägerin sagen: »Zieh dich doch mal ein bisschen lockerer an, Baby! Dein Alter unterdrückt dich doch sicher.« Keiner lachte. Falsch verstandene Toleranz habe erst zum akuten Problem der Parallelgesellschaften in Berlin geführt, sagte die Kunsthistorikerin. Ein Jurist mit Hornbrille mischte sich ein und plädierte ebenfalls für einen Diskurs. Da riss mir der Faden der Geduld. »Wo wohnst du denn überhaupt?!«, blaffte ich ihn an. »In Potsdam«, sagte der Jurist und schob trotzig sein Kinn nach vorne. »Typisch!«, sagte ich. »Und du willst mir was über Burkas erzählen!« Abends, im Dietrich Herz beklagte ich mich bei Amanda über diesen weltfremden Schwätzer. »Ein Potsdamer! Da leben doch sowieso nur Arier!« Sie aber grinste nur: »Und wie viele arabische Familien hast du denn so kennengelernt in letzter Zeit?«, sagte sie. »Du hast doch auch keine Ahnung.«

Arabische Familien? Ramin, mein Ex-Mitbewohner, fiel mir ein. Ich glaube, der stammte aus Afghanistan. Aber richtig angefreundet hatten wir uns ja eigentlich nicht. Auch wenn ich ihm die Sache mit dem Meret-Oppenheim-Waschbecken inzwischen natürlich längst verziehen hatte. »Das Wasser haftet nicht an den Bergen, die Rache nicht an einem großen Herzen«, sprach Konfuzius einst, wusste ich vom asketischen Albert. Dennoch hatte ich in der Tat wenig Kontakt zur türkisch-arabischen Welt, musste ich zugeben. »Aber nicht mehr lange«, sagte ich trotzig, trank aus, verabschiedete mich abrupt und radelte zu Ris A hinüber, einem Schnellrestaurant im Morgenland-Stil: Man musste sich nur einen Ruck geben, um den Dialog zwischen den Kulturen zu führen. Ich wählte das Sparmenü 2: irgendwas mit Hähnchen vom Holzkohlegrill. »Wie viele Hähnchen braten Sie denn so pro Tag?«, versuchte ich, den orientalisch aussehenden Mann am Tresen in ein Gespräch zu verwickeln. »Viele«, sagte er. Ich nickte engagiert. »Und warum gibt es hier eigentlich nur Hähnchen?«, nahm ich einen zweiten Anlauf. »Wir essen viel Hähnchen im Libanon.« – Aha: Libanon, dachte ich, sieh mal einer an. Ob es unter den westlichen Imbissketten ein Vorbild gebe für seinen Laden?, fragte ich. – »Bis jetzt nicht.« – Cooler Typ, dachte ich: Bei meinem nächsten Besuch hier werde ich den Diskurs vertiefen. Denn schon viel zu lange war ich mit Scheuklappen durchs Großstadtgebirge gewandert. Mit Scheuklappen, deren Existenz mir gar nicht bewusst gewesen war. Jetzt sollte alles anders werden: Denn wenn es einen Ort gab, an dem man die Chance hatte, Menschen aus völlig unterschiedlichen Regionen der Welt näher kennenzulernen, dann war es nicht die Schweizer Provinz – sondern Berlin. Und eine Fußballweltmeisterschaft, wie sie noch in dieser Woche beginnen würde, bildete die ideale Kulisse für einen offenen Austausch zwischen Menschen aus aller Welt, ganz egal, welcher Religion oder Ideologie sie anhingen: für ein Fest der Völkerverständigung!

Fidel, der Hedonist unter den textschreibern, organisierte einen Betriebsausflug in ein »Original Argentinisches Steakhouse«

gleich hinterm Alexanderplatz: »Die haben da eine riesige Leinwand!«, schwärmte er. Wir träumten von einem weißblauen Meer aus leicht bekleideten, ekstatisch feiernden Südamerikanerinnen. Als ich ankam, stand Franz bereits vor dem Eingang und rauchte. Eben habe er zwei glutäugige, argentinische Schönheiten im Lokal verschwinden sehen, erzählte er aufgeregt. Ob sie den Hinterausgang genommen hatten? Als wir rein kamen, waren sie jedenfalls wieder weg. Dafür saßen viele Rentner, die erstaunlich deutsch aussahen, an den Tischen. Was soll das ständige Gefasel von den Parallelgesellschaften?, dachte ich: Multikulti lebt! Die Kellner im »Original Argentinischen Steakhouse« stammten aus Kroatien. Und als »WM-Teller« gab es »Känguru Sydney«. Ein Gericht, das aussah wie »Züri Gschnätzlets« in der Schweiz. Warum auch nicht dieses Gericht?, dachte ich: Argentinien lag ja geografisch irgendwo zwischen Sydney und Zürich – und eine Fußball-WM schweißte die Kontinente zusammen. Später erzählte meine Lieblingskollegin Cordula von ihrer Freundin, die mit einem Geschäftsmann aus Buenos Aires verheiratet sei. Es gebe lediglich ein kleines Problem: Er nenne seine Gattin oft liebevoll »Sau«, was dieser missfalle. Der Gatte aus Buenos Aires aber finde die Vokalfolge »aaaooo« so hübsch. »Dennoch gibt es weltweit nur wenige argentinische Maoisten, dafür aber umso mehr argentinische Psychoanalytikerinnen«, sagte Toni mit dem Trenchcoat und zündete sich eine Zigarette an. Sofort kam ein Kellner angelaufen und schickte ihn vor die Tür: Rauchverbot! Vom Spiel selbst bekamen wir nichts mit, da der Fernseher sehr klein war und sich immer mehr deutsche Rentner davor in Position brachten. Aber ein interessanter Gedankenaustausch war das mal wieder gewesen heute Abend, dachte ich später im Halbschlaf auf meinem Futon. Wenn auch leider ganz ohne Südamerikanerinnen.

Am nächsten Tag war mir übel. Und als ich Sally anrief und nach ihren Erfahrungen mit »Känguru Sydney« fragte, sagte sie, dieses Gericht gebe es in Australien nicht. Zum Glück aber bot sich abends, auf einer WM-Guck-Party bei Karl im Friedrichshain, sofort die nächste Gelegenheit zur interkulturellen Kommunikation. Als die Spanier gerade mit einer traumhaften Ballstafette die deutsche Mannschaft demütigten, packte mich ein stämmiger Kerl bei den Schultern. Er lächelte und drohte dann in englischer Sprache, mich auf den Balkon zu sperren, falls ich weiter »España!« riefe. Auf diese charmant-ironische Art, bei der man nie genau wusste, ob es die Ironie selbst war, die nur ironisch gemeint war. Sicher ein frustrierter Engländer, dachte ich. Das britische Nationalteam hatte nämlich mal wieder nichts gerissen bei diesem Turnier. Später stellte sich heraus, dass der »frustrierte Engländer« in Wirklichkeit ein berühmter Schriftsteller aus Neuseeland war, der seit zwei Jahren in Berlin lebte. Ich muss mir die Gesichter der wichtigsten Kulturfuzzis besser einprägen, nahm ich mir vor. Sonst würde ich bei der nächsten WM am Ende noch Salman Rushdie in den Keller sperren, falls er die Schweiz nicht genügend anfeuerte.

Zum Glück war ich Konflikte gewohnt. Denn in den frühen achtziger Jahren in Basel hatte ich neben meiner Begeisterung für Super-Mägg Tanner vom FCB auch für Karl-Heinz Rummenigge vom FC Bayern München geschwärmt. Und diesen Schwoob zu bewundern, war für das Image eines jungen Baslers etwa so günstig, wie auf einem Feministinnen-Kongress den Playboy zu verteilen. Seither dachte ich immer, die Schwoobe seien total verhasst. Insbesondere ihre Fußballnationalmannschaft. Und das nicht nur in Basel, sondern überall auf der Welt. Okay, das »Sommermärchen« neulich bei der EM. Aber irgendwie erinnerte mich die plötzliche kollektive Sympathie für die »Klinsmänner« (hi, hi!) damals verdächtig an das Wohlwollen, das unserer Schweizer »Nati« gemeinhin entgegengebracht wurde: »Rührend, wie die sich bemühen!« Inzwischen aber waren die deutschen Fußballer offensichtlich zu Sympathieträgern mutiert, mit denen sich immer mehr Menschen identifizierten. Zum Beispiel die vielen Neuberliner aus Irland auf der Endspiel-Party bei Karl. Sobald mal ein Pass der Schwoobe ankam, jubelten sie, als sei gerade das entscheidende Tor gefallen. Die spanische Weltklasse-Mannschaft hingegen machten sie nieder: »What a dirty team!« Einzig eine Weißrussin aus Novopolotsk freute sich mit mir über jedes elegante Dribbling von Andrés Iniesta. Zumindest in Belarus verstanden die Menschen offensichtlich noch etwas von Fußball.

Ob es an meiner Begegnung mit den Nonnen in der Hasenheide lag? Seit Wochen ließ mich das Thema Religion nicht mehr los. Ich war sogar in der Kirche – erstmals nach bald zwanzig Jahren. Am Südstern, auf einer riesigen Verkehrsinsel. Draußen rasten die Autos vorbei, drinnen feierten Schwarze Gottesdienst. Noch viel mehr Schwarze als in der Hasenheide als Dealer arbeiteten. Eine Soul-Band spielte auf, und ein Priester im anthrazitfarbenen Anzug brüllte nach jedem Satz »Amen!« Die Gläubigen antworteten im Chor mit »Amen!!!«. Eine junge Frau übersetzte die Predigt ins Deutsche. An einer Stelle sagte der Priester: »Jesus is supreme!« Die Dolmetscherin sagte: »Jesus ist frei!« Alle brüllten »Amen!!!« Auch einige betagte Berliner tummelten sich in den hinteren Reihen, schrien mit und hoben immer wieder wie in Trance ihre Hände zum Himmel. Sollte einer sagen, die Menschen hier interessierten sich nicht für Religion. »Es war einmal eine Kellerassel, die geriet in einen Schlamassel«, schrieb einst Bertolt Brecht. »Sie soll religiös geworden sein.« Vielleicht spielten Glaube und Spiritualität in Berlin auch aus diesem Grund eine so zentrale Rolle.

Zum »Tag der offenen Moschee« war ich unlängst allerdings leider zu spät gekommen. Und der Hindu-Tempel in der Hasenheide war seit Monaten ein Rohbau. Irgendwie ging da nichts weiter. Am Wochenende besuchte ich daher einen Gottesdienst in einer hundsgewöhnlichen katholischen Kirche. Gegen Ende der Veranstaltung sollten wir uns alle nach vorne zum Priester begeben. Plötzlich schritt eine Frau in einem dunklen Umhang auf mich zu und überreichte mir ein bauchiges Gefäß. »Trink vom Kelch des Heils!« Ein Schauer kroch mir den Rücken hoch. Dabei war der Traubensaft erst die Vorspeise. Anschließend sollte ich den »Leib Jesu« verzehren. In mundgerechten Stücken angerichtet, wie wir sie in Basel ins Käsefondue tunkten. Doch warum auch nicht? »Hier muss ein jeder nach seiner Fasson Selich werden!«, soll der Preußenkönig Friedrich der Große schon 1740 für die Gegend des heutigen Berlins postuliert haben: ein Bekenntnis zur Religionsfreiheit. Später, an der Dönerbude meines Vertrauens, erklärte mir ein Fachmann den Unterschied zwischen der katholischen und der evangelischen Kirche. Bei den Evangelen, dozierte der Theologie-Student mit der John-Lennon-Brille, symbolisieren Brot und Wein den Körper und das Blut von Gottes Sohn. Bei den Katholen hingegen verzehre man beim Abendmahl »ganz real den Leib Christi«.

Das Verwunderliche: Trotz solcher eigentümlichen Traditionen der Kirche war zum Beispiel das Ritual der christlichen Taufe bei meinen Berliner Freunden gerade extrem angesagt. Kommendes Wochenende war ich bei einer evangelischen Taufe eingeladen, auf einer katholischen am Sonntag darauf. Das Taufen war eine Massenbewegung, durch die auch sozialer Druck entstand. »Wenn ich selbstbewusster wäre«, gestand mir neulich eine Bekannte, »dann würde ich meine Tochter nicht taufen lassen.« In Basel war das anders gewesen, zumindest zu meiner Zeit. Da brauchte man eher Mut, Kinder zur Taufe anzumelden. Dennoch bin auch ich getauft worden. Bei den Wölfli, wie die ganz jungen Pfadfinder in der Schweiz hießen. Und um ein vollwertiges Wölfli zu werden, musste man eine Mutprobe bestehen: die »Taufe«. Mitten in der Nacht wurden wir im Sommer-Zeltlager geweckt. Mit Taschenlampen bewaffnet mussten wir Papierschnitzeln durch die Dunkelheit folgen, ähnlich wie Hänsel und Gretel Brotkrümeln. Im Wald fielen wir einem Mann mit Augenklappe in die Hände. Er packte mich brutal am Kragen, verband mir die Augen und drückte mir eine Schale »Suppe« in die Hand: »Ussuffe!«, brüllte er – »Aussaufen!«. Zitternd vor Angst nahm ich einen Schluck und hätte dem Banditen beinahe vor die Füße gereihert. Die »Suppe« schmeckte wie eine Mischung aus Kaffee, Waldbeerjoghurt, Hundefutter und Haferflocken. Die anderen Täuflinge erzählten mir später, dass sie ihre Schale ausgeschüttet haben, als der »Priester« mal kurz wegsah. Ich hingegen war so eingeschüchtert, dass ich alles aufaß. Mein Wölfli-Taufschein auf den Namen »Okapi« war also teuer erkauft.

Fidels Tochter hatte es an diesem Wochenende deutlich besser. Sie bekam in der Kirche ein paar Tropfen Wasser auf die Stirn geträufelt – fertig! Prompt absolvierte sie die Zeremonie in bester Laune. Ihr Zwillingsbruder aber, gemeinhin als Sonnyboy geschätzt, begann wie am Spieß zu brüllen, als er an die Reihe kam. Religion war offensichtlich ein Bereich des Lebens, der bereits in jungen Jahren sehr unterschiedlich erlebt werden konnte.

Ich war überzeugt, dass die Massentauferei in Berlin die Machthaber im Vatikan bei ihrer Entscheidung, ausgerechnet Kardinal Ratzinger zum Papst zu küren, zumindest mit beeinflusst hatte. »Wir sind Papst!«, titelte die Bild-Zeitung voller Begeisterung. Und selbst ich konnte nicht klagen: Denn der »Papa Ratzi«, wie ihn die Berliner liebevoll nannten, schien ein feiner Kerl zu sein, dem der Erfolg nicht zu Kopfe gestiegen war: »Ich bin nur ein einfacher, demütiger Arbeiter im Weinberg des Herrn!«, sagte er nach seiner Beförderung zum Chef aller Katholiken. Wahrscheinlich war es kein Zufall, dass er nicht von einem Bierkeller oder einer Absinth-Destillerie sprach. Wein war eben eine ganz besondere Flüssigkeit. Schon Jesus hatte Wasser in Wein verwandelt und nicht etwa in Bier. Schade eigentlich. Wein galt als edler und glamouröser als Bier. Wer etwas von Wein verstand, gehörte nicht zur Unterschicht. Vorsorglich pilgerte ich zu einer Weinverkostung. Mein Kollege Fidel hatte zu einer kleinen »Betriebsfeier« der textschreiber die Nummer drei aus der Weinzauber-Branche, direkt nach Papa Ratzi und Jesus Christus, in unser Büro eingeladen. Sein Name: Herr Libelle. Ein schwäbischer Winzer, der sich erst in Berlin und dann in Ungarn niedergelassen hatte.

Man konnte viel lernen auf so einer Weinprobe. Ich hatte immer gedacht: Manche Weine schmecken sauer, andere süß. Von einigen kriegt man Kopfschmerzen. Und dann gibt es Weine, die säuft man weg wie Brunnenwasser und merkt gar nicht, dass man nur noch lallt. Solche Weine bezeichneten wir in Basel als »süffig«. Abgeleitet von »Suff«. Winzer Libelle aber lehrte uns ein gepflegteres Vokabular: Er habe »keinen großen Körper«, sagte er etwa über einen Wein, der nach nichts schmeckte. Von einem weiteren schwärmte er: »Ein Wein, der sich ernst nimmt.« Mir schmeckten die meisten Kostproben recht gut. Obwohl ich sonst ja Biere präferiere. Schon früh schwor ich auf Hopfenperle aus der Brauerei Feldschlösschen bei Basel. Ein Bier, das sich ernst nahm. Aber nichts gegen Wein! Wir kosteten und kosteten. Zum Beispiel den Tramini 2004, der im Beipackzettel als »leichtfüßig« beschrieben wurde. Ich fand ihn eher drehwurmfördernd. Wir kosteten auch den Kreuz-Neroberger, dessen Trauben am Nordhang des Kreuzbergs wuchsen, wie Winzer Libelle versicherte. Wow! Kreuzberg kann auf eine jahrhundertelange Weinbautradition zurückblicken, erzählte der Experte: Einst hieß die Kreuzbergstraße »Weinmeisterweg«, denn dort lebten die Winzermeister. Sie kämpften gegen Krähen, Staren, Spatzen. Jedes Jahr mussten sie beim Magistrat fünfzehn Sperlingsköpfe vorweisen. Jeder fehlende kostete einen Dreier in die Armenkasse. Landwein wurde hier gekeltert, Muskateller, Malvasier und Tintenwein. Die Qualität indes war umstritten. Volksmundlich sei folgendes Diktum überliefert: »Den musste in de Strümpe jießen, der zieht de Löcher zu«, erzählte Libelle. Der Rebensaft vom Kreuzberg löse Muskelkontraktionen aus und eigne sich daher, äußerlich angewendet, zur Behandlung von Durchfall. Immerhin aber wurde Wein vom heutigen Kreuzberg einst bis ins ferne Russland exportiert. Im 18. Jahrhundert aber erfroren die Kreuzberger Rebstöcke in einem besonders harten Winter – was das Ende einer großen Tradition einleitete. Denn die Armen tranken in Berlin künftig lieber billiges Braunbier und Branntwein, während die vornehmen Weinstuben Weine aus dem Burgund oder aus dem Rhein-Mosel-Gebiet kredenzten.

Doch am Nordhang des Kreuzbergs reiften seit einiger Zeit wieder Trauben, erzählte Libelle. Etwa zwölf Zentner jährlich – woraus immerhin rund vierhundert Flaschen Weißwein gekeltert wurden. Nichts gegen den Kreuz-Neroberger. Aber uns mundeten die kräftigen Weine aus Ungarn noch besser. Alkohol, in Maßen genossen, ist selbst in größeren Mengen nicht schädlich, wusste schon der Bergsteiger Anderl Heckmair. Die Stimmung wurde immer besser. Wir kosteten und kosteten – und wurden fröhlicher: »Die Weine da nehmensichalleernst, wa?«, lallte Franz und schenkte nach. »Ungarischer Wein, komm schenk mir ein ...!«

Da sang ja schon der Udo Jürgens drüber, oder? Überhaupt Ungarn: ein großartiges Land! »Ohne die Ungarn kein ›Wunder von Bern‹!«, sagte Toni mit dem Trenchcoat und schenkte die Gläser wieder voll.

Als die ersten Kollegen unterm Tisch lagen, wurde auch mir schwindlig. Jemand summte ein Lied des Berliner Barden Wolle Petry: »Das ist Wahnsinn, warum schickst du mich in die Hölle? Hölle, Hölle, Hölle, Hölle!« Ohne Wein kein Rausch – und ohne Rausch keine Spiritualität, dachte ich: Man denke an die Schamanen in Sibirien oder an die Klosterbrauereien und den Weihrauch bei den Katholen in Bayern! Wobei ich es früher ja eher mit den bibeltreuen Evangelen hatte. Als ich jünger war, stand auf meiner Bibel »Jesus lebt!« und ich war stolz darauf. Nicht alle meine Kumpels fanden das cool. Und ich machte mir Sorgen, wie ich nach dem Jüngsten Gericht das ewige Leben genießen sollte – ohne sie. Irgendwann in den achtziger Jahren beschloss ich, solch belastende Fragen zu verdrängen, aber hier in Berlin holten sie mich immer wieder ein. Doch wo zum Teufel war meine Jacke? Schwankend suchte ich die Gänge ab, entdeckte eine schwarze Daunenjacke, zog sie über und taumelte in die Nacht hinaus. Die kühle Luft tat gut. Langsam peilte ich die U-Bahn-Station Kottbusser Tor an.

»Wenn es Gott wirklich gibt«, las ich auf einem Werbeplakat, »wieso liebt er dann ausgerechnet DICH?« Eine Image-Kampagne für das Christentum. Mein Schädel dröhnte. Diese Stadt ist wirklich ein raues Pflaster, dachte ich. Denkbar waren hier auch Plakate mit dem Schriftzug: »Genau das Richtige für Verlierertypen wie DICH: Gott.« Da fiel mir auf, dass in der Jackentasche eine Geldbörse und ein Schlüssel steckten. Auch einen Personalausweis auf den Namen »Libelle« fand ich. Egal, dachte ich. Der Winzer würde sich schon bei mir melden.

Weiterhin hatte mich das Thema Religion fest im Griff. Schon weil christliche Glaubensgemeinschaften aus Berlin dem biblischen Missionsbefehl auch im Internet eifrig nachkamen. Die »Jesus Freaks« etwa versuchten es auf die sanfte Tour. »Wir handeln in Gottes Power und Reichtum!«, schrieben sie auf ihrer Website, und: »Obwohl viele mit Gott nix mehr anfangen können, wird Jesus die Rettung für viele sein und die Atmosphäre (nicht die CO_2-Konzentration!) dieser Stadt verändern!« Schade, dachte ich: Gegen den Treibhauseffekt schien also auch Gottes Sohn kein Rezept zu haben. Dabei wären die Menschen gerade in der Schwoobeland-Metropole auf einen innovativen und tatkräftigen Gott angewiesen. Dieses Wochenende zum Beispiel heirateten Freunde von mir. Der ehrgeizige Karl aus Hamburg und die reizende Sally aus Sydney. Ich hatte sie vor ein paar Monaten miteinander bekannt gemacht – und ein bisschen neidisch war ich schon auf Karl. Doch Heiraten war ein Schritt, der großen Mut verlangte, und davor hatte ich Respekt. Prompt kam ich zu spät zur Hochzeit. Die Kirche war rappelvoll und die Orgel orgelte. Ein Glück, dass nicht ich heiraten muss, dachte ich. Der Pfarrer hatte seine Ansprache unter das Motto »Man trifft sich im Leben immer zweimal« gestellt. Erstaunlich, denn in einer Ehe lief man sich doch in der Regel etwas öfter über den Weg. Das war ja gerade der Grund, weshalb manche Menschen von einem solchen Bund dann doch lieber absahen. Wahrscheinlich entschieden sich mein Kollege Franz und seine Freundin auch aus Angst vor solchen Ansprachen für eine rein standesamtliche Hochzeit ohne religiösen Überbau. Bei ihnen dauerte der ganze Schmus nur zehn Minuten. »Also«, sagte die Standesbeamtin zum Schluss. »Machen Sie das Beste daraus!« Dann klatschten wir alle und gingen wieder nach Hause. Seltsam, dachte ich: Irgendwie fehlt einem so ganz ohne Spiritualität auch etwas.

In dieser Monsterstadt jedenfalls wünschte ich mir immer häufiger Hilfe von oben. Neulich zum Beispiel quatschte mich eine Straßenlaterne an. Als sei ich ihr alter Freund, erzählte sie mir, dass sie sich mit Aids angesteckt habe: von Schmerzen, Medikamenten, Diskriminierung. Es ist gut, dass dieses traurige Thema mal wieder zur Sprache kommt, dachte ich. Doch wie kann sich eine Laterne anstecken? Da fielen mir ein Lautsprecher auf und ein kleines Hinweisschild: HIV-positive Menschen aus Berlin hatten ihre Geschichten auf Tonband gesprochen und an zwölf Orten der Stadt erklangen sie nun zum Welt-Aids-Tag aus Lautsprechern.

Froh war ich, dass die orangefarbenen Mülleimer am Kottbusser Damm nur schriftlich kommunizierten. Denn ihre Botschaft klang nervig und bevormundend: »sei umwelt – sei freundlich – sei berlin«. Wie sollte das denn bitte gehen? Wurde da etwa buddhistischer Fundamentalismus propagiert, mitten in unserem christlich-jüdisch-muslimischen Kulturkreis? Sollte man sein Selbst durch Meditation so weit auflösen, dass man vollständig zur Umwelt wurde? Mein Mitbewohner Theo klärte mich auf. »sei umwelt« bedeute: »Sei gut zur Umwelt!«, sagte er. Man möge also an seine Nächsten denken, den Nachbarn, den Baum am Straßenrand, den Laubfrosch, den Pitbull, die Kanalratte. Schön und gut. Aber klang »sei freundlich – sei berlin« nicht ähnlich überzeugend wie »sei souverän – sei rudolf scharping«. Ich dachte mir einen griffigeren Öko-Slogan für den Kottbusser Damm aus: »Schütz Umwelt – oder'sch mach disch Urban!« Möge er meine Mitmenschen sensibilisieren. Seien es nun Katholen, Evangelen, Muslime, Hindus, Atheisten oder Buddhisten.

Ich hielt es immer stärker mit »Nathan dem Weisen«: Die Weltreligionen sollten nicht gegeneinander arbeiten, fand ich, sondern das Gemeinsame betonen. Mein Mitbewohner Albert zum Beispiel war an spirituellen Fragen sehr interessiert, konnte aber weder mit den Katholen noch mit den Evangelen etwas anfangen. Er war ein Liebhaber Asiens. Neulich hatte er Geburtstag, und wir suchten nach einem passenden Geschenk. Das Problem war, dass Albert Besitz generell ablehnte. Selbst Bücher und CDs verschenkte er sofort weiter. Inzwischen besaß er kaum mehr, als das, was er am Leib trug. Asien, dachten wir – und schon hatten wir die zündende Idee: Ein Gutschein für eine Thai-Massage! Perfekt! Im Internet fanden wir unter diesem Stichwort jede Menge nackter Asiatinnen. Wahrscheinlich Buddhistinnen oder Hinduistinnen, so genau konnte man das nicht erkennen. Die sahen gut aus, aber wir hatten eigentlich eher an etwas Meditativ-Besinnliches gedacht. Auf einer Wanderung durch die Moabiter Schlucht der abgehackten Hand stach mir dann zufällig die »Siam«-Massagepraxis ins Auge. »Keine Erotik!« stand da klar und deutlich an der Eingangstür. Bingo. Wir überreichten Albert einen Gutschein für eine Ganzkörpermassage. Und er sagte, dass er sich sehr darüber freue. Leider fand er dann aber lange keine Zeit, hinzugehen. Albert hatte einen harten Job. Er arbeitete als Altenpfleger. Neulich sah er abends besonders fertig aus. Er konnte sich auf dem Sofa im Fernsehzimmer kaum mehr bewegen. Ich riet ihm, endlich mal den Thai-Massage-Gutschein einzulösen. »Da komm ich gerade her!«, japste Albert. Schien eine ziemliche Memme zu sein, mein Mitbewohner aus Bayern.

Die Thai-Massage sei älter als das Basler Münster. Sie habe eine 2500-jährige Tradition, stand im »Siam«-Prospekt. Wär doch gelacht, wenn das einem richtigen Kerl wie mir nicht guttun würde. Ein bisschen Angst bekam ich dann allerdings schon vor der Muskelknetefrau, und ich entschied mich erst einmal nur für eine Fußmassage. Die Frau war total nett. Als Erstes schleppte sie ein Becken voll Seifenwasser für meine Füße an. Hygiene war wichtig, keine Frage. Dann drückte die Thailänderin mir eine Auto-Bild und eine Bild der Frau in die Hand und verschwand wieder. Interessant. Viel später trocknete sie meine Füße wortlos ab, tauchte ihre Hände in weiße Salbe und knetete los. Manchmal kitzelte das, phasenweise war es sehr angenehm. Doch sobald sie gewisse Stellen an meinen Fußsohlen nur leicht streifte, fühlte sich das wie Messerstiche ins Rückenmark an. Immerhin: Geschrien habe ich nicht. Ein Basler Bergfex kennt keinen Schmerz. Immer virtuoser zog die Masseurin an meinen Zehen, rieb mit den Handballen an meinen Fersen und trommelte zwischendurch auf meinen Fußsohlen herum als wären es Bongos. Als sie aufhörte, fühlte ich mich wie neu geboren. »Weh getan?«, fragte sie. »Nur da, ganz ein bisschen«, ich zeigte auf eine Stelle unterhalb meines rechten kleinen Zehs. Die Dame machte ein ernstes Gesicht: »Das ist Milz«, sagte sie. Seither war ich etwas beunruhigt. Keine Ahnung, was die Milz so für Aufgaben hat. Hoffentlich nichts Wichtiges. Im Internet las ich, dass dieses Organ ein Spiegel der Seele sei. Oh Gott!

In Berlin galt vor allem die »russische Seele« als sexy, wusste ich, was dem Schriftsteller und Kulturveranstalter Wladimir Kaminer in die Hände spielte. Doch es schien nicht alles Gold zu sein, was glänzte. Auf einem Osteuropa-Kongress hörte ich den Vortrag eines deutschen Diplomaten über »die dunkle Seite der russischen Seele«. Was er erzählte, klang, als würde ein liebevoller Vater von seinem schwer erziehbaren Kind berichten. In welcher Farbe sich der Diplomat wohl die deutsche Seele vorstellte?, fragte ich mich. Angesichts der zahlreichen Mahnmale in Berlin.

Doch wie funktionierte die russische Seele wirklich? Meine Hypothese: Sie war eine Jukebox. Das ließ sich direkt nach der Veranstaltung mit dem Russland-Diplomaten experimentell bestätigen. Jeder Tagungsteilnehmer mit Wurzeln in der ehemaligen Sowjetunion bewies beim anschließenden Bankett eine Jukebox-Seele. Ob aus Sibirien, der Ukraine oder Georgien – alle sangen um die Wette. »Eto nasch!«, rief die Tiflis-Fraktion nach jedem Lied. »Njet, eto nasch!!«, protestierten die Russen aus Sibirien (Dieses Lied gehört uns! – Nein, uns!). Ein Kampf um das kulturelle Erbe der ehemaligen UdSSR. Auch Amanda, die ich zum Osteuropa-Symposium mitgeschleppt hatte, und ich wurden zum Singen aufgefordert. Sie war unschlüssig. »Born in the USA« erschien ihr nicht recht passend. Und ich war sowieso kein großer Sänger. Ein Rheinländer vom Nachbartisch gab schließlich »Es waren zwei Königskinder« zum Besten. Deutschland war gerettet! Ich beschloss, beim nächsten Treffen in diesem Kreis auch zu singen. Ein Volkslied aus meiner alten Heimat: »Mir Senne hei's luschdig, mir Senne hei's guet!« (Wir Alphirten haben es lustig, wir Alphirten haben es gut!) Danach würde der Russland-Experte sich wahrscheinlich auch über die dunkle Seite der Neuberliner Seele Sorgen machen. Und vielleicht würde er mir zu einer Seelentransplantation raten. Zum Glück gab es in Berlin nämlich Menschen, die eine Seele zu viel hatten. »Tja, da schlagen jetzt zwei Seelen in meiner Brust«, sagte Theo neulich bei einer WG-Sitzung zum Thema »Waschmaschinenkauf«. Wahrscheinlich war ihm eine Zweitseele zugewandert. Eine Fluchtseele aus Schwaben. Denn dort waren Seelen offensichtlich bedroht. »Eine Seele mit Schinken, bitte«, bestellte jedenfalls neulich ein junger Mann im Station Park, einer schwäbischen Cafeteria im Görlitzer Park. Erst war ich verwirrt. Als Kind hatte ich mir Seelen als weiße Rauchwolken vorgestellt, die nach dem Tod eines Menschen zum lieben Gott hinaufschweben. In Wirklichkeit aber waren Seelen offensichtlich längliche Brötchen mit Körnern drauf. Zumindest bei den Schwaben in Kreuzberg.

Mein Onkel Günther wohnte in den achtziger Jahren in Berlin. Am Schlesischen Tor, direkt an der Mauer. Damals war die DDR noch nicht Geschichte, sondern ein Land – und Westberlin eine Insel, mitten im Ostblock. Günther lebte in einem besetzten Haus, kannte alle Klubs und Kneipen von Kreuzberg und studierte nebenbei irgendwas. Wie ich ihn bewunderte! Er schlug sich die Nächte um die Ohren und schaffte es trotzdem, Architekt zu werden. Eines Nachts dann lernte er in einer abgerockten Bar mal wieder eine faszinierende Frau kennen. Sie stammte aus Gögglingen-Donaustetten – seinem Heimatort. Ein Jahr darauf wohnten die beiden gemeinsam in jenem Nest in Süddeutschland. Sie bekamen zwei Kinder und wurden sehr glücklich. So glücklich, wie man es in Schwaben eben werden kann. Was für ein Loser, der Günther, dachte ich häufig, wenn ich im Café Jenseits in Kreuzberg einsam mein Bier schlürfte.

Ungebunden zu sein war schön. Nur manchmal war man dabei ziemlich allein. Gerade im Winter in Berlin. Und der dauerte fast das ganze Jahr. Wohl auch deshalb hatte eine Berliner Künstlerin das Hilfsprojekt »Übernommen« gestartet. Einsame Berliner konnten sich seither von Großfamilien in Afrika adoptieren lassen, las ich im Stadtmagazin Zitty. Ursprünglich war das Ganze als virtuelles Kunst-Projekt gedacht gewesen. Doch die Resonanz war so groß, dass bald mit der realen Vermittlung begonnen wurde: Entwicklungshilfe einmal anders rum. Im vergangenen Winter flog die Künstlerin für mehrere Wochen nach Burkina Faso, las ich, und stellte in der Hauptstadt Ouagadougou die Fotos der einsamen Deutschen aus. Viele Passanten fanden die Idee mit der Adoption naheliegend: »Ihr wohnt ja ganz alleine. Da kann man sich ja nicht wohlfühlen!«, sagte eine Mutter aus Ouagadougou.

Die einsamen Schwoobe sollten allerdings nicht gleich zu ihren Adoptiveltern nach Burkina Faso ziehen. Erst einmal ging es um Brieffreundschaften. Die Integration in die Familie sollte in kleinen Schritten vorangehen.

Ich persönlich sehnte mich allerdings weniger nach einer Familie als nach einer Frau. Man lernte in Berlin ja leider nicht jede Nacht eine neue Flamme kennen. Klar hatte ich mich in Amanda verliebt, die rothaarige Schmuckdesignerin aus Florida. Aber irgendwie kam die Sache nicht recht ins Laufen. Ob ich den idealen Zeitpunkt bereits verpasst hatte? Ob sie mich schon unter der Rubrik »netter Kumpel« abgebucht hatte? »Berlin Woman, deine Haare sind wie Mauern«, sang Rocko Schamoni so treffend.

Doch das Single-Leben hatte natürlich auch seinen Reiz. Ich konnte immer genau das tun, wozu ich gerade Lust hatte. Und als ich neulich einen Kumpel besuchen wollte, sprach mich in seinem Hauseingang eine heiße Braut im Minirock an: »Darf ich dich ein bisschen verwöhnen?« Nicht übel, dachte ich. So direkt waren die Mädels in Basel selten gewesen. Dann stellte sich allerdings heraus, dass die langbeinige Grazie mit dem großen Busen finanzielle Interessen verfolgte.

Selbst mit meinen weiblichen Idolen hatte ich nicht immer Glück: Simone Borowiak, die vielleicht lustigste Satirikerin aller Zeiten, wurde plötzlich zum Mann. Sie hat sich einfach umoperieren lassen. Wahrscheinlich hatten die Gender-Forscherinnen an der Uni Basel also doch Recht gehabt mit ihrer Theorie: »Der Penis ist nur ein Konstrukt.« Immerhin war zumindest Chrissie Hynde noch die Alte, die Sängerin der Pretenders – seit nunmehr 28 Jahren. Zum ersten Mal sah ich sie 1985 im Joggeli-Stadion in Basel. Ich wurde sofort Fan. Chrissie Hynde sah zwar nicht so gut aus wie das Matterhorn. Aber sie war cool und ihre Stimme eindrucksvoll. Ich war stolz, dass sie genau am selben Tag Geburtstag hatte wie ich. Manche ihrer Bandkollegen hatten das Leben als Rockstars nicht vertragen. Einer der Ur-Pretenders soll zum Beispiel in der Badewanne ertrunken sein, so die Gerüchte. Jedenfalls musste sich Chrissie immer wieder neue Mitmusiker suchen. Ein ständiger Neuanfang, wie mein Leben seit dem Umzug nach Berlin. Wir hatten wirklich viel gemeinsam, die Chrissie und ich, dachte ich und bestellte noch ein Bier.

Fast täglich hörte ich die legendären Pretenders-Alben aus den achtziger Jahren. Einmal aber suchte ich in einem CD-Laden nach Neuerscheinungen: Ich hörte in einige CDs rein und entschied mich schließlich für das Pretenders-Album »Loose Screw« aus dem Jahr 2002. Doch als ich die CD zu Hause abspielte, waren Chrissie und ihre Band nicht zu hören. Die Anlage streikte. Bruce Springsteen, Nick Cave und Bob Dylan spielte sie hingegen nach wie vor ab. Ich hatte wirklich Pech mit den Frauen. Mein alter Basler Freund Schampe hingegen, der Glückspilz, freute sich bereits auf seine Hochzeit. Als Erster aus der alten Basler Clique. Eine Kirche, einen Termin und eine Frau dafür hatte er bereits gefunden. Dann allerdings wurde es harzig: Seine Flamme beklage sich ständig, er würde sich bei den Hochzeitsvorbereitungen zu wenig engagieren, erzählte er neulich am Telefon. Er sei schon so genervt, dass er sie mit Tiernamen beleidigt habe. »Vielleicht wird das alles nichts mehr«, grübelte Schampe. »Ich glaub, ich muss mir wieder ein Hobby suchen.« Ich hingegen war in der glücklichen Lage, vor lauter Hobbys nur noch sehr selten zum Grübeln zu kommen. Beim Aikido war ich inzwischen Schwarzgurt. Ich trainierte mehrmals die Woche und mein schwarzer Gurt wurde immer dunkler. Auch für König Fußball blieb genügend Zeit, aktiv und passiv: Neulich war ich sogar extra nach Hannover gereist. Mein Kollege Fidel war VFB-Fan, und als Geburtstagsgeschenk fuhr ich mit ihm zum Spiel Hannover 96 – VFB Stuttgart. Ein Grotten-Kick. Aber wir feuerten die trägen Schwaben und die linkischen Hannoveraner gleichermaßen an. Die Jungs taten uns leid, sie wirkten so abgespannt. Wahrscheinlich hatten sie Beziehungsprobleme. »Sport statt Liebe!«: Dieses Motto hatte einiges für sich, waren Fidel und ich uns einig. Die Verletzungsgefahr war zwar in beiden Sparten hoch. Aber der Sport bot deutliche Vorteile: Während alleine heiraten wenig Freude machte, kann man sich beim Joggen in der Hasenheide auch ohne andere Menschen wohlfühlen. Leider hatte Fidel dann allerdings keine Zeit mehr, mit mir Bier trinken zu gehen. Er wollte zurück zu seiner Frau.

Wenige Tage darauf geschah etwas Überraschendes. Auf einer Wanderung durch die Hasenheide, am Hügel, wo die drei Lamas lebten, lernte ich eine charmante, junge Frau kennen. Sie war Kindergärtnerin, als Touristin in Berlin und stammte – aus Basel. Es war Liebe auf den ersten Blick. Beim Rondell lud ich sie auf eine Bionade ein, zeigte ihr hinterher die schönsten Saumpfade durch den Bergmannkiez und führte sie schließlich bis zum Gipfel des Kreuzbergs. Noch vor Mitternacht lagen wir gemeinsam auf meinem Futon. Und am nächsten Morgen holte sie ihre Sachen aus dem Hotel und zog bei mir ein. Es war der Himmel auf Erden. Doch nach drei Tagen musste Yvette leider wieder zurück nach Basel. Ihr Urlaub war zu Ende. Ständig dachte ich an sie und rief sie täglich mehrmals an. Ohne Yvette konnte ich nicht mehr leben!, war mir klar. Bald darauf besuchte ich sie in Basel und es wurde ein wunderbares Wochenende. Wir beobachteten die Pinguine im Basler Zolli, badeten im Rhein und verbrachten auch sonst eine tolle Zeit zusammen. Drei Wochen darauf reiste ich wieder zu ihr hinunter und dann sehr bald erneut.

Sicher wären Yvette und ich sehr glücklich geworden. Aber: »Der Starke ist am stärksten ganz allein«, heißt es bereits in Friedrich Schillers Drama »Wilhelm Tell«. Ich brauchte meine Freiheit. So ähnlich jedenfalls ist es gelaufen. Eigentlich war es eher Yvette, die sich plötzlich eingeengt fühlte. Kurz gesagt: Es traten Probleme auf in unserer Distanzbeziehung. Daher reiste ich sofort nach Basel runter, um die Dinge wieder ins Lot zu bringen.

In meiner alten Heimatstadt war alles sehr übersichtlich: Wenn dich in Basel eine Frau verließ, war klar, dass sie am nächsten Tag mit deinem besten Kumpel zusammen sein würde und anschließend mit deiner Schwester. Auch aus diesem Grund war ich ja nach Berlin geflohen, grübelte ich im Trämli. Doch inzwischen behauptete selbst mein Freund Schampe, der alte Skeptiker: »Die Schweiz bewegt sich.« Und vielleicht hatte er ja Recht? Früher musste ich immer an der Trämli-Haltestelle »Mustermesse« umsteigen, um ins St.-Johann-Quartier zu fahren. Doch nun war offensichtlich alles anders. »Eksibischonsgwäähhh«, dröhnte eine Stimme aus dem Lautsprecher. Was war das? Ganz einfach: Basel hatte sich bewegt. Richtung Weltstadt. Die Haltestelle hieß jetzt »Exhibition Square«. Doch warum hatte sich die Schweiz plötzlich bewegt? Wahrscheinlich hatte Schampe damit zu tun. Der arbeitete inzwischen als Beamter bei der Schweizerischen Bundesverwaltung in Bern und war dort zum Voodoo-Zauberer geworden. Sein Lieblingswitz ging so: Treffen sich zwei Bundesbeamte gegen elf Uhr auf dem Gang. Fragt der eine: »Na, kannst du auch nicht schlafen?«

Schampe selbst hatte das Problem der Langeweile am Arbeitsplatz aber schnell gelöst. Einer seiner Kollegen im Amt war nämlich fanatischer Anhänger eines fremdenfeindlichen Schweizer Politikers. Er hatte sogar eine Christoph-Blocher-Gummipuppe auf dem Schreibtisch stehen. Schampe wiederum machte sich einen Spaß daraus, sich, sobald der Kollege aufs WC oder in die Pause verschwand, in dessen Zimmer zu schleichen und die Puppe mit Mikadostäben zu durchbohren: Voodoo-Zauber auf Schweizerisch. So machte die Arbeit wieder richtig Freude. Und Schampe behauptete, seit diesen Zeremonien im Bundesamt sehe der reale Blocher von Tag zu Tag matter aus. So hatte Schampe auf die alten Tage nicht nur eine Frau, sondern auch einen sinnvollen Beruf gefunden.

Endlich konzentrierte ich mich nun voll auf meine eigentliche Mission: die Rettung meiner Fernbeziehung. Erste Erkenntnis: Man sollte auch in solchen Extremsituationen immer ein Trämli-Billet kaufen (die Bahnfahrkarte Berlin–Basel kostete mit Super-Sparpreis 36,40 Euro, der Nahverkehr in Basel sechzig Schweizer Franken Strafe). Zweite Erkenntnis: Es empfiehlt sich, als Mitbringsel kein Kinderüberraschungsei zu erwerben, bloß weil am Bahnhof morgens um fünf noch kein Blumengeschäft geöffnet hat. (Das geht nur durch, wenn nicht sowieso schon Probleme aus dem Weg zu räumen sind.) Obwohl ich mal wieder alles falsch gemacht hatte, verbrachten Yvette und ich eine sehr schöne Zeit zusammen. So wie immer. Trotzdem wollte sie nicht mehr mit mir zusammen sein. Definitiv. Versteh einer die Baslerinnen!

Nichts gegen die Duft-Theorie der Chemikerin Sissel Tolaas und ihre »Befreiung der Nasen«. Aber Berlin duftete lange nicht so gut wie Yvette. Dafür sagte Berlin allerdings auch keine Sätze wie: »Ich bin mir einfach nicht sicher, ob meine Gefühle für dich stark genug sind.« Und zum Glück kam ich gerade noch rechtzeitig zur CD-Taufe der Band Britta wieder in der neuen Heimat an. Das Konzert war traurig und schön, und die Textzeile »Trennen kann man sich ja praktisch immer. Theoretisch«, sprach mir aus dem Herzen. Leider fiel mir dann allerdings auf, dass ausgerechnet ich mich ja gerade von niemandem mehr trennen konnte. Nicht einmal theoretisch. Nur in der Kunst fand ich Trost und Halt. »Wohin geht die Liebe, wenn sie geht?« Dieser spannenden Frage ging zum Beispiel Helmut »Kir Royal« Dietl in seinem aktuellen Film nach. Sein Fazit: Wohin auch immer sie geht – oft kommt sie plötzlich wieder zurück. Das tragische Liebespaar aus seinem Film etwa findet zumindest im Jenseits wieder zusammen. Es muss ein schöner Moment sein, wenn die Liebe zurückkehrt, dachte ich. Wo auch immer sie all die Jahre über gewesen sein mochte.

Hoffnung gab mir auch, dass Toni mit dem Trenchcoat bei einer Reportage auf Haiti neulich einen Zombie getroffen hatte. Der war beerdigt worden, so wie meine Distanzbeziehung mit Yvette. Doch nach einer Weile kraxelte er einfach wieder aus dem Grab. Zombies waren cool. Die ließen sich nicht unterkriegen. Manchmal malte ich mir im Büro aus, wie Yvette und ich eine Zombie-Beziehung führen würden, in ein paar Jahren. Und vielleicht gab es dafür ja wirklich Chancen. Denn in Berlin schien das Glück manche Menschen, die eisern an ihren Träumen festhielten, eines Tages zu belohnen. Menschen wie meine textschreiber-Kollegin Gerlinde.

Vor sieben Jahren hatte sie sich verliebt. In ein kleines, hübsches Sofa. Doch ihre Bekannte, in deren Wohnzimmer sie das Sofa entdeckt hatte, sagte: »Leider nichts für dich.« Das Stück war nämlich sehr teuer. Es kostete viele tausend Mark. Gerlinde war traurig. Sie suchte und suchte. Doch sie fand kein Sofa, das ihr ähnlich gut gefallen hätte. Sieben lange Jahre kaufte sie sich keine Couch. Aber wie das Leben spielte: Eines Tages zog ihre Bekannte um und erwarb ein neues Sofa, das größer war und farblich besser in die neue Wohnung passte. Gerlinde konnte ihr Glück kaum fassen.

Sie mobilisierte Fidel und mich als Träger. Fidel, weil er sehr gerne Auto fuhr, und mich wegen meiner Erfahrung im Umgang mit Sofas. Als ich vor Jahren bei einem Heftli in Zürich Praktikant war, musste ich nämlich oft solche Möbelstücke durch die Gegend tragen. In der Redaktion gab es zwei schwarze Ledersofas: eines hatte ein angesagter japanischer Designer entworfen, das andere nicht. Trotzdem sahen die beiden Teile sehr ähnlich aus. Im Büro des Chefredaktors stand das billige Sofa; im Stockwerk darunter, bei den Mode-Schicksen, das kostbare. Wenn wichtige Besucher zum Boss kamen, mussten die Sofas ausgetauscht werden. Das war mein Job.

Gerlinde hatte jetzt jedenfalls ein viel schöneres Sofa als der Zürcher Heftli-Chef damals. Und das gönnte ich ihr von Herzen. Zumal es sieben Jahre gedauert hatte, bis sie und ihre Couch zusammengefunden hatten! Eine magische Zahl. Sieben magere Jahre musste bereits das Volk Israel in der Bibel erdulden. Und wie sang Peter Maffay so schön: »Sieben dunkle Jahre übersteh'n ... sieben Mal wirst du die Asche sein, aber einmal auch der helle Schein!« In ein paar Jahren würde ich seit sieben Jahren in Berlin wohnen. Vielleicht gab es also tatsächlich noch Hoffnung, versuchte ich mich aufzumuntern. »Hoffnung? In der Liebe?«, sagte Toni mit dem Trenchcoat, der meinen Ausführungen im Café Jenseits schweigend zugehört hatte, und verzog das Gesicht zu seinem ironischen Grinsen. »Du als Schweizer kennst doch sicher die alte Weisheit aus den Alpen: »Das freie Klettern gibt dem Berg die reale Chance, sich am Menschen zu rächen.«

»Nur nach Hause,
nur nach Hause ...!«
Hängepartien durch die
Berliner Hochkultur I

Das mit Yvette tat weh. Kaum hatte ich eine ruhige Minute, musste ich an sie denken. Ich begann wie besessen umherzustreunen.
Wolkenkratzer, Mahnmale, Plattenbauten, Hügel, Seen, Wiesen,
Sakralbauten glitten an mir vorüber. Im Tiergarten ein paar Schwä-
ne lautlos auf einem Weiher. Momente aus meinen gemeinsamen
Wochen mit Yvette flackerten wie Blitzlichter auf. Ich wollte mich
nicht mehr erinnern! Tagelang hastete ich wie unter Drogen zu
Fuß kreuz und quer durch die Stadt. Hin und wieder machte ich
auf diesen Gewaltmärschen in einer Galerie Rast. Nicht nur, weil
es dort bei Vernissagen oft gratis belegte Brötli und Weißwein gab.
Auch aus Solidarität mit den Künstlern.

Vor langer Zeit hatte ich selbst davon geträumt, Kunstmaler zu
werden. Meine Vorbilder waren Chagall, Klimt und Hundertwas-
ser. Besonders gut konnte ich Abstraktes und Schlümpfe malen.
Aber so richtig kam ich als Kunstmaler dann doch auf keinen grünen Zweig. Immerhin hatte ich in Basel mal einen Mitbewohner,
der Künstler war. Er malte ausschließlich Kleckse. In braun, rosa
und orange. Und auch in Berlin kannte ich über meine Lieblingskollegin Cordula einen Kunstmaler persönlich. Er malte nie. Nicht
einmal Kleckse. Alle zwei, drei Monate besuchte ich ihn und schaute nach, ob er sein Gemälde »Mann mit Regenschirm« mittlerweile vollendet hatte. Die Leinwand war jedes Mal unberührt.
»Kunst kommt von Weglassen«, hatte ich mal in einer Fachzeit-
schrift gelesen. Wahrscheinlich arbeitete mein Bekannter nach
diesem Konzept. Kunstmaler schien jedenfalls ein sehr anspruchs-
voller Beruf zu sein, und ich war froh, dass mir das erspart geblieben war.

Einmal stieß ich an einer Hauptstraße auf eine lichtdurchflute-
te Galerie, in der gerade ein gewisser Neo Rauch aus Leipzig aus-

stellte. Den Namen hatte ich noch nie gehört. Doch seine Bilder waren konsumentenfreundlich: Keine leeren Leinwände, keine Kleckse. Man erkannte Menschen, Häuser und Fabriken. Dennoch war Herr Rauch kein Langweiler. Er mischte unterschiedliche Stile: Sozialistischen Realismus, Pop-Art und Surrealismus. »Ein ostdeutscher Dali«, flüsterte ein Kunstsammler seiner Begleiterin ehrfürchtig zu. Besonders gefiel mir das kleinste Bild in der Galerie. Da war ein Fliegenpilz drauf, hinter dem sich ein einsamer Soldat versteckte. Wie aus einem Märchenbuch. Leider konnte ich es nicht erwerben, denn alle Werke waren bereits verkauft.

Der Besuch einer Kunstausstellung konnte in vielerlei Hinsicht anregend sein, stellte ich später in einer Häuserschlucht hinter dem Bahnhof Zoo erneut fest: Frauen waren ja nicht immer leicht zu verstehen. Und weil ich diese Wesen besser kennenlernen wollte, dachte ich spontan: Gehste mal nackte Weiber angucken. Selbstverständlich nur im Museum: in der Helmut Newton Foundation. Die Akt-Fotos hatte Helmut Newton, ein berühmter Künstler aus Amerika, höchstpersönlich geschossen. Was ich nicht wusste: Es gab von Newton auch Selbstporträts mit grotesken medizinischen Apparaten, die – während eines Krankenhausaufentalts – wie Rastazöpfe an seiner Kopfhaut befestigt waren. Die Frauen sahen besser aus, aber die Selbstporträts waren so erschreckend wie komisch: eine eindrucksvolle Gratwanderung. Erst kürzlich war Helmut Newton gestorben. Und wie er ums Leben kam, passte wie die Faust aufs Auge. Er verunfallte in Los Angeles mit seinem Cadillac. Beim Einparken. Dieser Mann hatte wirklich Sinn für schwarzen Humor – und es war kein Wunder, dass er ausgerechnet in Berlin beerdigt wurde.

Irgendwann war ich so erschöpft vom Gehen und von der Kunst, dass ich einfach keine Kraft mehr hatte für meinen Liebeskummer. Ich versuchte, wieder zu arbeiten. Prompt fiel bei den textschreibern die Heizung aus. Herr Dachs, der Hauswart, hängte einen Zettel auf, dass der Schaden bald behoben werde. Dachs, ein beleibter Mann mit Schiebermütze auf dem Haupt und Zigarrenstummel im Mund, konnte man sich gut als Hochseekapitän vorstellen. Zum Beispiel auf der Titanic. In den nächsten Wochen schaute er gelegentlich vorbei, wenn wir bis in die späte Nacht schlotternd unsere Texte tippten. »Warm anziehen, Jungs und Mädels!«, rief er uns aufmunternd zu. Wahrscheinlich zog es mich dieser Tage deshalb so oft ins Theater. Die Berliner Schauspielhäuser wurden sehr gut geheizt.

»Theater muss nicht sein!«, war derzeit überall in Berlin auf Flugblättern zu lesen. Der Spruch war ironisch gemeint. Berliner Kulturschaffende wollten auf diese Weise gegen Sparmaßnahmen demonstrieren. Aber mal ernsthaft, musste Theater wirklich sein? Fakt war: Die meisten Leute gingen nie hin. Ich persönlich hingegen liebte das Theater sehr. Meine erste Aufnahmeprüfung an einer Schauspielschule hatte ich vor bald zwanzig Jahren gemacht, und zwar an der Hochschule der Künste in Berlin. Ich war extra mit dem Nachtzug zum Vorsprechen angereist. »Danke, das reicht!«, sagten die Experten nach etwa zwei Minuten. Ich hatte den Beckmann aus »Draußen vor der Tür« gegeben. »Das warst nicht du!«, kritisierte der Leiter der Jury. Und: »Zu wenig Körper.« Heute weiß ich: Bei Beckmann zappt jeder halbwegs normale Mensch sofort weg.

Viele Vorsprechen später wurde ich in der Schweiz an der renommierten SAZ aufgenommen. SAZ lautet das Kürzel für Schweizerischer Sex-Anzeiger, aber eben auch für Schauspielakademie Zürich. Ich habe auf dieser Akademie viel gelernt. Zum Beispiel: »Lass es einfach zu!«, oder: »Im Hintern sitzt der Klassiker.« Allein deshalb musste Theater sein – und zwar für immer. Auch wenn ich das Diplom nicht schaffte und die mich nicht mehr mitspielen ließen. Ärgerlich nur, dass Theater so teuer war, trotz aller Subventionen. Manche Menschen konnten offensichtlich besser Theater machen als mit Geld umgehen. Christoph Marthaler war da nur ein Beispiel. Vielleicht hätte auch aus Eberhard Diepgen, dem ehemaligen Berliner Bürgermeister, ein großer Intendant werden können? Ich dachte jedenfalls manchmal, die Theaterleute sollten in diesen schwierigen Zeiten von uns Medienfuzzis lernen: Wieso nicht zu jedem Premieren-Besuch eine Kaffeemaschine kostenlos anbieten? Oder dreimal »Käthchen von Heilbronn« zum Kennenlernen? Ganz ohne Abbestellen.

Am Samstag setzte ich endlich einen Plan um, den ich schon an meinem ersten Tag in Berlin geschmiedet hatte: Ich wanderte über den Alexanderplatz, die Steilwand des Prenzlauer Bergs hinauf – bis in den Stadtteil Pankow. Endlich hatte ich ihn erreicht, diesen Kultort, den Udo Lindenberg einst besungen hatte. »Ich muss mal eben dahin, mal eben nach Ostberlin, ich muss da was klär'n, mit Eurem Oberindianer ...« Eine E-Mail meines alten Freunds Ruedi Messerli aus Basel war der Anlass gewesen: »Heute Nacht spielen wir in Berlin! In der Garage Pankow!« Ruedi war jetzt offensichtlich Rockstar – so wie Udo Lindenberg früher. Und den Auftritt seiner neuen Band Erotic Maria konnte ich mir natürlich nicht entgehen lassen.

Ich hatte mir Pankow als graue Plattensiedlung vorgestellt. Stattdessen: prunkvolle, von Efeu umrankte Villen. Ausgehungert vom Wandern steuerte ich eine Pizzeria an. »Buona sera, signore!«, begrüßte mich ein braun gebrannter Kellner mit südländischer Herzlichkeit. Ich bestellte »una pizza margarita« und »una birra«. Da wurde der Kellner unsicher. »Pizza wat?«, fragte er. Er lerne erst seit zwei Wochen Italienisch. Später wollte er von meinem Halbwissen profitieren. »Was heißt Apfelsaft?«, fragte er. »Und wie sagt man ›Trinkgeld‹?« Offensichtlich schlüpften die Ossis gerne in fremde Rollen: »Kaum kommt man mal nach Brandenburg oder Meck-Pomm, beginnt auf dem Dorfplatz garantiert ein mittelalterlicher Gaukler Feuer zu spucken«, behauptete zumindest Toni mit dem Trenchcoat, der schon die ganze Welt bereist hat: »Oder die Einheimischen tragen Ritterrüstungen und bereiten über dem offenen Feuer ›Burgfräulein-Pfanne‹ zu.«

Prompt war auch das Gothic-Festival in der Garage Pankow ein einziger Kostümball. Die meisten Musiker und Fans waren in Neandertaler-Fellklamotten gehüllt und trugen Nietengurte um Hals und Hüfte. Der Bühnenraum war mit Totenschädeln und Knochen geschmückt. Nur meine Basler Freunde von der Band Erotic Maria waren eine Ausnahme. Sie kleideten sich urban und verzichteten auf Gebeine als Dekoration. »Gothic-Szene«, nenne sich der Menschenschlag hier, erklärte mir Ruedi an der Bar. Erotic Maria gehöre zwar eigentlich gar nicht in diese Sparte, aber die Fans schienen das nicht zu verstehen. »Gothic«-Leute seien manchmal »etwas eigen«, sagte Ruedi. Neulich auf einem Festival führte ein Mann seine Freundin am Hundehalsband durch die Gegend, erzählte er. Aber man könne sich seine Fans halt nicht aussuchen. In der Garage Pankow war die Stimmung jedenfalls super: Keine Menschen an Hundeleinen und die Mädels im Publikum feierten Ruedi und seine Band wie Weltstars. Ich persönlich fand das Konzert etwas laut. Aber das habe ich natürlich verschwiegen. Denn selbstverständlich war mir die alte Rockstar-Faustregel bekannt: »If it's too loud, you're too old!« Insgeheim war ich schon ein bisschen neidisch auf die Jungs von Erotic Maria. Um sechs Uhr früh fiel ich wie ein Stein ins Bett und träumte davon, auch Rockmusiker zu sein. Gemeinsam mit Yvette auf Welt-Tournee im Sonderzug nach Bangkok.

Ob das noch etwas werden würde mit mir und der Rockmusik? Bei der Dichterei kam ich ja nicht wirklich weiter. Und immerhin lebte ich jetzt in einer Musik-Metropole, in der bereits Leute wie Iggy Pop und David Bowie groß rausgekommen waren. Bereits als Kind hatte ich ständig Berlin-Songs im Radio gehört. Zum Beispiel »Kreuzberger Nächte sind lang«. Fürchterlich! Wie diese Polonaise: »Wir ziehen los, mit ganz großen Schritten / Der Erwin fasst der Heidi von hinten an die – Schulter.« Ein lautes, unkultiviertes Volk, diese Schwoobe!, dachte ich damals. Und als ich erfuhr, dass Kreuzberg in Berlin lag, beschloss ich, diese Stadt zu meiden.

Udo Lindenbergs Song »Mädchen aus Ostberlin« ließ sich geografisch leicht zuordnen. Diese Nummer schien mir aber ein bisschen zu sentimental. Bis ich eines Tages in Basel selbst ein Mädchen aus Ostberlin kennenlernte. Da war die Mauer zwar schon offen. Doch ich musste feststellen, dass die Interaktion zwischen Mann und Frau selbst ohne Eisernen Vorhang Schweiß und Tränen kosten konnte. Unter anderem bereitete uns die Politik Probleme. Mein Mädchen aus Ostberlin schwärmte ausgerechnet für die CDU.

Als ich eines Abends in der Kreuzberger WG in eine TV-Sendung über »die 30 tollsten Berlin-Songs« zappte, staunte ich: Ich erfuhr nämlich, dass die Gebrüder Blattschuss »Kreuzberger

Nächte« Ende der siebziger Jahre als Parodie auf Schlager-Musik aufgenommen hatten. Der Erfolg des Songs war nur ein Missverständnis gewesen. Wie so vieles im Leben. In der Zitty las ich kurz darauf von einer Veranstaltung im Schwimmbad Liquidrom: »Klassik unter Wasser – Baden in Händel und Barock«. Konnte das Zufall sein? Baden in Klassik war nicht zwingend für einen angehenden Rockstar. Und dennoch fühlte ich mich sofort total angesprochen. Denn früher war ich in Basel jeden Sommer täglich im Rhein geschwommen. Ich liebte das Wasser. Und nun bekam ich auf die alten Tage die Chance, in der Badehose zum Schöngeist zu mutieren. Jahrzehntelang war ich konsequenter Klassik-Verweigerer gewesen. Aber im Wasser würde es mir gelingen, meine Berührungsängste zu überwinden, dachte ich.

Die Leute im Bassin sahen dann auch alle sehr entspannt aus. Sie trieben auf dem Rücken auf dem Wasser, die Gliedmaßen weit von sich gestreckt, und lauschten andächtig den Klängen. Ihre Blicke wirkten entrückt, wie auf Madonnenbildern aus dem Mittelalter. Schien ein tolles Gefühl zu sein, in Klassik zu baden! Voller Neugier stieg ich ins Becken und hielt meine Ohren ins Wasser. Prompt erklangen Melodien aus den Unterwasserlautsprechern. Die Akustik war tadellos. Leider aber wurde ausgerechnet Händel gespielt, und seine Kompositionen entsprachen meinen schlimmsten Vorurteilen gegenüber klassischer Musik: lieblich, hübsch und nett. Wie ich Udo Lindenberg, AC/DC und die Trommeln und Pikkolos der Basler Fasnacht vermisste!

Immerhin war das Wasser schön warm und salzig, fast wie im Toten Meer. Doch sobald ich mich wie alle anderen auf den Rücken drehte, sanken meine Beine ab, als wären sie aus Blei. Dann schwappte mir auch noch eine Ladung Salzwasser in die Augen. Ich fragte einen Typen am Beckenrand um Rat. »Du bist nicht dick genug«, sagte der, »Fett schwimmt.« Dann aber erklärte er mir, wie sich Menschen ohne abdominale Ausstülpung helfen konnten: »So weit wie möglich ins Hohlkreuz gehen.« Eisern kämpfte ich gegen die Schwerkraft an. Immerhin bekam ich durch die körperliche Anstrengung die Händel-Mukke kaum mehr mit. Und noch etwas Positives geschah: In einer Ecke des Beckens begann ein Pärchen leidenschaftlich zu knutschen. Offensichtlich konnte klassische Musik auch aphrodisische Wirkung entfalten.

Wohl auch daher wagte ich mich gleich am nächsten Abend in die berühmte Berliner Philharmonie. Zum allerersten Mal. Bevor es losging, bekam das Publikum einen Vortrag über EDV zu hören. In der Philharmonie war nämlich gerade neue Technik installiert worden. Und mit deren Hilfe konnte man sich künftig jedes Konzert auch live im Internet anhören – theoretisch. Man brauche lediglich einige Zusatzfunktionen am Computer, erklärte der Fachmann auf der Bühne und gab Tipps, denen ich nicht folgen konnte. Als ich fast eingeschlafen war, kam als nächster Höhepunkt, gemeinsam mit dem Star-Dirigenten Simon Rattle, ein Funktionär der Deutschen Bank auf die Bühne getänzelt und hielt eine flammende Rede. Wortgewaltig machte er deutlich, warum sein »Haus« sich als Sponsor für diese »Investition in die Zukunft« betätigt habe. Wahrscheinlich meinte er das Internet-Übertragungs-Zeugs. Die Philharmoniker seien »international sehr gefragt«, schwärmte er. Überhaupt sei die Musik eine »Weltsprache«. Kein Wunder, dass die Deutsche Bank sich dem Orchester geistesverwandt fühle, führte er aus, denn auch sie sei ja bekanntlich international tätig.

Die Karten für das Konzert waren nicht billig gewesen und ich freute mich daher sehr, so gut über alle wirtschaftlichen Hintergründe informiert zu werden. Als die Musiker sehr spätabends doch noch zu spielen begannen, war ich allerdings bereits so ermattet, dass ich nicht mehr viel mitbekam, geschweige denn eine aphrodisische Wirkung. Die Idee von strategischen Partnerschaften aber schien mir grandios: In diesen ökonomisch schwierigen Zeiten sollten sich weitere Kulturinstitutionen ein Beispiel an der Philharmonie und der Deutschen Bank nehmen. Staatstheater könnten sich den »Zerbrochenen Krug« zum Beispiel künftig von der Manufaktur Meißener Porzellan mitfinanzieren lassen. Und für Henrik Ibsens Drama »Gespenster« ließe sich vielleicht die SPD als Co-Veranstalter gewinnen.

Kulturell wurde hier wahrlich einiges geboten. Die schönsten Wander- und Skigebiete allerdings lagen in Berlin leider nicht direkt vor der Haustür, musste ich mir bald eingestehen. Und was Gondeln und Bergbahnen betraf, war ich in der Schweiz halt verwöhnt gewesen. Mit dem Postauto kam man bei uns in jedes Kaff und mit Gondel oder Zahnradbahn auf jeden Gipfel. Dafür aber waren die Berliner »Öffis« auch in Basel berühmt. Ich hatte die Hymne noch genau im Ohr: »Fahr mal wieder U-Bahn! – Linie 1!« Sexy-Grufti-Bräute grölten sie gemeinsam mit plötzlich wie entfesselten Senioren. Es war in den späten achtziger Jahren am Theater Basel. Bambi, mein persönlicher Held im Musical »Linie 1«, sagte ständig zu allen: »Ey, ein Glück dass ihr mir jetroffen habt.« Natürlich war ich sehr gespannt gewesen auf den ganz realen öffentlichen Nahverkehr in Berlin. Auf die furiose Show, die in den Waggons rund um die Uhr geboten würde. Und in der Tat gab es viel zu entdecken. Auf den meisten Strecken hielten zwei Drittel der Fahrgäste Bierflaschen in der Hand. Und ständig priesen Mitreisende mit einer Stimme, als würden sie gerade verenden, Straßenzeitungen an: Motz, Stütze, Straßenfeger. Das mit der ständigen kollektiven Ekstase hingegen war offensichtlich nur ein Mythos. Gesungen wurde selten. Neulich jedoch, Sally aus Sydney und ich hatten gerade den Treptower Forst nach Hügeln abgesucht und dort stattdessen ein Monument der Roten Armee entdeckt, stiegen auf der Rückreise Jugendliche zu. Eine eigentümliche Mischung aus Punks, Hippies, Marsmenschen, Grufties und Fetisch-Liebhabern ergriffen vom Großraumwagen Besitz. Ein Pärchen setzte sich uns beinahe auf den Schoß. Die beiden guckten aus der Wäsche, als hätten sie gerade die gesamten Drogenvorräte Berlins eingenommen. Irmas Worte fielen mir ein. »Daugd's da leicht, wonda ana in die U-Bahn eini schbeibt?« Die beiden Teenager waren jedoch so mit Knutschen beschäftigt, dass sie gar nicht zum Reihern kamen. Wir ratterten gerade aus der Station Ostbahnhof, als einer der Jugendlichen sich Lederjacke und T-Shirt vom Leib riss, mit nacktem Oberkörper im Wagen auf und ab stolzierte und von seinen Höchstleistungen beim Gruppensex erzählte. Dann begann er uns anzupöbeln. Von wegen Klemmis und so. Sally und ich blickten stoisch aus dem Fenster. Ich fühlte mich wie ein alter Spießer aus »Linie 1«. Grauenvoll.

Nach gefühlten Stunden fuhren wir in den Bahnhof Alexanderplatz ein. Wir kämpfen uns aus dem Waggon. Erleichtert atmeten wir tief durch. Doch auf dem Bahnsteig, an dem wir auf den Anschlusszug warten mussten, kam die nächste Horde Teenager auf uns zugelaufen. »Nichts wie weg hier«, flüsterte Sally. »Wir nehmen ein Taxi. Kurzstrecke – für vier Euro. Man muss nur fragen.« Ein Glück, ey, dass ich sie getroffen hatte!

Ich winkte ein Taxi heran. Zur Nostitzstraße, bitte. Kennen Sie die?« – »Awa klar«, sagte der Chauffeur. »Wat gloobst'n du? Ick bin üba eene Million Kilometer hier jefahr'n. Da kennste allet in Berlin!« – »Toll. Wie lange fahren Sie denn schon Taxi?« – »Zwanzig Jahre. Früher war ick mal inner sozialen Hängematte. Dit war noch vor Hartz IV jewesen. Da wurde man noch jut mit Jeld versorgt vom Staat. Und so'n Kreuzberger Frühstück kostete ja nich viel. Kennste Kreuzberger Frühstück?« Ich schüttelte den Kopf. »Dit is'n großet Bier und 'ne Fluppe.« – »Muss man mögen.« – »Dit war'n Zeiten! Manchmal hamwa uns sogar'n Taxi jenomm' zum Sozialamt, so billich war allet in Berlin. Aber ehrlich jesagt: Die Faulenzerei wurde mir mitte Zeit langweilich.« – »Verstehe. Vom Taxifahren leben, stell ich mir allerdings hart vor.« – »Och, dit läuft super! Aus Marzahn und Hellersdorf zum Beispiel lassen die Jungs sich durch die Stadt nach Köpenick inne Disco kutschieren, in so'n anjesagten Schuppen. Die Fahrt kostet dreißig Euro, klar. Aber dit leisten die sich. Und zurück später nochmal. Da kannste jut vadien'!« – »Das hört man selten in Berlin.« – »Is aber wahr. Okeh, Ende der Neunziger, da jab's mal so'ne kleene Wirtschaftskrise. Da lief dit nich so doll. Aber seit der WM 2006 brummt der Laden.« – »Stimmt es eigentlich, dass Taxifahrer in Berlin ständig überfallen werden?« – »Hab ick ooch schon erlebt. Dit war lustich! So'n dubioser Fahrjast wollte, dass ick inne Sackgasse fahre. Sag ick: Da kommwa nich durch, is' zu. Und da hat der mich schon jewürgt, vom Rücksitz aus.« – »Wie schrecklich. Und dann?« – Zum Glück hab ick die Tür uffjekriegt. Dann hamwa uffda Straße jelegen, der uff mir druff. Und denn sind zwee Bodybuilder mit'n Kampfhund vorbeikomm'. Wer is hier der Taxifahrer?, hamse jefragt. Ick hab mir bemerkbar jemacht, und da ham die den Fahrjast fertichjemacht, kann ick dir sag'n. Zum Schluss ham'se noch jefragt, ob ick die Polizei brauche. Sach ick: Nö, sach ick, ihr habt dit ja janz jut erledicht. Dit war'n Abenteuer, wa?« Zumindest beim Taxifahren konnte man in Berlin also wirklich einiges erleben. Ich sah zu Sally hinüber, die ungeduldig zu sein schien. Und da fiel mir auf, dass wir noch immer nicht losgefahren waren.

Zu Kraftfahrzeugen hatte ich ein gestörtes Verhältnis. Schon meine Eltern waren Auto-Skeptiker gewesen. Erst im reifen Alter lernte mein Vater, ein solches Ungetüm zu steuern. Und in den Familiensommerferien auf Korfu steuerte er den Mietwagen dann prompt in eine Baugrube. Wir kletterten aus dem Loch und er versuchte, das Auto wieder rauszufahren. Gesteinsbrocken spritzten aus der Grube, sobald er den Motor startete. Der Wagen aber bewegte sich keinen Millimeter. Zum Glück kamen schließlich die Bauarbeiter aus der Mittagspause zurück. Als sie sich von ihrem Lachkrampf erholt hatten, hoben sie den Pkw lässig aus dem Loch. Beim Autofahren konnte man sich ganz schön zum Deppen machen, wusste ich seither. Auch darum habe ich wohl immer die Finger davon gelassen. Und schließlich hatten es viele Leute auch ohne Auto weit gebracht: Andy Warhol etwa konnte keinen Wagen lenken; und dass Mahatma Gandhi oder Mutter Theresa einen Führerschein gehabt hätten, wäre mir ebenfalls neu.

Doch vielleicht brauchte man ausgerechnet hier in Berlin tatsächlich Auto und Führerschein, um die Höhenzüge und Abgründe dieser geheimnisvollen Stadt schnell genug erreichen – und vor allem wieder verlassen – zu können? Begegnungen mit der jungen Generation waren nämlich nur ein Randproblem bei den Öffis. Vor allem fiel der S- und U-Bahnbetrieb ständig aus. Kaputte Bremsen, zu wenig Personal, Personen im Gleis – irgendwas war immer. Und das Taxifahren ging auf die Dauer ins Geld. Doch ich war eben der geborene Bergwanderer und Mountainbiker. Da hatte ich selbstverständlich Berührungsängste, plötzlich ein Motorfahrzeug zu steuern. Die Hardcore-Vegetarier aus meiner Wohngemeinschaft sagten, Kart-Fahren sei der ideale Einstieg. »Wir machen einen WG-Ausflug!«, schlug Oskar unternehmungslustig vor. Theo und Albert waren sofort auch dafür – und ich wurde überstimmt. Zum Geburtstag schenkten die drei Jungs mir eine Tageskarte für das Kartland im Stadtteil Reinickendorf.

Bald darauf saß ich in einem Rennwagen und musste den Kopf in einen bleischweren Helm zwängen. »Den Schal müssense abnehmen«, sagte der Instruktor im roten Overall. Ich könne mich sonst auf der Fahrt leicht strangulieren. »Und nicht zu stark beschleunigen am Anfang«, warnte er: In den Kurven sei es rutschig, man müsse die Reifen erst »heiß fahren«. Und wer »in den Autoreifen landet«, solle einfach ganz ruhig bleiben: »Wir holen euch da raus.« Ängstlich blickte ich zu den aufgeschichteten Lastwagenreifen hinüber, eine Art Leitplanken für Rennfahrer. Kart fahren sei »total easy«, sagte der Instruktor: links das Gas, rechts die Bremse. Oder umgekehrt, das konnte ich mir in der Eile nicht merken. Darüber hinaus müsse ich nur noch einige Flaggensignale beachten: Schwarze Flagge bedeutet irgendwas, rote und gelbe auch. »Gute Fahrt!«, rief der Instruktor und ging eine rauchen. Ich begann zu zittern. »Hallo, Hilfe!«, rief ich und ruderte mit den Armen in der Luft. Endlich kam der Mann im Overall zurück. »Sorry. Ich halt das doch nicht aus!«, flüsterte ich und wollte aus dem Wagen klettern. Doch ich steckte fest. Väterlich legte mir der Mann seine schwere Rechte auf die Schulter. Falls mir tatsächlich schlecht werde, könne ich einfach in die Boxengasse abbiegen, sagte er. Das muss der Ort sein, an dem sich die Boxenluder herumtreiben, dachte ich. Immerhin.

Ich gab Gas – und der Rennwagen raste los. Ich hielt mich ganz rechts außen, fuhr immer an den gestapelten Autoreifen entlang, relativ vorsichtig, mit etwa zehn Stundenkilometern. Motoren heulten auf. Albert, Oskar, Theo und Dutzende weitere Rennfahrer flitzten auf allen Seiten an mir vorbei. Mir wurde schwindlig, ich schwitzte, ich zählte die Minuten. Doch ich hielt durch. Drei volle Runden auf dem Trainingsparcours, ohne Unfall. Etwa zwölf Minuten insgesamt. Wie ein Weltmeister! Boxenluder sah ich leider keine. Trotzdem war es ein tolles Erlebnis. Kartfahren hat Ähnlichkeiten mit dem Kloputzen, dachte ich: Man hat ein gutes Gefühl – hinterher.

Manchen Menschen war offensichtlich schwer zu helfen. Zum Beispiel mir. Denn trotz der Erfolge auf der Kartbahn konnte ich mich dann doch nicht dazu durchringen, richtig Autofahren zu lernen. Dabei wurde jetzt auch noch gestreikt bei den Berliner Verkehrsbetrieben (BVG). Gewerkschafter kämpften um mehr Lohn. Gut so! Doch die U-Bahn-Fahrer und Ticket-Kontrolleure hatten bereits recht humane Verträge. Andere Leute hingegen malochten in Berlin für eine Handvoll Euro, zum Beispiel viele von uns textschreibern. Und gerade Kulturkritikerinnen wie Cordula verdienten jetzt noch schlechter, weil sie ohne U-Bahn die meisten Termine verpassten. »Lasst uns eine Ich-BVG gründen!«, schlug Franz vor. Sein Vorbild waren die sogenannten Ich-AGs: Ein-Personen-Betriebe für allerlei – von der »fahrenden Frisörin« bis zur »Kartenlese-Hexe« –, die im Schwoobeland staatlich gefördert wurden, um die Arbeitslosenstatistik zu schönen – und in der Regel wieder dicht gemacht wurden, sobald die staatliche Anschub-Förderung auslief. Franz, unser inoffizieller Betriebsrat, war ein Unternehmertyp. Wie geschaffen für Berlin. Ich war ängstlicher und beschloss, mich lieber nicht an der Firmengründung zu beteiligen.

Wochenlang kam ich immer und überall zu spät an. Ich kaufte mir ein neues Velo. Ein robustes, schnelles Mountainbike. Damit heizte ich durch die Stadt. Sogar über den Alexanderplatz, wo einen die Fahrradweg-Markierungen genau in die Rennspur für Autobahnraser dirigierten und sich dann plötzlich in Luft auflösten, traute ich mich zu fahren. Leider nur begann das sauteure Bügelschloss schon nach wenigen Tagen zu klemmen. Schwungvoll drehte ich den Schlüssel. »Krack!« machte es, und ich hatte nur noch einen Stummel in der Hand. Ich rief beim Kaufhaus an, in dem ich das Monsterschloss für fünfzig Euro erworben hatte. »Bringen Sie das Teil einfach vorbei; wir finden eine Lösung«, sagte der Verkäufer freundlich. »Und wie stellen Sie sich das vor?«, fragte ich. »Soll ich den Laternenpfahl absägen, an dem ich das Rad angeschlossen habe?!« – »Sie werden doch wohl noch so ein Schloss aufkriegen!«, spottete der Verkäufer. Mein Mitbewohner Oskar, der mich schon in der Causa Ochsenblut unterstützt hatte, war erneut die Rettung. Ein Freund zum Fahrräderstehlen! Er schleppte seinen Werkzeugkasten an und fummelte mit Springmesser, Schraubenzieher, Hammer, Eisensäge stundenlang am Monsterschloss herum. Erfolglos. Als es dunkel wurde, trotteten wir niedergeschlagen zur Autowerkstatt auf der anderen Straßenseite hinüber. »Bitte, helfen Sie uns! Es ist wirklich mein eigenes Fahrrad«, beteuerte ich. Doch die Dame am Empfang schien das nicht zu interessieren. Sie rief einen bulligen Mann mit Schnauz, der einen Bolzenschneider in den Pranken hielt, aus der Werkstatt herüber. »Krrrrack!« knackte er das Schloss. Dankbar gab ich dem Stiernacken zehn Euro Trinkgeld. Kurz darauf jedoch fiel Oskar ein noch viel besseres Fahrrad auf, das ganz in der Nähe an einem Laternenpfahl angeschlossen war. Dumm gelaufen, irgendwie.

»Na, wie geht's?«, fragte Karl später im Dietrich Herz, und warf mir einen prüfenden Blick zu. »Du siehst ganz schön fertig aus«, sagte er. »Vermisst du die Schweiz etwa noch immer?« Bevor ich ihm von meinem Abenteuer mit dem Fahrradschloss erzählen konnte, legte er seinen Trumpf auf den Tisch. »Hier im Norden gibt es auch Schweizen.« Ich zog mit dem Zeigefinger ein Augenlid nach unten. Aber Karl meinte es ernst. Mit dem Zug seien sie schnell zu erreichen. Am Wochenende werde er mir alles auf der Landkarte zeigen. Hektisch sah er auf die Uhr. »Verdammt. Ich muss los«, sagte er, »Termine.«

Mein Freund verinnerlicht den Habitus des Chefredaktors immer stärker, dachte ich, obwohl sein Lifestyle-Magazin, was den ökonomischen Erfolg betraf, noch immer jede Menge »Luft nach oben« hatte. Aber Karls Tipp mit den Nahziel-Schweizen klang natürlich verlockend. Zumal ich, vom Gehen und Velo-Fahren völlig entkräftet, immer ein großer Freund der Bahn war. »Der Kluge reist im Zuge«, warben die Schweizerischen Bundesbahnen einst. Ich sah das genauso. Die Bahn stand für Tradition. Insbesondere die Deutsche Bahn mittlerweile aber auch für Innovation: für die modernen Fahrkartenautomaten-Erklärer in Großstädten etwa und für die »mobile Brezelverkäuferin«. Bei der Bahn wurde man immer höflich behandelt, wusste ich, und jede Reise war ein Abenteuer. Mein Kollege Franz erzählte neulich zum Beispiel, dass er nachts irgendwo zwischen Münster und Osnabrück wegen einer Zugpanne aussteigen musste, um mit den anderen Fahrgästen bei Fackelschein durch den Schnee zu stapfen. Er lachte. »So was schweißt zusammen.« Im Anschlusszug sei dann über Lautsprecher folgende Durchsage erklungen: »Sehr geehrte Fahrgäste! Leider ist uns bei der Verspätungsmeldung dieses Zuges ein Fehler passiert. Unser ICE ist derzeit pünktlich unterwegs. Wir bitten um Entschuldigung.«

Bahn-Tickets kaufte man in Berlin besser nicht am Bahnhof, wusste ich von Toni mit dem Trenchcoat, sondern in einem kleinen Reisebüro namens Titanic. Dort waren sie meist billiger. Titanic Reisen war ein Kult-Laden. »Als wir 1988 begonnen haben«, erzählte mir die Gründerin, eine quirlige Dame mit Kurzhaarfrisur, waren wir drei Leute und zwei Telefone.« Sie selbst hatte Linguistik studiert, ihre Kollegen waren Taxifahrer. Jetzt, gut zwei Jahrzehnte später, gab es in Berlin sieben Filialen dieses Reisebüros, das die allgegenwärtige Katastrophengefahr bereits in seinem Namen deutlich machte. Ehrlichkeit zahlte sich eben aus in Berlin. Und die Mitarbeiter kannten wirklich jeden geheimen Trampelpfad durch den Dschungel der Bahn-Tarife. Wenn man etwa auf einer Reise über Hamburg nach Antwerpen beim Hamburger Hauptbahnhof ausstieg und hinterher am Dammtor wieder ein, dann konnte das ohne Weiteres fünfzig Euro sparen. Mir erschien das völlig absurd, aber ich war halt in Berlin. Einmal fanden die Experten von Titanic Reisen einen besonderen Nachtzug nach Basel im Computersystem: Wer sich mit dem zu fahren traute, bekam die Rückfahrt geschenkt. Ein paar Kilometer hinter Berlin kamen wir zum Stehen. Ein »gestörter Zug« sei vor uns auf dem Gleis

»liegen geblieben«, lautete die Durchsage. Als der fremde Zug nach zwei Stunden wieder fit war, kam es zu einer »Signalstörung« und anschließend stellte der Lokführer an unserem Zug eine »Getriebestörung« fest. Im Speisewagen wurden die ersten Freigetränke ausgegeben. Bei der Deutschen Bahn war der Kunde eben wirklich König.

Was ist der Hauptunterschied zwischen einem Basler und einem Berliner?, fragte ich mich häufig. Mein alter Freund Urs aus Basel, behauptete, das sei ganz einfach: »Schwoobe erkennt man an der Wurst in der Hand.« Wahrscheinlich hatte er Recht. Das Leben in Berlin sei zwar härter geworden in den letzten Jahren, klärte mich neulich ein türkischer Geschäftsmann auf. Deutschland sei aber immer noch ein schwerreiches Land: »reich an Wurst«. Und in der Tat: Eine hiesige Designfirma produzierte sogar Wurstteppiche. Die Bodenbeläge aus Wolle waren in den Ausführungen »Salami«, »Bierschinken«, »Mortadella« und »Blutwurst« erhältlich. Das SZ-Magazin wiederum ließ einen Künstler die Gesichter von Prominenten wie Boris Becker und Veronica Ferres aus Wurstscheiben nachbilden. Und falls er irgendwann ein Buch über seine Heimatstadt schreiben werde, vertraute mir ein Berliner Schriftsteller an, dann wisse er zumindest schon den Titel: »Currywurst fickt gut!«

Besonders die Gier der Berliner nach dieser Speise war offensichtlich weltberühmt: Neulich rief Schampe aus Basel an und verwickelte mich in ein Fachgespräch über die Kreuzberger Wurstbude Curry 36, von der er in einer TV-Reportage über Kultstätten erfahren habe. »Mit oder ohne Darm?«, werde man da immer gefragt, sagte Schampe. »Oder?« – »Korrekt«, sagte ich. Etwas sei im Fernsehbeitrag allerdings nicht klar geworden, sagte Schampe: »Ist der Darm bei ›mit Darm‹ um die Wurst rum oder in der Wurst drin?« Meine Vermutung lautete: drum herum.

Im Internet fand ich folgende Information: »Seit vielen Jahren ist Curry 36 eine feste Größe in der nächtlichen Imbiss-Szene. Das Fett brutzelt, der Mann am Herd witzelt, die Schlange ist lang.« Kein Wort über Darm. Das Web war eben ein völlig überschätztes

Medium, wurde mir einmal mehr deutlich. Ich beschloss, der Sache selbst auf den Grund zu gehen.

Die Schlange vor der Bude war in der Tat lang. Doch eine beleibte Dame am Grill mit fettverschmierter Schürze entschädigte für die Warterei. Sie reichte die Würste und Pommes so würdevoll über den Tresen, als serviere sie in einem Gourmettempel Jakobsmuscheln in Champagnersauce und wünschte allen Kunden herzlich »Bon appétit!«. Angetan verspeiste ich eine Curry mit Darm – drum rum, wie die frankophone Kellnerin prompt bestätigte –, umringt von einer Schar Currywurst-Touristen aus der Schweiz, die übers ganze Gesicht strahlten wie einst Zonen-Gabi mit ihrer ersten Banane. Obwohl auch meine alte Heimat ja alles andere als eine wurstfreie Zone war. In Basel gab es oft »Klöpfer mit Bürli«. Dabei handelte es sich nicht um eine Kombination aus Knallfrosch und kleinwüchsigem Bauern, sondern um eine Mini-Bockwurst mit Edel-Schrippe. Klöpfer wurde diese Wurst genannt, weil es so wunderbar »klöpfte« (knallte), wenn man sie am Spieß übers Lagerfeuer hielt und in der Hitze ihre Haut aufplatzte. Manche Schweizer verspeisten diese Würste auch gerne roh. Wer etwa in der Zürcher Innenstadt in einem Restaurant das Gericht »Waldfäscht« bestellte, bekam einen kalten Klöpfer mit Essiggurken, Zwiebeln, Senf und einer Scheibe Graubrot serviert. Zu einem Preis, für den man in Berlin das ganze Restaurant samt Personal hätte erwerben können.

Dennoch hatte Urs Recht: Die Schwoobe waren noch deutlich wurstverrückter als wir. Bei aller Liebe zum Klöpfer wäre wohl kein Schweizer jemals auf die Idee gekommen, Würsten ein Museum zu widmen. Anders die Berliner: Bei einer morgendlichen Wanderung entdeckte ich in bester Lage, gleich bei der Touristenfalle Checkpoint Charlie, ein Gebäude mit der Aufschrift »Deutsches Currywurst-Museum«. Ketchup aus Kunststoff quoll aus der Decke. Die weltberühmte Currywurst sei »ein Berliner Kind«, stand auf einer Infotafel: 1949 servierte Herta Heuwer an ihrer Imbissbude in der Kantstraße die erste: aus einfachen Zutaten, Wurst, Ketchup, Zwiebeln, Currypulver. Inzwischen futterten die Berliner jedes Jahr siebzig Millionen Stück weg. Auch über die

Zutaten der Sauce wurde im Museum Wundersames zutage gefördert: Curry zum Beispiel war ein Missverständnis. Auf Tamilisch
bezeichnete »Kari« alle Saucen, die Fleisch-, Fisch- und Gemüse-
gerichte verfeinerten. Die englischen Kolonialisten aber glaubten
im 17. Jahrhundert, ein exotisches Gewürz in den Saucen heiße so.
Was wir Schweizer und Schwoobe »Curry« nennen – zum Beispiel auf der Currywurst – heißt eigentlich »Garam Masala«. Und
aus Lautsprecherboxen in Ketchuptubenform erfuhr ich im hintersten Saal des Museums schließlich noch, dass auch das kulturelle Leben der Schwoobe ärmer wäre ohne die Currywurst. Ein
Song über dieses Gericht hatte zum Beispiel Herbert »Flugzeuge
im Bauch« Grönemeyer einst zum Durchbruch verholfen. Alles
Gute hat eben auch seine Schattenseiten, dachte ich. Außer Döner
Kebab – meine neue Leibspeise in Berlin.

Den besten Döner gab es bei Yusuf, an einer kleinen Bude hinter
dem Görlitzer Bahnhof. Yusuf war ein herzlicher Mensch. Meist beschränkten sich unsere Gespräche zwar auf: »Geht gut?« – »Muss«
oder »Welchsoss?« – »Bisschen Knoblauch, bisschen scharf.« An
meiner Lieblings-Dönerbude erfuhr ich aber zum Beispiel auch,
dass diese türkische Spezialität in Berlin erfunden wurde. Zumindest in gewisser Weise. Im Ursprungsland war Kebab ein Teller-
gericht. In Berlin-Kreuzberg aber boten Gastarbeiter aus Anatoli-
en das Fleisch vom Drehspieß in den 1970er Jahren erstmals im
Fladenbrot an, verfeinert mit Salatblättern, Tomate, Zwiebeln und
Sauce, als Zwischenverpflegung. Das meinte ich zumindest aus
Yusufs charmantem Kauderwelsch herauszuhören. »Du auch andere?«, fragte er mich manchmal. Anfangs dachte ich, er spiele auf
einen One-Night-Stand an. Doch er meinte mit dieser Formulierung: »Warst du auch an einem anderen Ort?« Beziehungsweise:
»Hast du am Wochenende auch einen Ausflug gemacht?«

Yusufs Döner-Bude wurde zu einem Fixpunkt in meinem Leben. Obwohl die kulinarische Auswahl in Berlin gigantisch war. In
dieser Stadt schien es mehr Restaurants, Imbissbuden und Kneipen zu geben als Einwohner. Im Umkreis von ein paar hundert
Metern wurden in Kreuzberg die gesamten Köstlichkeiten dieser
Erde feilgeboten: tibetisch, griechisch, japanisch, libanesisch, ame-

rikanisch, österreichisch, türkisch, russisch, indisch, italienisch, äthiopisch. Und die wenigen Menschen in Berlin, die noch weder einen Imbiss noch eine Gaststätte eröffnet hatten, trieben sich als wandelnder Bratwurstgrill in den Straßen herum. Nur, was Schoggi und Käse betraf, schienen die Berliner noch Nachholbedarf zu haben. In Suppenform hieß Käse bei uns in Basel »Fondue«, als erwärmter Klotz »Raclette« und wenn man ihn als Sauce über Röhrennudeln, Kartoffelstücke, Speck und Zwiebeln schüttete, nannte sich das Resultat »Älplermakronen«. Käse prägte in meiner Kindheit auch das Basler Stadtbild. »Figugegl!« war an vielen Plakatwänden zu lesen. Der Werbe-Slogan war die Abkürzung für: »Fondue isch guet und git e gueti Luune!« (Fondue schmeckt und macht gute Laune!) Das beste Fondue gab es bei meinem Schulfreund Dani. Seine Eltern, stolze Schweizer Patrioten, weihten mich in die Rituale der Fondue-Zeremonie ein, die ich bis dahin nur aus »Asterix bei den Schweizern« kannte. Ein lustiger Comic. Aber dass man – wie dort behauptet wurde – ausgepeitscht, mit einem Rohrstock geprügelt und anschließend in den See geworfen wurde, wenn einem beim »Dünkle« (Eintauchen) in die Käsesuppe das Brotstück von der Gabel rutschte, stimmte nicht. Zumindest bei uns in Basel nicht. Da gab es keinen See. Dani musste in solchen Fällen stattdessen immer seinem Vater einen »Schmutz« (Baseldeutsch für Kuss) geben. Um dieser Strafe zu entgehen, hätte er sich allerdings lieber mit einem Gewicht an den Füßen in jedem beliebigen Gewässer der Welt versenken lassen. Dabei war das gemeinsame Fondue-Essen traditionell ein Symbol der Einigkeit und des Friedens. Der Legende nach ging das Gericht auf die Zeit der Schweizer Reformations-Kriege zurück: Als das evangelische Zürich gegen die katholischen Innerschweizer kämpfte, soll im Jahr 1529 eine der beiden Kriegsparteien schließlich klobige Milchkessel an die Front geschleppt haben. Nach einer Weile gesellte sich der Feind dazu und brockte von seinem Brot in die Milch. Damit war der Krieg zu Ende. Im Laufe der Jahrhunderte, so die Legende, entwickelte sich aus dieser Friedenssuppe das heutige Fondue.

Kein Mensch brauchte die »Läckerli-Rösti«, die es auf dem 1. August-Fest in der Schweizer Botschaft zu Naschen gegeben hatte. Aber den Schweizer Bergkäse vermisste ich. Und natürlich Schoggispezialitäten wie Ragusa, für das die Schweizer Ski-Legende Heini Hemmi, der Riesenslalom-Olympiasieger von 1976, zur Zeit meiner Kindheit im TV geworben hatte: »Ragusa, s'muess halt eifach si.« Wenn es um Schokolade ging, waren wir Schweizer unschlagbar: Allein über die Ostertage futterten wir jedes Jahr rund 4100 Tonnen Hasen und Eier aus Schokolade weg. Mehr als ein halbes Kilo pro Person. Weltrekord! Doch die Menschen im Großraum Berlin holten zumindest auf, was ihre Gier nach Schoggi betraf: Unlängst hatten Banditen in einem Vorort der Metropole Hunderte Kilogramm Schokolade aus einem Nahrungsmittel-Recyclingbetrieb geklaut, stand in der Zeitung. Ob die Diebe mit ihrer Beute glücklich werden würden, schien allerdings fraglich. Die Pralinen waren nämlich uralt und zur Weiterverarbeitung als Futtermittel für die Schafzucht bestimmt gewesen. Den Schwoobe fehlte bei der Schoggi halt unsere jahrhundertelange Tradition. Schon daher ließen sich bei diesem Thema selbst die Menschen in der Metropole viel zu schnell von irgendwelchem Schoggi-Schischi-Zeug beeindrucken.

Derzeit redete die ganze Stadt über »Lulu Schokoladen«, ein elitäres »Kakao- & Schoko-Feinkostgeschäft« im Prenzlauer Berg. »Wir führen keine einzige Schweizer Schokolade«, sagte der Besitzer, als ich mich als Basler vorstellte. Offensichtlich war er auch noch stolz auf diesen Missstand. Dafür verkaufte der glattrasierte Mann mit den hohen Wangenknochen und der Popper-Frisur unter anderem Schokoladen aus Österreich. Zum Beispiel mit Sellerie-Füllung. Von Ragusa hingegen hatte das Schoggi-Greenhorn aus dem Prenzlauer Berg noch nie gehört. Sein Fetisch waren Schokoladen mit möglichst hohem Kakao-Anteil: Besonders empfahl er eine kleine schwarze aus Italien mit siebzig Prozent Kakao und Chili-Pulver drin. Echt scharf! Sie brannte auf der Zunge und kostete drei Euro. Für den Preis hätte ich in Basel zwei Tobleronen gekriegt, dachte ich wehmütig. Auch Milchschokolade hatte bei Lulu Schokoladen einen fast beängstigend hohen Kakao-Anteil: rund sechzig Prozent. Mehr als jede Schoggi, die ich aus meiner alten Heimat kannte. Allzu übel schmeckte das Schischi-Zeug aus dem Prenzlauer Berg allerdings auch wieder nicht, stellte ich überrascht fest. Ein bisschen wie Kochschokolade. Wahrscheinlich gab es den Kunden das Gefühl, ein gutes Werk zu tun, wenn sie solche Produkte kauften. Ähnlich wie bei Vollkornspaghetti und Tofu-Schnitzeln.

Seit meiner nächtlichen Taufe bei den Wölfli in Basel bedeutete mir die visuelle Kontrolle über alles, was ich zu mir nahm, viel. Schon aus diesem Grund war ich skeptisch, als mir Oskar aus der Hardcore-Vegetarier-WG vom Berliner Dunkelrestaurant Nocti Vagus erzählte. In diesem Schuppen konnte man offenbar richtig vornehm in der Dunkelheit speisen: Fünf-Gänge-Menüs. Irgendwie reizte mich dieses Spiel mit dem Feuer schließlich doch, und ich reservierte einen Tisch. Die Kellnerinnen und Kellner waren hier alle blind – und daher »Experten der Dunkelheit«, stand in der Werbebroschüre, die vor dem Eingang verteilt wurde. Die Köchinnen und Köche zum Glück aber nicht.

Meine persönliche Kellnerin führte mich unter einem schwarzen Baldachin hindurch in einen stockdunklen Saal. An ihrer Hand erreichte ich eine Tafel, und sie war mir beim Hinsetzen behilflich. »Gleich kommen Ihre beiden Tischdamen«, sagte sie verheißungsvoll. Dann servierte sie mir als Aperitif erst einmal ein Schwarzbier und erklärte, dass hier im Nocti Vagus – zu Deutsch »nachts umherschweifend« – ausschließlich »aphrodisische Speisen« serviert würden. Sozusagen Viagra aus dem Kochtopf.

Beeindruckend, wie die blinde Kellnerin mich in dem riesigen Saal jedes Mal wiederfand. Leider kamen die versprochenen Tischdamen dafür doch nicht. Zum Glück aber brauchte man das hier zumindest nicht persönlich zu nehmen. Man wurde ja ohnehin nicht gesehen. Als ersten Gang gab es Erdbeeren mit Kaviar. Spontan erinnerte mich das zwar an meine Taufe bei den Wölfli. Aber die ungewohnte Mischung schmeckte erstaunlich lecker. Anschließend servierte die Kellnerin Gnocchi mit Rehmedaillons. Herrlich! Ärgerlich nur, dass ich es nicht schaffte, das Fleisch im Dunkeln klein zu schneiden. So hatte ich alles in drei Bissen heruntergeschlungen. Neugierig lauschte ich, was im Saal sonst so vor sich ging: An den Nebentischen unterhielten sich Damen und

Herren gepflegt über Politik und Literatur. Entweder wirkte das Feinschmecker-Viagra bei denen auch nicht oder sie wussten sich perfekt zu beherrschen.

Was die Paarungsanbahnung anging, schien das Dunkelrestaurant also wenig zu taugen. Obwohl Liebe doch bekanntlich durch den Magen geht.

Zum Glück hatte ich Freunde in Berlin, die mich ständig auf interessante neue bewirtete Almen aufmerksam machten. »Schau doch mal bei der Grünen Woche vorbei«, schlug Cordula vor: »Heute ist dort Tag der Kartoffel!« Mir war neu, dass ein solcher Ehrentag überhaupt existierte. Aber Cordula arbeitete jetzt beim Nachrichtenkanal Inforadio, wo man automatisch zur Info-Elite gehörte. Nichts wie hin also! Ich war nämlich ein großer Freund der Kartoffel. Leider wussten die Aussteller auf der Nahrungsmittelmesse im Internationalen Congress Centrum dann allerdings gar nichts von einem »Tag der Kartoffel«. Immerhin entdeckte ich an einem Stand des Gastlandes Österreich eine Kartoffel-Salbe. Eine fröhliche Holländerin – »Isch wohne awa in Kärnten!« – cremte mir die Hände ein und schwärmte von dieser Salbe wie von einem Jungbrunnen. Die Ösis hatten auch Murmeltieröl gegen Gliederschmerzen im Angebot. Zur Herstellung dieses Heilmittels kochte man Murmeltiere, bis ihr Körperfett flüssig wurde. Dieses Präparat aus den Bergen hätte ich mir, zur Behandlung meiner Gliederschmerzen von den Gratwanderungen durch Berlin, fast gekauft. Lediglich die vielen Greise am Stand schreckten mich ab.

Eine wundersame Welt, diese Nahrungsmittelmesse. Ich dachte immer, die Grüne Woche sei ein Event für biologisch-dynamische Kohlrüben, Jute statt Krieg, glückliche Hühner – und eben Edelkartoffeln. Die meisten Besucher futterten aber Currywurst und becherten Korn und Bier. Immerhin trugen die Hostessen, die Infobroschüren verteilten, knallgrüne Perücken. Und die Aussteller aus der Schweiz hatten sich etwas Ironisches zum Thema Ökologie einfallen lassen: Plastik statt Jute! Reizende rote Plastiksäckli mit einem Schweizerkreuz drauf. Auch was die Völkerverständigung betraf, ging hier einiges: Jeder Besucher des Standes konnte fünf Wörter Schweizerdeutsch lernen. »Chueh« (Kuh) lautete die erste Lektion, und man konnte für nur drei Euro ein T-Shirt mit dieser Aufschrift erwerben. Selbst im multikulturellen Kreuzberg hatte ich noch nie ein »Chueh«-T-Shirt gesehen. Schade nur, dass die Ösis zehn Mal mehr Platz bekommen hatten als die Schweiz. Dabei waren die Angebote beider Länder recht ähnlich. Etwa »Ferien auf dem Bauernhof« (CH) und »Urlaub am Bauernhof« (Ösiland). Wahrscheinlich hatten die Österreicher wieder mal ihren Charme spielen lassen. Am frühen Nachmittag dann lud mich die dralle, holländische Ösi-Schönheit zum »Wein-Verkosten« ein und säuselte: »Vielleicht wird ja mehr draus?« Tja, da wurde ich natürlich etwas verlegen. Später kriegte ich heraus, dass die Dame darauf spekulierte, dass ich ganz viel Wein kaufen würde.

Vom Rebensaft gestärkt, wanderte ich weiter durchs Großstadtgebirge: dreispurige Hauptstraßen entlang, über Kreuzungen, durch Parks und Alleen – bis nach Schöneberg, wo ich um sieben verabredet war. Heute war nämlich der große Tag: Amanda, meine Lieblingsneuberlinerin, auf die ich mich seit Wochen gefreut hatte, war wieder back in town. Das Wetter war gut und ich malte mir aus, wie ich mit ihr bald die weite Welt bereisen würde. Zum Beispiel Lateinamerika, woher einer der Helden meiner Kindheit stammte. Der Bär Paddington, den Familie Brown einst auf einem Londoner Bahnhof fand, soll »im dunkelsten Peru« geboren sein. Und noch immer fühlte ich mich in Großstädten manchmal fremd und klein wie er und würde mir am liebsten auch ein Schild um den Hals hängen: »Please look after this Bear. Thank you.«

Über Peru, die Heimat Paddingtons, brachten Amanda und ich in Schöneberg dann prompt einiges in Erfahrung. Der Mann, der uns dieses Land schmackhaft machte, war blond und trug einen Schnurrbart. Er war in Peru aufgewachsen, hatte 22 Jahre dort verbracht. Der freundliche Eismann in der weißen Schürze empfahl Amanda, die braungebrannt vom Urlaub am Meer noch viel schöner war als sonst, und mir grünliche Eiskugeln. »Lúcuma«, flüsterte er, und seine Augen funkelten. Das Eis fühlte sich auf der Zunge leicht pelzig an und dennoch angenehm. Das Aroma erinnerte entfernt an Walnuss, war aber viel leckerer. Lúcuma-Eis werde aus einer Andenfrucht gleichen Namens hergestellt, erzählte der Eismann. Und in Peru sei es die mit Abstand beliebteste Sorte. Auch er selbst, ein gelernter Bierbrauer, sei hingerissen gewesen. So sehr, dass er sich entschieden habe, auf Eismann umzusatteln und Lúcuma auch in Deutschland bekannt zu machen. Viele der mehr als zwanzig Sorten, die er nun in seinem kleinen Salon »Inka-Eis« anbot, hatte der Autodidakt direkt aus Lateinamerika übernommen. Andere, wie etwa das Eis aus den Früchten des peruanischen Johannisbrotbaums, waren seine eigene Erfindung. Amanda und ich verspeisten gemeinsam noch fünf Kugeln Lúcuma-Eis. Und vielleicht lag es am Zauber Perus: Wenige Minuten darauf küssten wir uns zum ersten Mal. Ich hatte seit Monaten davon geträumt – und schon lange nicht mehr daran geglaubt. Als ich Amanda später fragte, ob sie damit gerechnet hatte, dass wir eines Tages ein Paar würden, lächelte sie und sagte: »I don't know.«

Von jenem Nachmittag an sahen wir uns fast täglich. Wir guckten uns auf Video David-Lynch-Filme an und »Das gefrorene Herz«, einen wunderbar traurigen Film aus der Schweiz. Amanda kochte für mich raffinierte Speisen aus ihrer Heimat. Zum Beispiel Pancakes mit Ahornsirup oder Truthahn in Coca-Cola-Sauce. Und ich brachte ihr von meinen Wanderungen durchs Großstadtgebirge immer Blumen mit. Als bald darauf Freunde von ihr aus London zu Besuch kamen und gepflegt essen gehen wollten, hatten wir sofort tausend Ideen. »Wie wär's mit peruanischem Eis? Oder lieber äthiopisches Gulasch im Fladenbrot? Garnelen-Suppe aus Thailand? Oder bei Yusuf den besten Döner der Welt kosten?« Doch die Briten interessierten sich für »Real German Food«. Ausgerechnet. Ich war ratlos. Meine Kumpels aus Basel hatte die Schwoobe-Küche nie interessiert. »Currywurst!«, schlug ich vor. Doch das war den Briten nichts. Das Internet half mal wieder keinen Schritt weiter. »Die sogenannte deutsche Küche gibt es nicht«, fand ich bei Wikipedia. Meine textschreiber-Kollegen wussten es besser: »Geht in die Henne, schlug Fidel vor, »Max und Moritz!«, rief Franz – die Restaurant-Vorschläge prasselten nur so auf mich ein. Das Problem: Bei der Henne in Kreuzberg musste man Jahre im Voraus reservieren. Und im Max und Moritz war ebenfalls bereits alles ausgebucht. Auch die nette Kneipe Zum Schusterjungen an der Danziger Straße, die noch aus der DDR-Zeit stammen sollte, war voll. Ich rief in den Schwarzwaldstuben in Mitte an: »Keine Schangse.« Deutsche Küche schien in Berlin der Burner zu sein!

Gerettet haben uns schließlich die Ösis. Im Jolesch gab es noch einen Tisch. Er sei zwar direkt vor der Eingangstür, klärte mich die Kellnerin auf. »Aber is eh wurscht, gell?« Es machte wirklich nichts aus. Das original österreichische »Real German Food« kam bei den Gästen aus London super an. Besonders die Marillenknödel. Fast genauso lecker wie Fondue, musste ich zugeben. Ein Wunder! Und mindestens so nahrhaft. Am nächsten Morgen erlebte ich das nächste Wunder: Ein Knödel blickte mir aus dem Spiegel entgegen. Einer auf zwei Beinen.

Ich war glücklich mit Amanda. Und doch war mein Leben ein bisschen aus der Bahn geraten in letzter Zeit. Zu oft hatte ich die Gondel genommen, statt zu wandern, zu wenig trainiert und zu schwer gegessen. Ich fühlte mich schlapp, schlapp, schlapp. Nun wollte ich endlich wieder bergtauglich werden! Auch wenn Amanda nur grinste, als ich ihr von diesem Plan erzählte. Das Sonderangebot zum Fitness-Check, das neulich in der Post lag, kam wie gerufen. Der Coach im Sportzentrum Topp in Neukölln schloss mich an elektronische Geräte an, verschwand und kam nach etwa einer Stunde mit den Ergebnissen aus dem Labor zurück. Fazit: Wenn ich ein Schwein wäre, würde ich überhaupt nichts taugen. Für den Kilopreis von Mastschweinen war nämlich der »Magerfleischanteil« entscheidend. Und da kam bei mir zu wenig zusammen. Als Auto hingegen wäre ich eine Wucht. Ich hatte einen ziemlich niedrigen Grundverbrauch, sagte der Topp-Fitnesstrainer: Nur 1673 Kilokalorien verbrannte ich pro Tag, solange ich mich überhaupt nicht bewegte. Das hatte seine Spezialwaage angezeigt. 1673 Kilokalorien entsprächen ziemlich genau dem »Nährwert von drei Litern Bier«, sagte der Fitnesstrainer. Perfekt, dachte ich. Doch je niedriger der »Grundumsatz« eines Menschen war, lernte ich, desto schneller wurde er fett. Mein Körperfettanteil betrage 16,3 Prozent, sagte der Fitnesstrainer. Besser wären zehn. Mein Wert sei aber noch »relativ normal«. Man könnte auch sagen: mittelprächtig. Fast alle meine Werte waren Mittelmaß. Sogar mein Muskelanteil sei »ziemlich durchschnittlich«, sagte der Fitnesstrainer. Dabei war mir bisher nie aufgefallen, dass ich so etwas überhaupt hatte. Er gab mir gute Tipps: »Bewegung, Bewegung, Bewegung. Und immer viel Wasser trinken.« Hat meine Oma selig auch schon gesagt, dachte ich. »Zum Abschluss könnten wir noch einen PWC-Test machen«, schlug der Trainer vor. Dabei werde gemessen, wie viel Watt Energie ich pro Kilogramm Körpergewicht produziere. »Ich muss los!«, hörte ich mich plötzlich schreien.

Zum Glück lebte ich genau in der richtigen Gegend des Großstadtgebirges, um endlich wieder fit zu werden. Nicht nur, dass rund um das Kottbusser Tor die meisten Männer ihren Alltag im Trainingsanzug meisterten. Dieser Kleidungsstil schien Ausdruck einer tief in der Seele der Bewohner von Neukölln und Kreuzberg verankerten Affinität zur physischen Fitness zu sein. Körperliche Ertüchtigung hatte in diesen Gefilden eine große Tradition. Das legte auch die Ausstellung »Neukölln bewegt sich« im hiesigen Heimatmuseum nahe. Friedrich Ludwig Jahn – der als »Turnvater Jahn« in die Geschichte einging – hat dem Stadtteil im frühen 19. Jahrhundert seinen Stempel aufgedrückt, erfuhr ich dort. Er war ein Visionär, der die Vorzüge der Leibesübungen früh erkannt hatte. »Das Vergeuden der Jugendkraft durch entmarkenden Zeitvertreib, faulthierisches Hindämmern, brünstige Lüste wird aufhören«, schrieb er. Und in der Neuköllner Hasenheide, diesem idyllischen Park hart an der Grenze zu Kreuzberg, in dem sich Familien mit Kindern und Dealer tummelten, richtete er 1811 den ersten Turnplatz ein. An diesem Mann würde ich mich künftig orientieren.

Bald darauf stand ich täglich nackt im Sand, mitten in Berlin. Sogar den Fernsehturm konnte ich vom Sportfeld aus sehen. Sonst war ich nicht der Typ, der sich in aller Öffentlichkeit auszog. Aber nach meinem ersten Strandvolleyball-Versuch in BeachMitte konnten wir in der WG überall Sandburgen bauen. Das war bei den Hardcore-Vegetariern ähnlich schlecht angekommen wie ein Spanferkel im Kühlschrank. Daher stellte ich mich nach dem Spiel jetzt immer nackt unter den Gartenschlauch, so wie die alten Hasen hier. Hinter mir hatte sich bereits eine lange Warteschlange von schweißverklebten, eingesandeten Nackedeis gebildet. Sie sahen aus wie Vanillegipfeli.

Mein Teamkollege, der asketische Albert, strich noch das Spielfeld mit einem Rechen glatt, damit die nächsten Mannschaften nicht in die Krater stürzten, die unsere wilden Spielzüge in den

Sand gerissen hatten. Wir hatten gekämpft wie die Löwen, waren mit 8:0 davon gezogen, hatten in der Schlussphase noch einmal alles gegeben. Am Ende stand es 9:11 für die Gegner. Aber egal. Strandvolleyball machte süchtig. Beim ersten Mal hatten wir uns noch einschüchtern lassen. Stolze Athleten mit braun gebrannten Luxuskörpern waren am Mitte-Strand klar in der Überzahl. Doch auf einigen Spielfeldern erspähten wir auch schmalbrüstige Bürohelden mit blasser Haut sowie tapsige Freaks mit verwilderten Mähnen. Und nach einer Weile deckte der Sand gnädig alle ästhetischen Unterschiede zu. Ich fasste neuen Mut. Bald entwickelten Albert und ich auch einen Blick für die taktischen Feinheiten des Spiels: Nach offiziellen Regeln durften beim Beachen (so sagen die Berliner zu Strandvolleyball) jeweils nur zwei Leute in einer Mannschaft spielen. Das machte die Sache tierisch anstrengend. Clevere Teams stellten sich daher zu sechst auf – und sparten sich die Lauferei. »Die Strategie sollten wir auch übernehmen«, sagte Toni, heute ausnahmsweise nicht im Trenchcoat. Es ging nämlich hier im Sand nicht nur um Taktik, Fitness und Punkte. Wir kamen auch, um unter den Sonnenschirmen an der Bar Bier zu trinken und Maiskolben vom Grill zu futtern. Der perfekte Urlaub! Die Popmusik aus den Lautsprechern, der Duft nach Sonnenöl, die Mädchen in den Bikinis, die bunten Sonnenschirme, der Smalltalk – alles wie am Strand am Mittelmeer. Nur das Meer selbst musste man sich vorstellen.

Albert und ich machten Fortschritte. Vor zwei Wochen mussten wir noch auf Feld 24 spielen, ganz hinten links. Heute bekamen wir bereits Platz 21 zugeteilt. Da steckte bestimmt System dahinter! Auf Feld 1 beachten nämlich immer die Superstars. Wenn unsere Berechnungen stimmten, konnte es nur noch drei Monate dauern, bis wir Feld 3 erreicht haben würden. Wir waren auf einem guten Weg, der asketische Albert und ich. Und schon nach wenigen Wochen hatte ich beim Beachen dreihundert Gramm abgenommen.

Prompt schaffte ich es bei der nächsten Wandertour – ganz ohne Bergbahn und Gondel – bis ins noble Dahlem hinaus. Ich hatte mich zum Workshop »Kieferentspannung« in einem Dahlemer Gesundheitszentrum angemeldet. Denn auch Regeneration und Stretching waren wichtig für jeden ernsthaften Bergsteiger. In Außenbezirken und Vororten wie Dahlem wohnten die Agglos, wusste ich aus der Schweiz. Und wir Basler mochten die Bewohner der Agglomeration (Peripherie) nicht besonders. Sie galten als prollig. In Berlin aber schien sich das mit der Prolligkeit übers gesamte Stadtgebiet zu verteilen. Prompt kamen zu dem Kieferkurs dann auch gar keine klassischen Agglos. Die Teilnehmer sahen eher wie Anthros aus. Diesen Menschenschlag kannte ich ebenfalls bereits aus der Gegend von Basel. Vor den Toren meiner Heimatstadt stand nämlich das Goetheanum, ein Gebäude ohne rechte Winkel, in dem sich die Anthros versammelten. Sie liebten Pastellfarben und Kräutertee mit Honig und waren immer wahnsinnig freundlich. Rätselhafte, feenartige Wesen. Und es gab sie offensichtlich auch in Berlin.

Immer mehr Anthros kamen in den Turnsaal geschwebt. Zum Glück fand der Kiefer-Workshop im Rahmen einer »Feldenkrais-Schnupperwoche« statt, und es gab Alternativen. »Stehen und gehen« war weniger überlaufen. Falls ich die Ausführungen der Lehrerin richtig verstanden habe, ging es Moshe Feldenkrais gar nicht primär ums Stretching. Sein Motto lautete: »Bewusstheit durch Bewegung«. Er war überzeugt, dass die Menschen nicht etwa Probleme hatten, weil das Leben so kompliziert war, sondern weil starre Bewegungsmuster sie gefangen hielten, erläuterte die Trainerin: Wer lerne, sich entspannt und frei zu bewegen, löse andere Probleme wie nebenbei. Zu diesem Zweck ließ uns die Geh- und Steh-Trainerin in Zeitlupentempo durch den Raum schleichen und fühlen, wie unsere Zehen dabei abrollten. Interessanter fand ich das Rückwärtsgehen. Das machte man im Alltag ja in der Tat selten. Später leitete uns die Lehrerin dann doch noch zu gymnastischen Übungen an. Nicht nur für den Kiefer, sondern auch für Schultern und Halswirbelsäule. Ich war verblüfft, wie weit ich meinen Hals bereits nach wenigen Stunden einrollen konnte. Fast wie die Schlangenfrau vom Chinesischen Nationalzirkus.

Am nächsten Morgen fühlte ich mich, als trüge ich eine Halskrause aus Beton. Als ich zu nicken versuchte, durchfuhr mich ein stechender Schmerz. »Du solltest öfter Nein sagen«, spottete Amanda. Nichts gegen Feldenkrais. Ich glaube, bei seinen Übungen hatte sich noch nie jemand verletzt. Aber wir Basler sind halt besonders zarte Wesen. Schon aus diesem Grund war ich froh, dass Berlin über ein so vielfältiges Gesundheitswesen verfügte. Denn überall in der Stadt drohte ständig Gefahr. Nicht zuletzt auch auf kulturellen Veranstaltungen. Dieses Wochenende zum Beispiel wurde der traditionsreiche Berliner Wagenbach Verlag vierzig Jahre alt. Erfreut pilgerte ich ins Literarische Colloquium am Wannsee, um zu gratulieren. In einem packenden Vortrag erfuhr ich da unter freiem Himmel, dass das Geburtstagskind ausschließlich Bücher herausbrachte, »die unsere Lektorinnen und Lektoren in der Originalsprache lesen können«. Zum Beispiel portugiesische Literatur. In meiner Schweizer Heimat waren wir ja auch sehr stolz auf unsere Sprachkenntnisse. Selbst die Bernhardiner sprächen in Basel perfekt Französisch, gingen Gerüchte. Aber portugiesische Literatur in der Originalsprache? Ganz großer Sport! Vor lauter Respekt rutschte ich auf dem feuchten, abschüssigen Rasen vor dem Literaturhaus aus und zog mir auch noch eine Oberschenkelzerrung zu.

Der Unfall bestärkte mich in der Entscheidung, meine Freizeit künftig sinnvoller zu gestalten. Nicht mehr immer nur rumstehen, am Bier nippen und alles in den Dreck ziehen, sondern selbst etwas anpacken. Schließlich waren es nur noch fünf Jahre, bis ich genauso alt sein würde wie der Wagenbach Verlag gerade geworden war.

Ich meldete mich zum Marathonlauf an. Genauer gesagt zum Kreuzberger Viertelmarathon. Die Teilnahme lohnte sich schon allein wegen der aktuellen Jogginghosenmode. Wer brauchte den Karneval in Rio? Die knallbunten Turnhosen, die die meisten Läuferinnen trugen, erinnerten mit ihren Eingriffen an den Seiten an Bananenröckchen. Der denkwürdigste Moment kam nach etwa fünf Kilometern, als wir gegen zehn Uhr morgens an der Szenekneipe »Trinkteufel – Das Tor zur Hölle« vorbeihechelten und uns die ganzen Punks zuwinkten, die dort noch immer stramm am Saufen waren. Sie schienen beeindruckt zu sein. Und ich fühlte mich wie ein Missionar im Dienste von Turnvater Jahn. Es war zu hoffen, dass einige dieser jungen Menschen nun auf den rechten Weg zurück fänden: den Pfad der Leibesübungen. Meine Oma selig hatte Recht gehabt: Laufen war gesund! Während des Rennens spürte ich zum Beispiel die Zerrung vom Literatur-Event überhaupt nicht mehr. Erst danach wieder. Und es war faszinierend, wie sich Körper und Seele durch sportliche Ertüchtigung nachhaltig veränderten. In den Tagen nach dem Viertelmarathon häuteten sich meine Füße beispielsweise plötzlich als wären sie Schlangen. Und seit ich die zehn Kilometer durch Kreuzberg in weniger als sechzig Minuten gelaufen war, traute ich mir generell alles zu.

Prompt kamen mir die Fitness und das neu erwachte Selbstvertrauen auch im Berufsleben zugute. Ich verfasste einen Artikel über einen Molekular-Koch, der statt mit Rüstmesserli und Schwingbesen mit Laser- und Ionen-Kanone arbeitete. »Ihre ganze Schreibe ist so verzichtbar wie ein Kropf«, schrieb mir ein Leser. Ich nahm das sportlich. Kurz darauf interviewte ich Zeitzeugen über das »Dritte Reich«. Eine Leserin meldete sich brieflich beim Ressortleiter: »Leider schreibt ein Herr Till Hein an dieser Stelle manchmal. Ich verachte ihn zutiefst. Abgesehen davon, dass er wirklich untalentiert ist und dazu noch unverschämt und ordinär: total u n s e n s i b e l.« Wenige Tage später drohte mir der Leiter einer Psychiatrischen Klinik: »Wenn Sie schreiben, was Ihnen meine Kollegin erzählt hat, schlage ich Ihnen in die Fresse!« Kein Wunder, dass ich angefeindet wurde, dachte ich. Trat ich doch Tag für Tag mutig für eine bessere Welt ein.

Auch das Auswärtige Amt des Schwoobelands wurde auf mich aufmerksam. Ich erhielt eine persönliche Einladung zur »Expertentagung des Ausschusses der Vereinten Nationen für die Beseitigung der Diskriminierung der Frau (CEDAW)«. Endlich mal ein sinnvoller Termin. Schließlich war ich bereits seit geraumer Zeit Experte für die Beseitigung der Diskriminierung der Frau. Meinem wachsamen Auge entging in diesem Bereich nichts.

Auf der Wiener Straße in Kreuzberg fiel mir neulich zum Beispiel ein frauenfeindliches Plakat auf: ein Cowboy auf einem Pferd, im Hintergrund ein Wasserfall. Jemand hatte den lilafarbenen Schriftzug »sexistische Kackscheiße« darüber geklebt. Gut so. Denn sicherlich war es ein weibliches Pferd, das hier als Transportmittel geschunden wurde: Und dann auch noch nackt! Was anderes fiel solchen Typen halt nicht ein! Der Cowboy hätte die Stute ruhig durch die Prärie tragen können.

Diskriminieren fand ich generell nicht gut. Weder Frauen noch Pferde hatten das verdient. Neulich war ich zum Beispiel mit meiner Ex-Kollegin Cordula im Görlitzer Park joggen. Sie trinkt kein Bier, isst kein Fleisch und stammt auch nicht aus Basel. Trotzdem habe ich sie nicht diskriminiert. Und sie kann sogar schneller laufen als ich, stellte ich beeindruckt fest. Leider würde ich nun aber doch nicht die Möglichkeit haben, diese Erfahrungen auf der Antidiskriminierungsfachtagung vorzutragen. Denn spontan kündigte mein alter Freund Schampe aus der Schweiz seinen Besuch an – und wir planten eine kleine Bergtour.

Schampe überredete mich schließlich, doch lieber zum Fußball zu gehen. So wie früher in Basel. In unserer Kindheit und Jugend hatten wir kein Heimspiel des FC Basel (FCB) verpasst. Unser Idol war der legendäre »Super-Mägg« Markus Tanner mit der Lockenmähne. Wo der den Ball hinknallte, wuchs kein Gras mehr. Doch in Berlin war Super-Mägg kein Begriff – und der Schweizer Fußball wurde belächelt. »Serviette Genf«, spottete Oskar aus der Hardcore-Vegetarier-WG über den Spitzenclub Servette. Und vom FCB hatten sie noch nie gehört. Typisch Berliner Ignoranz. Eigentlich wollte ich Hertha BSC schon deshalb boykottieren. Aber sie hatten gerade Heimspiel, und irgendwie interessierte es uns dann doch, was die Berliner beim Schutte – so heißt dieser Sport in Basel – so leisteten. Was wir unterschätzt hatten: Das Olympiastadion war riesig. »Reiht man die Zuschauersitze aneinander, entspräche dies einer Länge von ca. 42 Kilometern«, hatten wir auf der Hertha-Fan-Seite im Internet gelesen. Wir hielten das für Angeberei. Aber es könnte tatsächlich stimmen. Immerhin war das Spiel noch nicht zu Ende, als wir den Eingang endlich gefunden hatten und man uns ausgiebig nach Waffen abgetastet hatte. Das Schweizermesser in Schampes Hosentasche hatten die Sicherheits-Fuzzis allerdings übersehen. Ein Glück, dass wir Basler so zurückhaltend waren. Sauer machte es uns nämlich schon, als wir bemerkten, dass die Hertha-Fans unseren gefürchteten Schlachtruf geklaut hatten: »Hier regiert der BSC!«, skandierten sie ständig. »Hier regiert der FCB!« hieß das, zum Geier! Wenigstens hatten sie uns nicht alles geraubt, stellten wir im Lauf des Spiels erleichtert fest: »Wär nid gumpt, dä isch kai Basler, hey, hey!« (Wer nicht hüpft, der ist kein Basler …) und »E Gööli, e Gööli, e Gööli, e Gool …!« (eindringliches Flehen nach dem Torerfolg) waren weiterhin exklusive Basler Schlachtgesänge.

Das Olympiastadion selbst sah ein bisschen aus wie das Forum Romanum. Sehr alt und sehr baufällig. In einen Sandhügel zwischen den Zuschauerrängen hatten Fans jede Menge Hertha-Wimpel gesteckt, die fröhlich im Wind flatterten. Andere reckten Transparente in die Luft, auf denen ein lachender Mann mit dunklen Augen und leuchtend blondem Haar zu sehen war. »Marcelinho«, erkannte Schampe sofort: »Der einzige Star der Berliner.« Und dieser Marcelinho, mussten wir neidlos anerkennen, hatte wirklich einiges drauf. Wie er den Freistoß zum 1:0 über die Abwehrmauer des VFL Bochum ins Tor-Eck schlenzte, war Weltklasse. Das hätte Super-Mägg nicht besser hingekriegt. Sonst war das Spiel sehr langweilig. Aber am Ende stand es hoch verdient 2:0 für Berlin. »Nur nach Hause, nur nach Hause, nur nach Hause, geh'n wir nicht!«, sangen die Hertha-Fans. Dann gingen alle nach Hause.

Durch mein Fitnessprogramm fühlte ich mich so gut in Form wie nie zuvor. Ich hätte ganze Pferdeherden auf den Kreuzberg tragen können oder Männer wie Arnold Schwarzenegger quer durchs Büro werfen. Bereits in Basel hatte ich begonnen, die japanische Kampfkunst Aikido zu trainieren. Eine dem Judo ähnliche, elegante Sportart. Am Kottbusser Tor übten wir nun auch mit Waffen. Nicht weil wir Angst vor einem Überfall hatten. Aus den uralten Waffentechniken der japanischen Samurai hatte der sagenumwobene O-Sensei, Morihei Ueshiba, in den 1920er Jahren die Kampfkunst Aikido überhaupt erst entwickelt. Und wer Waffen wie das Schwert, den Stock oder das Messer zu führen verstand, konnte auch den eigenen Körper gezielter einsetzen. So weit die Theorie.

»Na?«, sagte an diesem Abend der Neue beim Aikido, streckte seinen dicken Bauch heraus und grinste mich an. »Allet klar bei dir?« In seinem Blick spürte ich Spott und Verachtung. Da stach ich zu. Natürlich nicht mit einem richtigen Messer, sondern mit einer stumpfen Attrappe aus Holz. Sticht ein Angreifer zu, so weicht man beim Aikido aus, nutzt den Schwung seiner Bewegung – und wirft den Aggressor elegant auf Bauch oder Rücken. Der stämmige Neue im Dojo aber war blutiger Anfänger und seine Reflexe waren noch ungeschult. Bei meinen Angriffen zog ich daher nicht voll durch. Wenige Zentimeter vor seiner Wampe bremste ich ab. Der Neue aber schüttelte altklug den Kopf. Klar könne er ausweichen. Na dann! Ich holte aus und stach herzhaft zu. Doch – oh Gott! – der Typ blieb wie angewurzelt stehen. Mit voller Wucht rammte ich ihm die Holzklinge in die Magengrube. Geschockt zog ich die Waffe zurück und entschuldigte mich. Ob er sehr große Schmerzen habe? Der Neue lachte. »Det war jut«, sagte er. Er habe »ein bisschen wat jespürt«. Mit der Zeit würde ich sicher Fortschritte machen, sprach er mir Mut zu.

Ich war etwas angeschlagen, als ich nach dem Training bei Amanda ankam. Doch sie munterte mich auf. »Vergiss die Messerhelden und ihre Kindereien!«, sagte sie und empfahl mir die Werke von Ernest Hemingway, einem verwegenen Schriftsteller aus Amerika. Prompt fand meine Seele bei der Lektüre seiner Bücher Trost. »There are only three real sports«, schrieb Hemmingway, der seine Karriere im Jahr 1917 als Lokalreporter beim Kansas City Star begonnen hatte, etwa: »bull fighting, car racing and mountain climbing. All the others are mere games.« Stierkampf passte nicht recht in den Berliner Kulturkreis, überlegte ich, und das mit dem Kartfahren hatte ich bereits bravourös hinter mich gebracht. Aufs »mountain climbing« aber – meine eigentliche Passion – wollte ich mich in Zukunft wieder voll konzentrieren.

»Die Sanftmut wohnt in den Tälern, die Härte auf den Gipfeln«, lautet ein Sprichwort aus der Schweiz. Berlin aber bewies Tag für Tag das Gegenteil: So flach und so tough war diese Monsterstadt. Und sehr lehrreich. »Die einen haben die Berge und die anderen den Horizont«, sagte Star-Reporter Toni mit dem Trenchcoat häufig. Er war schon vor Jahrzehnten aus Österreich nach Berlin geflohen – und hatte für die Bewohner des Alpenraums seither nur noch Spott übrig. In der Tat hatte der Umzug nach Berlin auch meinen Horizont enorm erweitert. Das Problem war nur: Ich vermisste die Berge trotzdem. Doch mein Freund Karl hatte nicht gelogen. Dass die Schweiz einzigartig war, musste ich noch an diesem Abend revidieren. Im Café Jenseits fischte er mit feierlicher Miene einen zerfledderten Atlas aus seiner ledernen Umhängetasche. Er schlug die Skandinavien-Karte auf und deutete triumphierend auf den Schriftzug »Dänische Schweiz«. Dann blätterte er zu einer Übersichtskarte der Alpenländer und zeigte auf die »Österreichische Schweiz«. Keine zehn Sekunden später wies er mich auf eine »Indische Schweiz« hin. »Weltweit gibt es die Schweiz genau 179 Mal«, sagte er triumphierend. Ab heute könne ich das in der aktuellen Titelgeschichte seines Lifestyle-Magazins FETT nachlesen. Stolz drückte er mir das druckfrische Heft in die Hand. Mein Freund hatte sich nicht verzählt. Und die Schwoobe waren natürlich mal wieder am gierigsten gewesen: typisch! 63 Schweizen lagen allein auf deutschem Grund und Boden. Mehr als jede dritte. Weltrekord! Sogar eine »Dümmer Schweiz« existiert in der Gegend von Oldenburg.

Dann fischte Karl noch etwas aus seiner Umhängetasche: eine Langspielplatte. »Aus der Holsteinischen Schweiz in Norddeutschland«, sagte er und legte das Album vor mir auf den Tisch.

»Für dich.« Ich war gerührt. Da wir Stammgäste waren und hier regelmäßig »Ufos« – mit gebackenem Camembert und Preiselbeeren gefüllte Toasts – verzehrten und jede Menge Bier aus tulpenförmigen Kelchen tranken, legte der Wirt die Scheibe für uns auf. »Maak mal Urlaub hooch im Norden, wat'n Slogan vuller Reiz. Doch de meersten blifft verborgen, mang de Meer'n liggt 'ne Schweiz«, sang eine Seefahrer-Combo zu ein paar Akkorden auf der Klampfe. Gejodelt wurde dort oben offensichtlich nicht. »Bekannt sünd witte Strannen, un över Dieken Möwen in'n Wind.« Dann der Refrain: »Ja de holsteensche Schweiz nich ümsünst ok so heit. Wer hier leevt, de kriegt echte ›Schweizer Luft‹, un jedeneen seggt: ›Is dat hier schön!‹« Ich verstand nicht alles. Aber diese Schweiz schien jedenfalls am Meer zu liegen.

Leider sei die Holsteinische Schweiz nicht gleich um die Ecke, räumte Karl ein. Die Mecklenburgische und die Märkische Schweiz hingegen gehörten als Naherholungsgebiete schon fast zu Berlin. Wow! »Die Mecklenburgische Schweiz rockt!«, sagte Franz am nächsten Tag im Büro, als ich ihm das neue FETT-Heft zeigte. »Da war ich mal auf Abi-Reise. Am Samstag machen wir einen Ausflug dort hin, okay?« Ich war begeistert. Frühmorgens fuhren wir mit seinem verbeulten Skoda los, die Rucksäcke und Wanderstöcke im Gepäck. Ich freute mich wie ein Kind auf die schroffen Felsen, die Bergbäche und die Gämsen. Mein Herz jauchzte auf und ich fühlte mich an die Worte des schottischen Bergsteigers und Pioniers der Umweltbewegung, John Muir, erinnert: »Going to the mountains is going home.«

Zwei Stunden lang fuhren wir durchs platte Land. Dann endlich erste sanfte Hügel. Doch wo waren die Berge? Schließlich erreichten wir Teterow, den »Hauptort der Mecklenburgischen Schweiz«, rund 150 Kilometer nördlich von Berlin. Auf einem Ladenschild im Zentrum prangte der Schriftzug »Drogen«. Interessant. Gab es etwa auch hier die Kultur der »Hanflädeli«? Genau wie in meiner alten Heimat? In manchen Schweizer Städten seien solche Cannabis-Geschäfte bereits zahlreicher als Bäckereien, erzählten meine Freunde. Die vermeintliche Drogen-Boutique von Teterow verkaufte jedoch keine »Duftsäckli« zum Rauchen, sondern alte Kinderwagen, Porzellanpuppen und antike Möbel. Eine Mogelpackung. Einige Häuser weiter hatte ein Obst- & Gemüse-Laden neben Äpfeln und Bananen »Original-Uhren aus Russland« im Sortiment. Swatch-Uhren hätte ich ja noch verstanden, in einer Schweiz. Aber das?

Herr Voigtmann, der Förster von Teterow, stand in Holzfäller-hemd und Cordhose, die Pfeife im Mund, vor seinem Häus-chen – wie aus einem Werbeprospekt vom Fremdenverkehrsamt. »Selbstverständlich hat Teterow jede Menge mit der Schweiz zu tun«, versicherte er uns. Ob wir die einschlägigen Orte sehen woll-ten? Teterow war winzig, stellten wir auf unserem Spaziergang fest. Schon nach ein paar Schritten waren keine Häuser mehr zu sehen. Dafür Wälder, Wiesen und riesige Felder. Wildgänse und Kraniche zogen am Himmel vorüber. Eine liebliche Gegend. Nur eben: Wo waren die Berge? »Die riesigen Eichen verdecken sie«, erklärte Voigtmann. »Aber jetzt, schauen Sie, da drüben!«, rief er plötzlich aufgeregt: »Die blauen Berge!« In der Ferne zeichneten sich auf einer Wiese ein paar Maulwurfshügel ab.

Später erklommen wir den Röthelberg, eine der eindrucksvolls-ten Erhebungen der Mecklenburgischen Schweiz. Mit genau 96,3 Metern war er fast um die Hälfte höher als der Kreuzberg in Berlin. Und wir konnten immerhin bis zu Förster Voigtmanns Häuschen, dem Drogen-Laden und dem Geschäft mit den Russen-Uhren sehen. Ein Sturmwind kam auf und wehte uns beinahe um. Nicht umsonst standen in Mecklenburg statt Atomkraftwerken an jeder Ecke Windmühlen, dachte ich.

Beim Abstieg dann erblickten wir in einer pittoresken Schlucht namens »Arschkerbe« einen orangefarbenen Wegweiser, von dem ein Pfeil Richtung Westen zeigte. »Schweiz: 832 Kilometer« stand drauf. Die Stadt Teterow habe ihn aus der »Original Schweiz« einst als Gegenleistung für einen Stein erhalten, erzählte der Förster stolz. Vor zehn Jahren hatte ein Berner Künstler Felsbrocken aus 44 Schweizen der Welt zu einer Skulptur gruppiert, darunter auch einen aus Teterow. Das Kunstwerk erhielt einen Ehrenplatz in der Altstadt von Bern, direkt hinter dem Bundeshaus, wo Regierung und Parlament tagen. Die mecklenburgischen Schweizer hätten gerne noch mehr Felsbrocken geliefert, sagte Förster Voigtmann. Was für uns echte Schweizer die Berge, waren für sie offensichtlich die Steine. Die meisten Häuser hier in der Gegend hatten sie einst aus solchen Findlingen errichtet. Und unter der Erde lägen noch fünfzigmal so viele, erzählte Voigtmann und klopfte seine Pfeife aus: »Einige Landwirte aus der Mecklenburgischen Schweiz behaupten gar, sie wachsen über Nacht auf ihren Feldern.«

Später zeigte uns der Förster weitere Bindeglieder zur Schweiz: Mit andächtiger Miene führte er uns durch den riesigen Schlosspark der klassizistischen Burg Schlitz. Der Hausherr der Burg, Graf von Schlitz, habe einst die Original-Schweiz bereist, erzählte Voigtmann und deutete auf eine Inschrift an einem steinernen Monument. »Elisabeth verblühte mir am Fuße der Alpen zu Neftenbach den 27. Juli 1787«, lasen wir. In Neftenbach, im Kanton Zürich, liege Elisabeth Ott begraben, direkt an der Friedhofsmauer, erzählte er. Dort, wo die Selbstmörder verscharrt wurden. Wahrscheinlich hatte der Graf sie betrogen. Graf von Schlitz hat noch für zahlreiche weitere Geliebte Denkmäler errichten lassen: »Amaliens Zauber allein vermochte der Sülzer Einöde höheren Reiz zu verleihen« stand auf einem der Felsbrocken – eine weitere attraktive Schweizerin, die er auf seinen Lustreisen durch die Alpen näher kennengelernt hatte. Die Menschen aus Mecklenburg schienen keine Kostverächter zu sein. Und sehr begeisterungsfähig: »Mit der Schönheit der Schweiz dürfen wir die Heimat unseres Freundes vergleichen. Ich wage es jetzt, sie die Mecklenburgische Schweiz zu nennen, wozu mich das innere Erlebnis treibt«, soll Erbprinz Georg von Mecklenburg-Strelitz, ein Kumpel des Grafen, hier in Teterow einst freudig ausgerufen haben.

Franz und ich nahmen uns ein Gästezimmer, denn das Nachtleben in der Metropole der Mecklenburgischen Schweiz wollten wir uns natürlich nicht entgehen lassen. Ob die Frauen hier auch in heutiger Zeit noch so promiskuitiv waren, wie einst der Graf von Schlitz? Im Kulturhaus präsentierte eine Band aus Greifswald »die schönsten Schlager der Deutschen Demokratischen Republik«. Leider aber sichteten wir nur wenige heiße Bräute im Saal. Überwiegend lauschten Männer mit Schnauz sowie ältere Damen in züchtigen mausgrauen Kleidern den Klängen. »Sing, mei Sachse, sing« wurde gegeben, »Erna kommt« und »Ein himmelblauer Trabant«. Als ich in der Pause eine Teterowerin mit Dutt-Frisur auf die Hintergründe des Namens »Mecklenburgische Schweiz« ansprach, sah sie mich mit großen Augen an: »Do hob üch noch nü drüber nochjödocht«, sagte sie. Ihr falle zum Thema »Schweiz« lediglich »deuer« ein.

Die Schwoobe unterschätzen meine Heimat ständig, grübelte ich auf der Rückfahrt nach Berlin. Nicht nur in Teterow. Dabei war die Schweiz – das Original – doch nicht nur ein Paradies für Bergfexe, sondern zum Beispiel auch für Liebhaber der Literatur. Neben Robert Walser hatten wir auch Friedrich Dürrenmatt, Gottfried Keller und Max Frisch hervorgebracht. Keine schlechte Ausbeute. Lediglich mit der Produktivität Berlins konnten wir auch auf diesem Gebiet nicht mithalten, musste ich zugeben. Zumindest quantitativ. »Die Dichter-Dichte nimmt hier ständig zu«, sagte Cordula, die Kulturkritikerin, häufig. In Berlin und Umgebung wurde scheinbar alles sofort zu Poesie. Nur ich hing bei meinem Lyrikband noch immer auf Seite null fest.

Am Wochenende darauf, bei einer Exkursion in die Märkische Schweiz, kam ich in Buckow am Scharmützelsee, fünfzig Kilometer östlich von Berlin, mit einem schlaksigen jungen Mann ins Gespräch – der sich prompt als Literaturexperte herausstellte. Felix, der gerade den Gartenzaun reparierte, lebte auch in Berlin, hatte hier aber unlängst ein Wochenendhäuschen geerbt. Eigentlich war es eher eine Holzkiste mit Giebeldach. Stolz zeigte er mir sein Anwesen: die Hütte, die Wiese mit den zwei Bäumchen und den drei Gänseblümchen, den Steg und die Nussschale mit Mast und Segel. Alles sei hier »eher schnuckelig«, sagte er. »Aber wir haben in der Märkischen Schweiz immerhin Brecht und Fontane!«

Felix war Anfang dreißig und studierte Vergleichende Literaturwissenschaften, erzählte er später, als wir gemeinsam in seinem Mini-Segelboot über den Scharmützelsee glitten. Seit achtzehn Semestern. Bücher liebte er über alles. Wenn er das Segel in Windrichtung drehte, musste ich mich jeweils auf den Bauch legen, damit mir der Querbalken nicht gegen die Stirn knallte. Doch bald ließ der Sturm wieder nach. Am anderen Ufer legten wir beim Brecht-Weigel-Haus an. In den 1950er Jahren hatten Bert Brecht und Helene »Helli« Weigel hier jeweils den Sommer verbracht. »Buckow in der Märkischen Schweiz ist friedlich und langweilig genug für die Arbeit«, schrieb Brecht im Sommer 1956 an einen Freund. Verständlich. Was soll man in dieser lieblichen Landschaft mit ihren sanften Hügelchen denn schon erleben?, dachte ich. Wenn Brecht nicht gerade hinter der Schreibmaschine saß und dichtete, las ich auf einer der Schautafeln im Museum, schlenderte er in seinen weißen Tennisschuhen, die ihm Helli geschenkt hatte, durch den Garten. Er war sehr stolz darauf, dass er es auf die alten Tage noch zum Gutsbesitzer gebracht hatte.

Felix hatte nicht übertrieben, ergaben meine Nachforschungen: Auch Theodor Fontane war ein großer Liebhaber der Märkischen Schweiz gewesen. Als »eine ländliche Schönheit, die mit nacktem Fuß in den See tritt und unter Weidenzweigen ihr Haar flicht«, beschrieb er das Städtchen Buckow in seinen »Wanderungen durch die Mark Brandenburg«. Überhaupt war die Märkische Schweiz, wenn auch eine wenig bergige, so doch zumindest eine sehr poetische Gegend. Die Leiterin des Tourismusvereins etwa, mit der sich Felix ein wenig angefreundet hatte, trug den Namen Mara-Ria Junischuh. In der Mittagspause gesellte sie sich zu uns, und wir spazierten gemeinsam die Fontanepromenade entlang. Das heißt, wir hopsten eher, denn die Promenade war ein Sandweg mit unzähligen, riesigen Wasserpfützen. Die Täler hießen hier nicht »Arschkerbe«, sondern »Poetensteig« oder »Silbergkehle«. Richtige Berge allerdings schien es auch hier nicht zu geben.

Dennoch stellte uns Mara-Ria Junischuh abends den bekanntesten Bergsteiger der Märkischen Schweiz vor: Thorsten Bertram. Fotos von Gebirgslandschaften zierten die Wände seines Gasthofs Pritzhagener Mühle. Der braungebrannte, drahtige Mann war jedoch nicht hier zum Bergfex geworden, sondern in Kenia. »Wurde mir zu langweilig, dauernd auf Safari zu fahren«, erzählte Bertram. Mittlerweile hatte er sogar den Kilimandscharo bezwungen. Keine schlechte Leistung, denn der heimische Krugberg war nur 129,6 Meter hoch. Bertram schwor auf Algenpräparate und

Vitamin-C-Pillen. »Das Matterhorn und die Eiger Nordwand würde ich mir locker zutrauen«, sagte er. Ein stolzes Völkchen, diese märkischen Schweizer. Und ihre schnuckelige Eisenbahn war ein Symbol für das Streben nach Unabhängigkeit. Im Bahn-Museum von Buckow war ihre Sterbeurkunde zu sehen: »Zu Grabe getrieben durch autosüchtige Politiker in Bonn. 13.12.1993« stand darauf. Doch die märkischen Schweizer kämpften um ihre Tschutschubahn; tapfer wie Tellen-Söhne. Und jetzt war sie auferstanden. Seit September 2002 ruckelte sie wieder durch die Landschaft. Jedes Wochenende, außer im tiefen Winter.

Ursprünglich war es eine Dampflocki gewesen, die eine Spitzengeschwindigkeit von dreißig Stundenkilometern erreichte, erzählte Mara-Ria Junischuh. Über die Hügelchen der Märkischen Schweiz mussten die Passagiere manchmal aussteigen und anschieben. Inzwischen fuhr die Bahn elektrisch, aber noch immer nicht viel schneller. »Zum Glück sind auch Ihre Landsleute große Eisenbahnfreunde«, sagte sie voller Dankbarkeit: »Zwei der zwanzig Mitglieder unseres Fördervereins leben in der Original-Schweiz.« Der Krugberg und die Schweizer Alpen, das sei letztlich schon zweierlei, räumte sie später ein. »Woher kommt der Name ›Märkische Schweiz‹ denn dann?«, fragte ich. »Hmm«, sagte Frau Junischuh und legte die Stirn in Falten: »Meines Wissens hat ihn einst Zwingli geprägt, dieser Schweizer Maler.« Der Zürcher Reformator Huldrich Zwingli? »Nein, nein«, sagte sie bestimmt: »Es war ein Maler. Ich glaube, er hieß ›Flügli‹ oder so.« Aber wie auch immer, sagte sie, ein zwingender Beweis für Buckows enge Verbundenheit mit der Schweiz sei das Tiroler Haus im Stadtzentrum.

»Numismatiker aller Länder, vereinigt euch!«
Abseilen in die Tropfsteinhöhlen
der außerparlamentarischen Opposition

Am nächsten Morgen, zurück in Kreuzberg, saß mein Mitbewohner Theo bereits um neun Uhr morgens in der Küche. Er trank literweise Kaffee und lernte für seine Uni-Abschlussprüfungen in Wirtschaft, EDV und Soziologie. »Na, gehste heute wieder Bergsteigen?«, fragte er. Ich nickte. Gemeinsam mit Amanda wollte ich den Insulaner in Schöneberg bezwingen. »Gut so«, sagte Theo. »In einer Welt, die höhere Lebensqualität propagiert und dabei die Jagd auf die Steigerung des Bruttosozialproduktes verschärft, ist Bergsteigen so etwas wie ein Fleisch gewordener Protest gegen die Vermarktung des Menschen«, dozierte er. »Ein Zitat von Fred Ritzhaupt, übrigens.« Ich nickte – wer auch immer dieser Herr Ritzhaupt sein mochte. Sein Protest gegen die Vermarktung des Menschen gefiel mir – schon allein, weil sich der Markt für mich als Mensch bisher nie sonderlich interessiert hatte.

Bereits in jungen Jahren war ich ein politisch denkender Mensch gewesen. In Basel trieb ich mich mit Vorliebe in der Alten Stadtgärtnerei »Stadtsgi« herum. In diesem leerstehenden Paradiesgarten mitten in der Stadt wuchsen mannshohe Sonnenblumen auf den Wiesen, ein Schwein wühlte nach Nahrung, linkslinke Schriftsteller trugen ihre Texte vor und regelmäßig traten spanische Punk-Bands auf. Wir wohnten alle noch bei unseren Eltern und feierten die Nächte durch. Doch bald beschwerten sich die Anwohner über den Lärm und es kam zu einer Volksabstimmung. In der Schweiz gab es ja die berühmte direkte Demokratie, um die uns viele beneideten – und nach der Abstimmung stand die »Stadtsgi« auf der Abschussliste. Selbstverständlich blieben wir trotzdem. In der Tradition Mahatma Gandhis wollten wir uns, falls die Polizei tatsächlich Ernst machen sollte, heroisch aus der Stadtgärtnerei tragen lassen. Aus sicherer Quelle erfuhren wir, zu welchem Termin die Räumung geplant war – und ließen sofort Eintrittskarten für dieses Event drucken: »Karli Schnyder und die Schugger« nannten wir es. Schnyder war damals Basler Polizeipräsident und »Schugger« war ein Basler Kosename für »Bulle«.

Bereits in den frühen Morgenstunden versammelten wir uns alle auf dem Gelände und warteten. Doch weder Schnyder noch die Schugger ließen sich blicken. Dafür traf gegen dreizehn Uhr meine Mutter ein. Sie war stinksauer. Ich jobbte damals nämlich gerade als Minibar-Kellner bei der Bahn und hatte den Einsatzplan nicht richtig gelesen. Der erste Zug war bereits ohne mich losgefahren, und mein Chef hatte sie am Telefon angeschnauzt. Als die »Stadtsgi« schließlich – ein paar Tage später, ohne jede Vorankündigung – geräumt wurde, kamen Urs, Schampe, Ruedi Messerli, ich und die anderen zu spät. Die Schugger hatten das Gelände bereits besetzt. Wir standen vor dem Zaun unserer ehemaligen Spielwiese und hatten Tränen in den Augen. »O tempora, o mores«, sagte Schampe, »oh Zeiten, oh Sitten!«

Zum Glück waren die Berliner raffinierter mit ihren illegalen Veranstaltungen: Sie fanden mal hier und mal da statt. Sozusagen als mobile Stadtsgi. Das war clever, denn weder Schugger noch Mütter konnten ja pausenlos die gesamte Stadt überwachen. Leider verpasste man als Neuberliner ohne einschlägige Connections aber auch fast alles Illegal-Subversive. An diesem Abend jedoch, Amanda und ich hatten unsere Bergtour auf den Insulaner gerade wegen Dauerregens abgebrochen, gab mir Joe einen heißen Tipp: »Heute, 23 Uhr, illegale Party, U-Bahn-Station Wilmersdorfer Straße«, smste er. Cool! Meine erste illegale Veranstaltung seit fünfzehn Jahren! Ausgerechnet im gutbürgerlichen Berliner Stadtteil Charlottenburg. Es war eiskalt, es schüttete noch immer – und Joe hatte in letzter Minute per SMS abgesagt. Doch Amanda und ich hatten uns in der Hardcore-Vegetarier-WG aufgewärmt und mit Oskars Rote-Bete-Lasagne gestärkt. Wir ließen uns die gute Laune nicht verderben. Bei den Sportplätzen hinter der U-Bahn-Station Wilmersdorfer Straße kletterten wir den anderen Party-Fans hinterher durch ein Loch im Maschendrahtzaun. Zum Glück hatte ich meine Taschenlampe dabei, denn es war stockdunkel. An einem Baum hing, in Plastik eingeschweißt, ein Lageplan – wie früher bei den Wölfli. Wir mussten durch den Schlamm waten und einem Flüsschen folgen. »Hier finden uns die Schugger sicher nicht«, flüsterte ich Amanda zu. Kurz darauf stolperte ich über einen Baumstrunk und fiel der Länge nach hin. Sie unterdrückte einen Lachanfall.

Das Ziel unseres Marsches durch den Morast war eine stillgelegte Fabrik, die von ein paar Glühbirnen und Kerzen spärlich beleuchtet wurde. Die Wände rochen nach Schimmelpilz, an der Bar gab es zwei Sorten Bier und aus den Lautsprechern erklang Chill-Out-Musik. Immer mehr schlammverspritzte Menschen strömten in die Halle. Der Trend ging in Berlin offenbar gerade Richtung illegale Party: In der riesigen modrigen Fabrikhalle wurde es eng wie am Tag der Deutschen Einheit vor dem Brandenburger Tor. »Achtung!«, brüllte plötzlich jemand aus der Menge, »die Bullen!« Ich erschrak. Doch es war nur ein Scherz gewesen. Es wurde ein super Abend, schon weil meine Mutter nicht vorbeikam.

Die Termine und Orte von illegalen Partys werden regelmäßig im Internet veröffentlicht, verriet mir Joe ein paar Tage später. Aber ich dürfe die Web-Adresse niemandem verraten, musste ich ihm versprechen. Das Illegale sollte in Berlin offensichtlich ausschließlich einem erlauchten Kreis zugänglich bleiben. Mein Tipp: Am besten einfach in Szene-Kneipen Szene-Kenner wie Joe anquatschen – und es nicht erwähnen, falls man aus der Schweiz stammt. Denn das kommt in subversiven Berliner Kreisen nicht immer gut an.

Beim Heftli in Zürich, wo ich Ende der neunziger Jahre Praktikant war, galt ich als konsumfeindlich-linksextrem-nekrophil. Unter anderem, weil ich bei der Blattkritik mal eine Wissenschaftsreportage über die Forschung an Lenins Hirn gelobt hatte. In Berlin aber galten andere Maßstäbe. In meiner Hardcore-Vegetarier-WG zum Beispiel war ich als Neoliberaler verschrien. Das kam so: Vermummte hatten im vergangenen Jahr am 1. Mai in Berlin die Schaufensterscheiben der Sparkasse an der Eberswalder Straße eingeworfen. Albert und Theo fanden das mutig. »Die Autonomem führen den gleichen Kampf wie wir«, sagte Theo beim

Sonntagsfrühstück. Ich dachte, ich spinne. »Hast du nicht selbst ein Konto bei dieser Bank?«, stellte ich ihn zur Rede. »Korrekt«, sagte er und bestrich sein Croissant mit Erdbeermarmelade. Ich guckte ihn irritiert an. »Ist das nicht, äh, ein bisschen inkonsequent?!« Theo nahm einen Schluck Milchkaffee und sagte. »Nein. Das ist Dialektik.«

Natürlich hatte ich immer Recht bei unseren Streitereien. Aber Theo konnte besser quatschen. Wahrscheinlich, weil er noch auf die Uni ging. Da übten die so was. Auch ich hatte in Basel ja einst studiert. Und, zumindest aus heutiger Sicht betrachtet, war es eine großartige Zeit gewesen. Besonders die Vorlesungen von Geschichtsprofessor Walder. In jedem Satz brachte der unzählige »also« unter. Einmal kamen wir beim Zählen auf 187 Stück in 45 Minuten. Vielleicht war das ja genetisch bedingt. Walder stammte aus Bayern, genau wie Edmund Stoiber. Die Redewendung »ähh« verwendete er allerdings seltener als der CSU-Politiker. Am liebsten mochte ich Walders Vorlesung zur deutschen Nachkriegsgeschichte. Berlin nannte er darin immer: »diese geteilte, also, Stadt«. Doch auch den Naturwissenschaften konnte ich einiges abgewinnen. Denn jeder Forschungszweig, so schien es mir, war lediglich in der Lage, einzelne Aspekte der komplexen Wirklichkeit adäquat zu beschreiben. Neulich erzählte Toni mit dem Trenchcoat diesen Witz: Ein Biologe, ein Physiker und ein Mathematiker beobachten bei einem Stadtspaziergang zufällig, wie zwei Menschen in einem Haus verschwinden. Ein paar Minuten später kommen drei Menschen aus dem Haus heraus. »Die haben sich vermehrt!«, ruft der Biologe begeistert. Der Physiker kratzt sich am Kopf und meint: »Nee, mit unseren Beobachtungen kann etwas nicht stimmen.« Der Mathematiker denkt lange nach und sagt schließlich: »Wenn jetzt einer wieder rein geht, ist das Haus leer.«

Theo wiederum war angehender Soziologe, Kommunist und Wirtschaftswissenschaftler – und hatte unlängst eine Software-Firma gegründet mit Zweigstelle in Kalkutta – Dialektik eben. Welche Schlüsse er wohl aus den Beobachtungen der drei Wissenschaftler gezogen hätte? Wahrscheinlich: »Der Kommunismus ist gut.« Aber keine Ahnung. Er weigerte sich seit Wochen, mit mir über Politik zu sprechen. Er ärgere sich zu sehr über meine reaktionären Ansichten.

Ansonsten schätzten wir uns in der Hardcore-Vegetarier-WG alle gegenseitig sehr. Und natürlich wollten wir den 1. Mai, den Tag der Arbeit, gemeinsam feiern. Zumal meine Wohngenossen versprochen hatten, von Pflastersteinwürfen nun doch abzusehen. Und feiern, das konnten wir gut zusammen. Das Myfest auf dem Mariannenplatz war eine Freude. Kinder trugen knallbunte Tierballons umher, überall wurde gekocht und Musik gemacht. Wir lagen mitten auf der Wiese, rauchten und sogen den Duft von Schaschlik, Cannabis, Chicken Curry, Zuckerwatte und Bigos ein. Doch gegen siebzehn Uhr begannen auf der Oranienstraße dann plötzlich Jugendliche mit Steinen auf die paar Polizisten zu werfen, die friedlich am Heinrichplatz beisammen standen. Die Schugger hatten Schutzschilde und trugen Helme. Sie drängten die Jugendlichen Richtung Moritzplatz zurück. Ein paar Minuten lang war Ruhe – dann flogen erneut Steine. Wir flohen in einen Wohnblock und verfolgten das Geschehen durch ein Treppenhausfenster. Jemand zündete eine Mülltonne an. Immer mehr Polizei brauste heran. Das Geschrei von Verletzten drang bis zu uns in den vierten Stock hoch. Theo, Oskar und Albert waren inzwischen irgendwo verschwunden. Amanda und ich aber saßen noch immer im Treppenhaus fest. Gemeinsam mit Leuten, die mindestens zwanzig Jahre jünger waren als wir. Einige waren offensichtlich Touristen, und sie fanden es »geil«, dass sich da unten mittlerweile eine regelrechte Straßenschlacht abspielte. Dabei hatten die Schugger diesmal wirklich nicht angefangen. Amanda und ich wollten nur nach Hause. Schließlich schlummerten wir entkräftet auf unseren Mänteln ein – und als wir wieder aufwachten, war der ganze Spuk zum Glück vorbei.

Nach dieser Nacht hatten wir erst einmal genug von revolutionären Veranstaltungen. Aber als kurz darauf die Berliner Studenten streikten, musste ich mich natürlich trotzdem solidarisieren. Ein bisschen rührend war so ein Studentenstreik ja schon. Der Schlachtruf »Numismatiker aller Länder vereinigt euch!«, trieb keinem Kapitalisten den Schweiß auf die Stirn. Und vielen Nichtakademikern war es auch völlig wurst, wenn angehende Germanisten das Schiller-Lesen verweigerten. Doch die Berliner Studenten hatten eine clevere Idee: Sie lernten und protestierten einfach gleichzeitig. Im Exil, auf dem Potsdamer Platz – dem Zentrum des neuen Berlins, das mit seinen Wolkenkratzern an Chicago erinnert – lief zum Beispiel »die längste Physikvorlesung der Welt«. Als Oskar und ich eintrafen, um uns mit den Studis zu solidarisieren, dauerte die Vorlesung bereits länger als zwei Tage und Nächte. Sobald ein Dozent einzuschlafen drohte, übernahm ein Kollege. Der Grund für den Protest: An den Berliner Hochschulen sollten Stellen gestrichen werden. Dabei seien die Studienbedingungen bereits jetzt ein Horror, klagte ein Student der Ingenieurwissenschaften: »Bei manchen Pflichtvorlesungen sitzen wir auf den Fensterbänken und in den Schränken!« Ich war schockiert. Fensterbank-Plätze kannte ich aus eigener Erfahrung. Aber studieren im Schrank? So etwas gab es bei uns in Basel nicht.

Die Berliner Nachwuchsphysiker hatten edle Motive, und sie gaben ihrem Unmut stilvoll Ausdruck: Ab sechzehn Uhr war auf dem Potsdamer Platz zum Beispiel ein Vortrag über »geladene Teilchen im EM-Feld« anberaumt. Klang vielversprechend. Schwungvoll malte der Professor Formeln an die Tafel. Leider ging es aber gar nicht um taktische Tricks bei der Fußball-EM, sondern um elektromagnetische Felder. Eher hätte mich der Vortrag »Wir beweisen Einsteins Relativitätstheorie« interessiert. Aber der begann erst um vier Uhr morgens. Alte Säcke wie Oskar und ich lästerten ja häufig, die heutige Jugend sei verweichlicht. Völliger Quatsch. Artikelchen schreiben oder Kung-Fu unterrichten war deutlich weniger hart, als mitten in der Nacht Vorlesungen über elektromagnetische Wellen zu besuchen. Vielleicht könnte man Wowi und Thilo Sarrazin mal für nur 24 Stunden in das Hörsaal-Zelt auf dem Potsdamer Platz entführen?, dachte ich. Sicher wären sie gerührt vom Bildungshunger der Jugend. Und sie würden einsehen, dass man für viel Dümmeres Geld ausgeben konnte als für die Wissenschaft!

Auf der nächsten subversiven Veranstaltung, der ich beiwohnen durfte, kam ich dann auf eine richtig gute Idee. Es war eine

Demonstration wie in alter Zeit: Vor dem Flughafen Tempelhof, der mittlerweile seinen Betrieb eingestellt hatte, versammelten sich Tausende Menschen, um mit Megaphonen und Spruchbändern für mehr Freiräume zu kämpfen. Eigentlich gab es ja extrem viel Freiraum auf dem ehemaligen Flugfeld. Aber die Menschen durften ihn nicht nutzen. »Zu gefährlich«, lautete die Begründung. Dem Grundbucheintrag nach handelte es sich nämlich noch immer um einen Flughafen, obwohl dort schon seit Wochen keine Maschinen mehr starteten und landeten. Und eine Landebahn, auf der Leute Drachen steigen lassen, Rollschuh fahren, picknicken, knutschen oder spazierengehen, sei eben gefährlich, argumentierte der Berliner Senat. Immerhin: Eines Tages, vielleicht sogar noch zu meinen Lebzeiten, sollte die Umwidmung des Geländes vorgenommen werden. Und dann? Am aussichtsreichsten sei derzeit der Vorschlag, auf dem Gelände Luxuswohnungen zu errichten, erklärte mir einer der Demonstranten. Ich aber hatte spontan einen besseren Vorschlag: ein paar besonders hässliche Neubauten in Berlin wieder abreißen und aus deren Schutt einen Mont Klamott aufschütten. Nach alter Tradition, aber viel, viel höher: ein mindestens tausend Meter hohes Paradies für Bergsteiger und Skifahrer!

Knut, Wowi, Angie & Co
Prominente Weggefährten

Berge machen selbstbewusst. Wohl auch deshalb ließen meine Schweizer Freunde nichts auf unsere Heimat kommen: Die Zürcher glaubten sowieso, ihr Städtchen sei das Zentrum der Welt. Und die Berner behaupteten, sie hätten zumindest den Jazz erfunden. Nur wir Basler waren bescheidener. Obwohl unser Zolli der schönste Tierpark der Welt war, mit meilenweitem Abstand. Dennoch machte es mich sehr glücklich, jetzt in Berlin zu leben. Dieses Flair! Mein Lieblings-Berlinsong stammte von Funny van Dannen, und spiegelte das Lebensgefühl in dieser Stadt kongenial wieder: »Ja die Türken und Chinesen / waren schon länger da gewesen. / Auch für Menschen aus der Schweiz / hat die Hauptstadt ihren Reiz. / Alle steh'n zusammen / egal woher sie stammen. / Alle steh'n zusammen / bei Aldi vorm Regal. / Berlin ist international.« Völlig zu Recht genoss Berlin einen erstklassigen Ruf in der Welt. Und das lockte natürlich auch immer mehr Promis hierher. Til Schweiger zum Beispiel war nun auch Neuberliner. In der Zitty las ich ein Interview mit dem Heimkehrer aus Hollywood. »L.A. ist gerade mal gar nix gegen Berlin«, sagte Schweiger darin. Berlin stecke alle anderen Weltstädte locker in die Tasche: »absofuckinglutely!«

Längst waren die vielen Promis, von Knut und Angie über Schweiger und Kaminer bis hin zum Bürgermeister Klaus »Und das ist auch gut so!« Wowi Wowereit eine Attraktion für sich – die ihrerseits immer mehr Touristen nach Berlin lockte. Sogar meine Basler Freunde schienen sich mittlerweile für diesen Aspekt der Schwoobeland-Metropole zu interessieren. Neulich waren Schampe und seine Frau zu Besuch. »Und, was habt ihr euch so angeguckt?«, fragte ich abends in der Ankerklause. »Knut, das Stasi-Museum und Chez Maurice«, sagte Schampe. – »Chez was?« Schampe guckte mich ungläubig an. Das Chez Maurice sei doch das Lieblingslokal von Angela Merkel, sagte er. Das habe er neulich in der Neuen Zürcher Zeitung gelesen. Am liebsten esse die Bundeskanzlerin dort Blutwurst mit Kartoffelstock – also Kartoffelbrei. »Ist das ein schönes Lokal?«, fragte ich. »Na ja«, sagte Schampes Frau, »da gab es so Strohmätteli, alte Flaschen, Tonkrüge und Vasen.« Klingt nach einer Touristenfalle in der Toskana, dachte ich. Aber gut: Angie Merkel traf man natürlich nicht alle Tage. Und in meiner alten Schweizer Heimat gab es nicht viele Promis. Im Wesentlichen waren das Gölä und Gigi Oeri, Helden von gestern.

Der Sänger Gölä hatte sich neulich umbenannt und war nun prompt nicht mehr so erfolgreich. Gigi Oeri wiederum, eine Art Roman Abramowitsch beim FC Basel, verkleidete sich früher gelegentlich als Huhn. Doch auch ihr schien der Elan inzwischen ein wenig abhandengekommen zu sein. Schon daher reisten viele Schweizer wohl so gerne zum Promi-Watching nach Berlin. Nur leider, klagte Schampes Frau, sei die Merkel ausgerechnet heute nicht im Chez Maurice gewesen. Es gab aber bereits einen neuen Plan. Eine weitere Promi-Fundgrube sollte das Café Einstein Unter den Linden sein, hatte die Neue Zürcher Zeitung berichtet. »Die SPD-Linke Andrea Nahles pellt dort ebenso gern ihr morgendliches Ei wie Jürgen Rüttgers von der CDU«, las mir Schampes Frau vor. Und sogar Alt-Kanzler Gerhard Schröder und sein Kettenhund Otto Schily sollten noch gelegentlich dort einkehren. Ganz großes Kino. Wir verabredeten uns für den nächsten Morgen um zehn Uhr zum gemeinsamen Frühstück im Einstein. Prompt pellte dort jedoch niemand von Rang und Namen sein morgendliches Ei. Nicht einmal der Sozialdemokrat Kurt Beck war da. Als wir nach Stunden vergeblicher Warterei wieder auf die Straße hinaus traten, schritt ein stolzer, hochgeschossener junger Mann an uns vorbei. »War das nicht der Dings?«, sagte Schampe aufgeregt, »dieser Donnerhenkel?« Ich glaube, er hatte Recht. Das Gesicht kannte ich aus dem Fernsehen: Florian Henckel von Donnersmarck, der den eindrucksvollen Film »Das Leben der Anderen« gedreht hatte. Ein Promi! Auch wenn der Donnerhenkel sogar Schampes Schwoobepromi-affiner Frau deutlich weniger sympathisch war als etwa Gölä oder Gigi Oeri. Immerhin.

Kaum waren die Basler abgereist, liefen sie mir wieder ständig über den Weg, die ganzen Berliner Promis. Ausgerechnet im abgelegenen Tal der abgehackten Hand, in Moabit, stolperte ich beinahe über Wladimir Kaminer. Er war es tatsächlich: der berühmteste Russe Berlins. Kaminer saß in einer Bar an einem Bistro-Tischchen. Überschwänglich gratulierte ich ihm zu seinem Talent und schwärmte, wie witzig seine Geschichten immer seien. »Ich weiß«, sagte Kaminer und drehte sich weg. Mir schien, er plauderte nicht besonders gerne mit Neuberlinern. Dabei waren Leute wie ich doch sein Kerngeschäft. Dass ich noch immer recht neu war in dieser Stadt, erkannten Insider bereits daran, dass ich samstags oft in der Russendisko im Kaffee Burger herumhopste. So hieß nicht nur das berühmteste Buch von Wladimir Kaminer, sondern auch eine regelmäßige Tanzveranstaltung mit fröhlicher Ost-Stampfmusik aus der Konserve. Richtige Berliner fanden die Russendisko inzwischen etwa so hipp wie die meisten Moskauer den Sozialismus. Ich aber ging immer wieder begeistert hin.

Sehr präsent war im Berliner Stadtbild auch der Publizist Sascha Lobo mit der markanten Iro-Frisur. Wenn er nicht gerade in einer TV-Talkshow saß, trieb er sich oft zufällig in derselben Kneipe wie ich herum. »Holzmedien«, spottete Lobo über Zeitungen und Zeitschriften. Er selbst war fast ausschließlich im Non-wood-Bereich tätig, als Ober-Blogger und -Twitterer des Schwoobelands. Wenn man Lobo glaubte, dann verhielten sich die klassischen Holzmedien zu den modernen Angeboten im Internet wie der Neandertaler zum Homo sapiens. Vielleicht hatte er Recht. Allerdings passten in eine Twitter-Meldung gerade mal 140 Zeichen. Eine Seite 3-Reportage wäre zu lang. Überhaupt: Was konnte man schon mit 140 Zeichen ausdrücken? Eine ganze Menge, fiel mir auf. »Basler sind schlauer als Zürcher!« – nur 33 Zeichen! – würde ich zum Beispiel gerne mal getwittert kriegen. Sascha Lobo wiederum twitterte neulich Folgendes: »Gestern beim Steuerberater. Werde den Rest des Jahres arbeiten müssen, um die Forderungen des Finanzamts zu erfüllen.« Sauber, dachte ich. Doch wie war er bloß in diese Lage gekommen? Wie erreichte man eine so hohe Gehaltsklasse? Darüber stand leider nichts in der Meldung. Letztlich bot dieses Gefäß eben doch zu wenig Platz. Neulich wollte ich Lobo in einer Bar in Mitte mal nach seinem Trick zum Geldverdienen fragen. Doch prompt kam ich nicht dazu. Ein besoffener Doors-Fan textete mich nämlich den ganzen Abend über zu: »Jim Morrison lebt!« »Ja ja. Wahrscheinlich wohnt auch der jetzt hier in Berlin«, spottete ich. »Vielleicht sitzt er ja irgendwo in Wilmersdorf im Altersheim und wählt die Grauen Panther.« Der Doors-Fan ließ nicht locker und breitete krude Theorien über internationale Verschwörungen, Geheimdienste und Seelenwanderung aus – bis ich beim fünften Bier schließlich unsicher wurde. Ich musste an Doktor Doktor von Lucadou denken und seine parapsychologische Forschung. Und hatte nicht der Autofußballfan aus Berlin – dieser Künstler, den ich vor Jahren in Basel im Kaffi Schlappe getroffen hatte – genau wie der alte Jim Morrison ausgesehen? Konnte das alles Zufall sein?

Am Wochenende dann, als ich mit Amanda einen Ausflug auf die romantische Pfaueninsel unternahm, wurden wir prompt wieder mit der Unsterblichkeit konfrontiert. »Luise lebt!« stand auf der Insel überall in großen Buchstaben auf Plakatwänden. Gemeint war Königin Luise von Preußen, die offiziell vor zweihundert Jahren gestorben war. Eigentlich wollten Amanda und ich uns ja Pfauen ansehen. Aber die alte Königin? Auch nicht schlecht. Neugierig pirschten wir los. An einem großen Vogelkäfig mit geschwungenen Verzierungen stand auf einem rostigen Hinweisschild: »Die Stiftung Preußischer Schlösser präsentiert anlässlich der Restaurierung der fantastischen Voliere eine nicht minder fantastische Ausstellung.« Sie werde die Besucher »bestimmt genauso in Erstaunen versetzen, wie es jene einzigartigen Vögel taten, die einst diese Käfige bewohnten«. Die Pfauen waren also weg, kombinierten Amanda und ich. Mist!

Dafür fanden wir kurz darauf weitere Hinweise auf Königin Luise: Auf Handzetteln, die junge Männer in preußischer Uniform verteilten, wurde sie als »It-Girl« gefeiert. Typisch Berlin, dachte ich. »Kann nichts, tut nichts – ist berühmt«, lautete eine gängige Definition für das Phänomen »It-Girl« – und als klassisches Beispiel galt Paris Hilton. In Basel würde sich niemand trauen, auch nur eine hundsgewöhnliche Bundesrätin mit diesem Ausdruck zu beleidigen. Oder in Wien: Kaiserin Sissi als It-Girl? Niemals! Wie ich sie liebte, die Respektlosigkeit der Berliner.

Königin Luise habe häufig Sehnsucht nach dem Landleben gehabt, lasen wir auf einer weiteren Ausstellungstafel. Allerdings weniger nach echter Maloche auf dem Feld als nach Gartenidyll. In diesem Punkt war die Königin mir ziemlich ähnlich, dachte ich. Dabei hatten wir in der Schweiz ja nicht einmal eine monarchische Tradition. Leider fanden Amanda und ich Luise dann doch nicht, obwohl wir die ganze Insel absuchten. Dafür entdeckten wir, mitten in einem Rosengarten, schließlich doch noch Pfauen: gleich dreizehn Stück! Vielleicht hielten sich ja auch Luise und Jim Morrison tatsächlich irgendwo auf dem Eiland versteckt.

Ein anderer A-Promi aus längst vergangener Zeit habe mit Sicherheit im Verborgenen überlebt, erzählte ich Amanda, als wir auf dem Rückweg zur Fähre durch ein Eichenwäldchen schlenderten: E.T., die Schildkröte ohne Panzer, aus dem gleichnamigen Achtziger-Jahre-Kultfilm. In diesem Film freundet sich E.T., ein Wesen aus dem Weltall, auf der Erde mit einem kleinen Jungen an, wird aber ständig von Heimweh geplagt. Das Einzige, was ihn wirklich reizt, ist: »Nach Hause telefonieren.« E.T. geriet in Vergessenheit. Neue Figuren wurden populär: Die Teletubbies, Papa Ratzi, Angie Merkel, Eva Herman, Knut. Aber E.T. lebte! Und er telefonierte noch immer gerne. Erst neulich hatte ich ihn wieder am Apparat. Er arbeitete jetzt bei der Bank meines Vertrauens. Wenn man früher dort anrief, meldete sich eine Frau. Man nannte eine Geheimzahl und sagte: »Ich möchte gerne Geld überweisen.« Die Dame fragte: »Wie hoch ist der Betrag?« Es war eine andere Zeit gewesen. Jetzt meldete sich E.T. Die Bank behauptete zwar, es handle sich um ein computergestütztes Sprachprogramm, aber es war E.T.! Ich erkannte die Stimme sofort. »ET lebt«, googelte ich kurz darauf. Volltreffer! Der Link verwies auf das »Jahrbuch Steglitz«. Ich klickte ihn an und las: »Et lebt ja noch der Müggelsee …«

Dennoch: E.T. lebte! Keine Frage. Aber er hörte inzwischen schlecht oder sein Gehirn war nicht mehr so fit. »Ich habe Sie nicht verstanden«, sagte er häufig, »Bitte wiederholen Sie.« – »Siebter September!«, brüllte ich mein Geburtsdatum – das Codewort – immer wieder in den Telefonhörer. Der Außerirdische verstand mich nicht. Wahrscheinlich war er überarbeitet. Er hatte nämlich inzwischen auch noch einen Zweitjob bei der Deutschen Bahn, erfuhr ich von Irma aus München. Sie hatte mich mal wieder in Berlin besuchen wollen und bei der Bahn-Hotline angerufen, um ein Ticket zu bestellen. »Ich wiederhole«, hörte sie immer wieder E.T.s sphärisch klingende Stimme: »Sie wollen von München nach Benin fahren.«

Amanda und ich ließen für eine Weile die Finger von der Bahn. Wir verbrachten den Urlaub in Berlin und machten uns einen Spaß daraus, den Touristenströmen zu folgen. Vor dem Aufgang zur gläsernen Reichstagskuppel, die »Transparenz« symbolisiere, wie wir im Vorbeigehen aus dem Vortrag eines Guides aufschnappten, stauten sich an diesem Morgen mal wieder die Japaner. Doch wir fanden die weniger bekannten Trakte des Gebäudes sowieso spannender und schlossen uns einer Reisegruppe aus Osteuropa an. Auch für die Kunst hatte der deutsche Staat im und am Reichstag jede Menge Geld ausgegeben. An einer Fassade betrachteten wir eindrucksvolle figürliche Darstellungen. Die abgebildeten Menschen sahen aus, als seien sie gerade aus dem Fenster gesprungen. »Vielleicht eine allegorische Darstellung der aktuellen Stimmung in Berlin?«, scherzte Amanda. Ein weiteres Wandgemälde erinnerte an einen Büstenhalter. Allerdings mit einigen Körbchen zu viel. »Die künstlerische Umsetzung eines Politiker-Gehirns«, tippte ich. Doch ich schien mich getäuscht zu haben. »Es ist eine Struktur, der eine inhaltliche Anbindung fehlt«, erläuterte die Touristenführerin.

Auch sonst war das Zentrum der Macht des Schwoobelands ein echter Knaller: Der Außenraum wurde nämlich »eingebunden« und es entstand ein »Dialog mit der Umgebung«, erklärte die Touristenführerin später. Bereichernd wirkte eine eingebundene Landschaft mit Nadelbäumen, wenn auch leider mal wieder ohne jeden Berg. Die Pflanzen waren bereits verendet. Zu wenig Sonne. Hätte man sich auch vorher überlegen können, dachte ich. Aber

das wäre wahrscheinlich zu teuer geworden: Die Renovierungs-
kosten vor dem Umzug der Politiker aus Bonn nach Berlin durften
nämlich dreihundert Millionen Euro nicht übersteigen. Besonders
angetan waren Amanda und ich von einem Innenhof, der als riesiges Schwimmbecken ausgestaltet war. Wow! So etwas gab es im
Basler Rathaus nicht. »Die Politiker gehen im Reichstag aber nie
baden«, betonte die Touristenführerin. Sie hätten einfach keine
Zeit. »Nicht einmal in der Mittagspause.« Immerhin entdeckten
wir aber ein aufblasbares Krokodil im Wasser. Sonst war wenig
los im Reichstag, Politiker sichteten wir keinen einzigen. Schade. Denn gelegentlich konnte man den Abgeordneten hier beim
Hammelsprung zuschauen, erzählte die Touristenführerin. Diese
Zeremonie hat nichts mit tierischer Liebe zu tun, lernten wir. Bei
diesem Akt schreiten vielmehr alle Parlamentarier durch eine von
drei Türen, über denen »ja«, »nein«, oder »Enthaltung« steht. Dabei
werden sie von Experten gezählt. Faszinierend.

Das wäre vielleicht auch ein Modell für unsere Hardcore-Vegetarier-WG, dachte ich später zu Hause. Meist waren wir vier Jungs
ja ein Herz und eine Seele. Aber bei schwierigen Themen wie der
Waschmaschinenfrage fehlte uns manchmal ein geeignetes Verfahren zur Entscheidungsfindung. Die WG war wie eine Familie
für mich, vielleicht gerade weil wir uns auch gelegentlich stritten:
ein zauberhafter Mikrokosmos, der Entfaltungsmöglichkeiten für
unterschiedliche Temperamente bot.

Doch jede WG war auch ein fragiles Gebilde, musste ich bald
darauf feststellen. Denn der asketische Albert verließ uns plötzlich. Seit ich ihn kannte, erzählte er davon, dass er für immer nach
Asien wolle. Und Oskar hatte mir gesteckt, dass unser Wohngenosse schon vor meiner Zeit viele Jahre darüber schwadroniert
habe. Jetzt aber machte Albert tatsächlich Ernst. Das Flugticket
nach Bombay hatte er bereits gekauft. Seinen Stuhl, die Matratze
und seine zwei Bücher würde er mir gerne schenken, sagte er. Und
als ich mich gerade von dem Schock erholt hatte, sagte Theo, er
ziehe auch aus. Nächste Woche sei seine Diplomfeier an der Uni –
und da wolle er sich jetzt auch »etwas Eigenes« suchen. Sehr eigen,
dachte ich.

Oskar und ich saßen bis spät in der Nacht in der WG-Küche und aalten uns in Nostalgie. Dabei kamen wir uns so nah wie nie zuvor. Oskar gestand mir zum Beispiel, dass er eigentlich gar kein Vegetarier sei. Er habe mit Theo und Albert nur keinen Streit gewollt. Am nächsten Tag gingen wir zusammen ins Steak House. Und das mit der Männer-WG sei von Anfang an nur eine Notlösung gewesen, erzählte Oskar. Es hatten sich einfach keine interessanten Frauen beworben. Wir beschlossen, künftig fleischessende, weibliche Kandidaten bevorzugt zu behandeln.

Die ersten zehn Bewerberinnen waren prompt zu langweilig oder zu anstrengend. Sie lachten nie während des Vorstellungsgesprächs, studierten BWL oder hatten eine so neurotische Ausstrahlung, dass wir uns nach wenigen Minuten selbst total verkrampften. Dann kam eine reifere Frau. Nach einem kurzen Blick auf unsere Küche machte sie auf dem Absatz kehrt, zischte: »Geht ja gar nicht!« – und war weg. Schon klingelte es erneut, und eine Frau in einem bunten Sommerkleid stand vor der Tür. Die sah nett aus. Kaum war sie in der Wohnung, fischte sie eine Schwanenfeder aus ihrer Ledertasche. Solche Dinger verwendeten die alten Römer bei ihren Orgien, um dem Magen den Impuls zu geben, sich zu entleeren, dachte ich. Vielleicht hatte Guido Westerwelle ja doch Recht mit seiner Warnung vor einer »spätrömischen Dekadenz«, die im Schwoobeland um sich greife? Dann förderte die Dame ein Tamburin aus ihrer Ledertasche zutage. Sie plane, hier im Wohnzimmer zu »behandeln«, sagte sie und lächelte wie eine Madonna. Jetzt holte sie einen Holzprügel aus der Tasche und begann die Trommel zu schlagen. Welche Art Behandlung das sein mochte? Auramassage? Reiki? Harakiri? Die Trommel dröhnte so laut, dass unsere Fragen nicht durchdrangen. Dann besichtigte die Bewerberin Küche und Bad. Wahrscheinlich sollte dort ebenfalls behandelt werden. Sie stampfte aufs Parkett und stieß Gutturalalllaute aus. Das Haus wackelte. »Hallt schon ein bisschen, eure Wohnung«, sagte sie.

Nach dieser Dame bewarb sich lange niemand mehr für die beiden Zimmer. Vielleicht ließ den Berlinerinnen und Berlinern das Eisbär-Fieber keine Zeit. Denn natürlich war die Geschichte von Knut herzerweichend: Tierpfleger Thomas Dörflein hatte den verwaisten Eisbären mit der Milchflasche großgezogen. Und das in Berlin, wo im Zolli sonst nicht einmal tote Fische aus dem »Vierwaldstättersee« gefischt wurden. Nichts gegen Knut. Mit dem Bären war es mir lange ähnlich gegangen wie mit Eckart von Hirschhausen, »Deutschlands lustigstem Arzt«. Eigentlich fand ich ihn völlig okay. Er schien mir in der Berliner Öffentlichkeit lediglich ein wenig überrepräsentiert. Wahrscheinlich kriegt Knut bald auch noch den Friedensnobelpreis!, dachte ich. Und es wurde immer krasser. Selbst wenn morgen der Dritte Weltkrieg ausbricht, beginnen die Tagesthemen wieder mit einem Knut-Porträt, dachte ich entnervt.

Dann starb Knut plötzlich an einem Gehirntumor. Und schon bald begann er mir zu fehlen. Toni mit dem Trenchcoat gab mir schließlich einen seiner unbezahlbaren Tipps: Schnute, die offizielle Berliner Stadtbärin, sei noch am Leben. Sie wohnte im Köllnischen Park, gar nicht weit von meiner WG entfernt, in einem Zwinger mit Umschwung. Und sie zu besuchen, kostete nicht einmal Eintritt. Amanda und ich beobachteten gerührt, wie die Grande Dame der Berliner Bärenwelt eine Ananas verzehrte. Sie war bereits in ihrem dreißigsten Jahr, was bei Braunbären als betagt gilt, stand auf einer Infotafel. Schon lange vor Knut waren Bären in Berlin hoch angesehen, erfuhren wir später von einer Wärterin im Blaumann. Auf einem Gildebrief der Berliner Kürschner aus dem Jahr 1280 bewachen zwei dieser Tiere einen kostbaren Schild: der Beginn einer eindrucksvollen Karriere auf Siegeln, Wappen und Fahnen. In den dreißiger Jahren beschlossen die Berliner, ihr Wappentier in Fleisch und Blut mitten im Stadtzentrum anzusiedeln, und erbauten die Stadtbärenresidenz.

Der Job von Schnute war ähnlich definiert wie der des Bundespräsidenten. Sie hatte keine wirkliche Macht. Sie sollte lediglich freundlich sein und sich anmutig gebärden vor Menschen aus aller Welt. Auf diese Weise konnte sie aber viel tun für das Ansehen ihrer Heimat. Und zweifelhafte Kredite nahmen Bärendamen ja in der Regel nicht an. Immerhin fiel den meisten Menschen zum Stichwort »Berlin« eher der Bär ein als – was realistischer wäre –

der Pleitegeier. Und wahrscheinlich konnte Knut erst vor dem Hintergrund der traditionsreichen Berliner Bärenaffinität zu einem Weltstar werden und Horden von Touristen in die Schwoobeland-Metropole locken. Ich musste an good old Basel denken. Unser Wahrzeichen war der Basilisk. Ein giftgrünes, drachenartiges Ungeheuer, das, falls es jemals existiert hatte, längst ausgestorben war. Wir mussten wirklich noch viel lernen, in meiner alten Heimat. Ich aber lebte jetzt zumindest da, wo die Stadtbärin steppte – und die Dichter-Dichte ständig zunahm.

Die Feuilletonistin Cordula hatte völlig Recht mit ihrer Beobachtung. In fast allen Cafés und Bars saßen junge Leute tagelang vor aufgeklappten Laptops und hauten immer wieder mal ein paar Zeichen in die Tasten. Romane, Gedichte und Novellen entstanden hier offensichtlich so zahlreich wie in Zürich Arbeitsplätze. Mit der Lektüre kam man gar nicht mehr hinterher. Cordula vermutete, die Schreibwütigkeit der Hauptstadtbewohner habe mit der wechselhaften Geschichte Berlins zu tun: mit den Trümmerfrauen, dem Mauerfall, Hartz IV, dem Bankenskandal. Die Fülle an Schicksalsschlägen, die die Berliner und Neuberliner seit Generationen erlitten hatten, schrie gleichsam nach literarischer Verarbeitung. Nur mir fiel einfach kein brauchbares Gedicht ein.

Dafür hatten Oskar und ich beim Mitbewohnerinnen-Casting endlich Erfolg. Wir fanden Paula und Vera, zwei Studentinnen – und beide wurden wunderbare Weggefährtinnen. Vera war eine Nachteule. Gegen Freigetränke tanzte sie manchmal auf dem Tresen der Django-Bar an der Ecke. Sie spielte Harfe, lernte Suaheli und studierte Philosophie. Am Montag beschloss sie, Astrologin zu werden, am Donnerstag Filmschauspielerin – alle paar Tage etwas Neues. Paula hingegen war angehende Juristin. Doch trotz dieser vergleichsweise soliden Berufswahl humorvoll und am Leben auch theoretisch interessiert. Ich hoffte, dass ich Paula eines Tages für das Bergwandern würde begeistern können.

Seit ich nach Berlin gezogen war, heirateten alle. Mein Kollege
Fidel und seine Freundin ließen sich im Standesamt Kreuzberg-
Friedrichshain trauen. Eine Etage darunter wurden Sterbeurkun-
den ausgestellt. Praktisch, dachte ich, falls mal was passieren sollte
auf einer Hochzeit. Denn auf solchen Festakten konnte es ja leicht
zu Spannungen kommen. Vielleicht gab es in der dritten Etage,
die fürs Heiraten reserviert war, aus diesem Grund zwei getrennte
Wartezimmer? »Ist das hier nach Familienzweigen aufgeteilt?«, er-
kundigte sich ein Hochzeitsgast vorsichtig. Doch alle durften überall rein – falls sie durch die Tür passten. Ein Papa kam mit Zwillin-
gen in einem Monsterkinderwagen, so breit, dass man die Fassade
des Standesamtes hätte aufsprengen müssen, um ein geeignetes
Tor zu schaffen. Überhaupt: dieser Kindersegen! Oft hörte man ja
Klagen über die Unwilligkeit der Berlinerinnen und Berliner, sich
zu vermehren. Reine Propaganda der Kinderkriege-Lobby! Auf
der Hochzeit von Fidel und Tamara jedenfalls war ein Großteil der
Gäste gerade mal im Krabbelalter. Und dennoch fragte ich mich,
warum in Berlin plötzlich alle Leute heirateten. Vielleicht war es
die Sehnsucht nach Halt in wirtschaftlich schwierigen Zeiten?
Linke Psychologen behaupteten, die Heiratswelle habe politisch-
soziale Gründe. Den Schwoobe drohe eine soziale Eiszeit. Und aus
Angst vor den Plänen der CDUFDP-Regierung suchten die Menschen Geborgenheit im Schoße der Familie. Gut möglich.

Überhaupt wurde ich in Berlin immer stärker zu einem Freund
der Psychologie. Im Jüdischen Museum hatte ich mir mit Amanda unlängst eine Ausstellung zu Ehren von Sigmund Freud, dem
Begründer der Psychoanalyse, angesehen. Schlüsselbegriffe seiner
Theorie wie »Neurose«, »Libido« und »Über-Ich« leuchteten in Ne-
on-Schrift von einer Wand. Und auf einer vier Meter hohen Ge-

burtstagstorte waren Szenen aus seinem Leben nachgestellt: Erst hatte er vierhundert Aale seziert, dann die Seele von hundertdreißig Menschen. Freuds Theorie war umstritten. Bereits sein Zeitgenosse Karl Kraus schrieb: »Die Psychoanalyse ist die Krankheit, für deren Heilung sie sich ausgibt.« Und auch Psychologieprofessor Fels, mit dem ich Jahrzehnte später an der Universität Basel das Vergnügen hatte, hasste die Psychoanalyse. »Wenn jemand auf dem Schulhof Unfug treibt«, empfahl der ehemalige Grundschullehrer in der Vorlesung, »dann lassen Sie ihn neben dem Mülleimer stehen. Die ganze Pause lang.« – »Und wenn er danach noch aggressiver ist?«, fragte ich. »Ich bin kein Psychoanalytiker«, sprach Fels und lächelte schmierig. »Ich will Ruhe auf dem Schulhof.«

Von diesem Moment an war ich Fan der Psychoanalyse, von Sigmund Freud und Carl Gustav Jung. Die beiden mochten auch so manchen Quatsch behauptet haben. Küssen etwa hielt Freud für pervers, da es nicht der Fortpflanzung diene. Aber seine Grundthese, dass der Mensch kein rein rationales Wesen ist, sondern auch von Trieben gesteuert wird, ist zwingend. Als es mir nach der Trennung von Yvette gar nicht gut ging, hatte ich mich in Schöneberg, wo die Seelenklempner so zahlreich waren wie in Neukölln die Spielhöllen, bei einem Psychoanalytiker auf die Couch gelegt. Leider wurde der Therapeut während der Behandlung dauernd auf dem Natel angerufen, worauf er diskret aus dem Sprechzimmer stürzte. Wahrscheinlich private Probleme.

Am besten gefielen Amanda und mir in der Freud-Ausstellung die einschlägigen Szenen aus Filmen: Selbst falls Sigmund Freuds Theorie doch Humbug war, was wir nicht glaubten, dann hatte sie zumindest Woody Allen zu schweinelustigen Filmszenen inspiriert. Auf einem weiteren Bildschirm liefen gerade die Simpsons: Homers Gattin, Marge, liegt auf der Couch und ihre Psychotherapeutin sagt: »Es gibt noch ein weit größeres Problem: Ihren Mann.« In dem Moment stürzt Homer ins Zimmer und holte die Gattin ab. »Sie muss keine Superwoman werden«, ruft er der Analytikerin zu, »Marge kann jetzt in ein Flugzeug einsteigen. Das reicht.«

In ein Flugzeug einsteigen konnte ich bereits. Es war der Alltag in Berlin, der meine Psyche immer wieder an ihre Grenzen führte.

Schon wegen der ständigen Elternbesuche in der Fleischesserinnen-WG. Veras Erzeuger waren wenigstens rührend. Sie fingen immer sofort an zu putzen, sobald sie die Türschwelle zu unserer WG überschritten hatten. Meist schwiegen sie wie ein Grab. »Ein bisschen studentisch, vielleicht«, war ihr einziger Kommentar zu unserem Einrichtungsstil. Mit versteinerten Gesichtern schrubbten sie den Fußboden und verschwanden bald wieder wortlos. Meine Mama war ein völlig anderer Typ, eine hausarbeitsfeindliche, quasselsüchtige Alt-Achtundsechzigerin. Neulich hatte sie mich mit ihrem neuen Freund zum ersten Mal in Berlin besucht. Besonders gefiel den beiden, dass hier in Kreuzberg »alles so multikulturell« sei. Sie redeten beide so viel, dass uns allen schon nach wenigen Minuten der Kopf dröhnte. »Geil ist das hier«, sagte meine Mama immer wieder, »genau wie in den siebziger Jahren!« Als sie aber das Satire-Heftli Titanic auf unserem Küchentisch liegen sah, wurde sie sentimental: »Die Titanic ist auch nicht mehr, was sie mal war«, klagte sie. Früher seien da nicht so hässliche Fotos drin gewesen, sondern »schöne Karikaturen«. Alt-Achtundsechzigerinnen konnten ziemlich konservativ sein, stellte ich fest. Zum Glück war Rolf, der neue Freund meiner Mama, jünger und sozial kompetent: Bei unserem Ausflug ins Jüdische Museum fragte er die Dame an der Kasse sofort, ob wir nicht ein Familienticket lösen könnten. So ein Familienticket kostete nämlich nur zwölf Euro. Wenn man hingegen drei normale Eintrittskarten kaufte, machte das fünfzehn Euro. Familientickets seien eigentlich nur für Familien mit Kindern bis zum zwölften Altersjahr gedacht, erklärte die Dame an der Kasse. Aber Rolf ließ nicht locker. Immerhin musste ich keinen Schnuller in den Mund nehmen, um zu beweisen, dass ich noch recht jung war. Mittags entspannten wir uns in der Ankerklause bei einem Bier. Leider wurden wir bald rausgeworfen, weil unser Tisch reserviert war und der Laden rappelvoll. Die Kellnerin keifte irgendwas wie: »Verpisst euch!« Meine Mutter und Rolf staunten. Ich aber erklärte ihnen, dass die Berliner immer ganz offen sagten, was sie dachten – ähnlich wie die Achtundsechziger früher. Berlin sei eben eine mutige Stadt, die seit Jahrzehnten auf Zivilcourage und Selbstverantwortung setze.

Der höchste Punkt Berlins war kein Berggipfel, sondern die Spitze des Fernsehturms, wusste ich mittlerweile: auf immerhin 368 Metern über dem Meer. Gigantisch, für hiesige Verhältnisse. Und auf 207,5 Metern Höhe gab es eine Aussichtsterrasse, mit der ich meine Mutter und Rolf beeindrucken wollte. Doch es war wie verhext: Kaum näherten wir uns dem Turm, wurde das Wetter schlechter. Und als wir mit dem Lift hochgefahren waren, sahen wir keinen Meter weit. Es war mein vierter Versuch, hier oben mit Besuchern die Aussicht zu genießen. Und ich beschloss, mich von diesem Projekt für immer zu verabschieden.

Der Höhepunkt des Familienwochenendes wurde unsere Bootsfahrt auf der Spree: Dieser Fluss hatte gewaltigen Anteil daran, dass sich Berlin seit dem 13. Jahrhundert von einem Fischerdorf zur Metropole des Schwoobelands entwickelt hatte, wusste ich aus dem »Kreuzberger Wanderbuch«. Kaufleute brachten auf der Spree mit Segelschiffen Bauholz, Kohle, Torf, Obst, Dörrfleisch oder Räucherfisch in die Stadt. Wir näherten uns der Oberbaumbrücke, diesem bizarren Bauwerk aus roten Ziegelsteinen mit Zinnen, Türmen, Wehrgängen und Schießscharten. Ende des 19. Jahrhunderts war die mit hundertsechzig Metern längste Berliner Brücke über die Spree errichtet worden. Im Stil des Mittelalters. Zu DDR-Zeiten war hier ein wichtiger Kontrollpunkt: einer der Grenzübergänge zwischen West- und Ostberlin. Auch woher der Name »Oberbaumbrücke« kam, erzählte ich meiner Mutter und Rolf stolz: Im 18. Jahrhundert stand an dieser Stelle eine Holzbrücke, die auf mächtigen Pfählen ins Flussbett gerammt war. In der Mitte war ein breiter Zwischenraum für den Schiffsverkehr frei gelassen. Doch jeden Abend schoben die Zollbeamten einen riesigen Baumstamm ins Wasser und sperrten die Durchfahrt bis zum Sonnenaufgang. »Die zweite Zollstelle am Fluss lag weiter westlich, an der unteren Spree im heutigen Stadtteil Tiergarten und wurde ›Unterbaum‹ genannt«, dozierte ich, um nicht in klebrige Gespräche über Familiendinge verwickelt zu werden.

Wegen des Nebels sahen wir nicht viel von der Stadt. Aber irgendwann hörte zumindest der Regen auf. Und als sich dann auch noch ein Spatz auf Rolfs Hand niederließ, war er abgelenkt und ich musste für ein paar Minuten nicht das Baby spielen. Alle waren glücklich. Nur hin und wieder huschte ein Schatten über das Gesicht meiner Mutter. Wahrscheinlich erinnerte sie sich daran, dass früher auch die Spatzen irgendwie besser drauf war. Wir hatten eine tolle Zeit! Nur ein bisschen putzen hätten sie schon können, meine Mutter und ihr neuer Freund.

Es war gegen Mitternacht. Eine Frau in einem schwarzen Latex-Kostüm stand mitten in unserem Wohnzimmer und schwang ihre Lederpeitsche. Voller Verachtung blickte sie mir ins Gesicht. Interessant. Solche Leute hatte ich zu meiner Basler Zeit nie kennengelernt. Wahrscheinlich lag das daran, dass ich dort nie zu einer »Bad-Taste-Party« eingeladen war. Festli, auf denen man sich verkleiden musste, waren generell nicht so mein Ding. Besonders, wenn auch noch ein Karaoke-Wettbewerb auf dem Programm stand. Aber Kung-Fu-Oskar wurde vierzig, und Vera, Paula und ich hatten ihm versprochen, mitzufeiern. Ich hatte mich für die Jury gemeldet. Da macht man sich weniger lächerlich, dachte ich. Wahrscheinlich wurden aus diesem Grund auch im realen Leben viele Leute lieber Kritiker als Bühnenkünstler. Doch Oskars Freunde und Freundinnen waren offensichtlich singfreudig. Einige interpretierten sogar Lieder der Bee Gees. Dabei wären die Gebrüder Gibb besser auch Kritiker geworden, fand ich, zumindest jedenfalls nicht Musiker. Andere Festgäste – vom Kasperl über Hexen und Krankenschwestern bis hin zu Wladimir Putin und diversen Vampiren war an Verkleidungen alles dabei – gaben Songs von AC/DC, Falco, Elvis und Madonna zum Besten. Richtig Stimmung kam auf, als meine Feuilleton-Kollegin Cordula, die sich einen hautengen Tiger-Ganzkörperanzug übergestreift hatte, »In the Ghetto« von Elvis Presley interpretierte. Der Hüftschwung, der Blick: Der König des Rock'n'Roll wäre beeindruckt gewesen. Leider aber hatte meine Jurykollegin mit der Lederpeitsche einen anderen Geschmack. »Schnauze halten!«, zischte sie nur, als ich bei der Elvis-Nummer für die Höchstwertung plädierte. Auch sonst ließ sie mich selten zu Wort kommen. Vielleicht lag es an meiner Verkleidung als Alpöhi mit weißem Rauschebart?

Eigentlich durfte ich nur die Zeit stoppen, die der Applaus des Publikums nach den einzelnen Beiträgen dauerte. Wir Schweizer sind für unsere erstklassigen Uhren eben weltberühmt, sagte ich mir. Und alle meine sonstigen Qualitäten musste ich der Latex-Peitschenfrau offensichtlich erst noch beweisen. Ein paar Gin Tonic später tanzten Vera, Paula und ich gemeinsam mit dem Geburtstagskind Oskar außer Konkurrenz zu »Sternenhimmel« von Hubert Kah Walzer – und bekamen von der Lederpeitschenfrau prompt einen »Fairness-Preis« zugesprochen.

Wochenlang stank unsere Bude nach der Bad-Taste-Party nach kaltem Rauch, Bier, Schnaps und Wein. Aber das Eis war nun endgültig gebrochen. Es ging von Tag zu Tag familiärer zu in der Fleischesserinnen-WG. Wir tauschten uns inzwischen oft über sehr persönliche Dinge aus. »Hast du eigentlich einen Schrank?«, fragte Vera neulich, als sie sich eine dicke Schicht Leberwurst auf ihr Frühstücksbrötchen schmierte. »Klar«, sagte ich. »Magst du ihn angucken?« Doch sie wollte auf etwas anderes hinaus. »Wie stark trägt der Schrank zu deinem Wohlbefinden bei?« Sie plane nämlich gerade den ersten Schrankkauf ihres Lebens, erzählte Vera. »Ich muss mich aufmöbeln.« Wahrscheinlich steckte ein Mann hinter diesen Anwandlungen, vermuteten wir. Selbstverständlich kaufte sich Vera am Ende dann doch keinen Schrank. Sie kaufte sich nämlich überhaupt nie etwas – genau wie der asketische Albert früher. Eine klassische Kreuzbergerin eben. Denn diese Gegend war zu keiner Zeit eine Hochburg von Luxus und Dekadenz gewesen. Vor rund einem halben Jahrtausend lebten hier arme Bauern und Handwerker, wusste ich von Toni mit dem Trenchcoat, der mir auf unseren Streifzügen durchs Großstadtgebirge gerne der Welten Lauf erklärte.

Im Jahr 1641, im Dreißigjährigen Krieg, ließ der Große Kurfürst die schäbigen Hütten im heutigen Stadtteil Kreuzberg niederbrennen, erzählte Toni neulich, als wir den Landwehrkanal entlang ins Büro schlenderten: Denn die schwedische Armee rückte heran und seine Soldaten auf den Befestigungswällen brauchten freie Schussbahn für ihre Kanonen. Ende des 17. Jahrhunderts dann siedelten sich Flüchtlinge hier an. Hugenotten aus Frankreich, die dort aus religiösen und politischen Gründen verfolgt wurden: Handschuhmacher, Seidenwirker, Weber. Viele stammten aus dem Fürstentum Orange – woran die Oranienstraße bis heute erinnerte. Im 19. Jahrhundert kamen schließlich arme Schlucker aus Schlesien, Ostpreußen, Pommern, die in den Fabriken nach Arbeit suchten, erzählte Toni. Und ab den 1960er Jahren ewige Studenten, Lebenskünstler, türkische Gastarbeiter.

Wir beschlossen, statt zu arbeiten, ein bisschen im Viktoriapark auszuspannen. Im Jahr 1813 wurden alle Berliner zur Befestigung des Kreuzbergs aufgefordert, berichtete Toni: Napoleons Truppen rückten heran. Die Berliner hoben Gräben aus, schütteten Erdwälle auf. Doch trotz der akuten Bedrohung soll die Arbeitsmoral niedrig gewesen sein. »Wenn sie zur Schanzstelle kommen, so kommen sie zu spät. Und wenn sie arbeiten sollen, so machen sie Pause«, ärgerte sich der Leiter des Schanzenbaus. »Und kaum ist's fünf Uhr abends, so schreit einer dieser Lümmel irgendwo ›Feierabend‹ und sofort lässt jeder Spaten, Hacke und Karre stehen und liegen, und in Scharen strömen sie – kein Rufen und kein Drohen hilft dagegen – hinab zur Stadt.« Prompt schafften es die Berliner nicht, die Befestigungsanlage rechtzeitig fertigzustellen. Doch sie hatten Glück: Napoleons Heer wurde schon weit vor den Toren Berlins, bei Dennewitz und bei Großbeeren, besiegt. Das Nationaldenkmal – nicht aus Bronze oder Gold, sondern preußisch sparsam aus Gusseisen –, dessen Kreuz dem Berg seinen heutigen Namen gab, erinnert an diese historischen Triumphe.

Von den Treppenstufen des Freiheitsdenkmals auf dem Gipfel des Kreuzbergs ließen wir den Blick über die Dächer schweifen. Die Großbeerenstraße führte schnurgerade in die Friedrichstadt hinein. Östlich davon erstreckte sich die Luisenstadt, die nach der preußischen Königin Luise benannt worden war. Luise lebt!, dachte ich und erinnerte mich grinsend an den Ausflug auf die Pfaueninsel zu diesem »It-Girl«. Siebzig Jahre später ging die Post ab. Industrielle Revolution: Fabriken und Mietskasernen, auch auf dem Weide- und Ackerland südlich des Landwehrkanals, der Tempelhofer Vorstadt, wurde gebaut – Friedrichstadt, Tempelhofer Vorstadt und Luisenstadt wuchsen bald zusammen und wurden

1920 verwaltungstechnisch vereint. Der neue Name: Kreuzberg. Durch den Bau der Mauer wurde Kreuzberg 1961 von wichtigen Verkehrsachsen abgeschnitten, erzählte Toni: Auch dadurch geriet der Stadtteil ins wirtschaftliche Abseits. Betriebe schlossen, Facharbeiter zogen mit ihren Familien fort. In die billigen Butzen mit Außenklo und Ofenheizung zogen Türken, Studenten, Arbeitslose, Künstler.

Der Kreuzberg selbst war nur 66 Meter hoch. Aber er war zumindest »ein richtiger Berg aus der Eiszeit«, wusste ich von Toni. Einst war er ein kahler Sandberg, bis er Ende des 19. Jahrhunderts begrünt wurde und der Viktoriapark mit dem künstlichen Wasserfall angelegt. Der Berg, der unserem Kiez den Namen gegeben hatte, war ein geschichtsträchtiger Ort. Um das Jahr 1250 sollte hier an der Spree ein Fischerdorf zum markgräflichen Residenzort ausgebaut werden. Doch es gab fast nur sumpfigen Sand in der Spreeniederung. »Doch hier, am westlichen Fuße des Kreuzbergs, wurde Lehm gefunden«, führte Toni weiter aus, als wir durch die Katzbachstraße mit ihren prächtigen Altbau-Fassaden spazierten, »und bald darauf verdrängten Ziegelbauten die Holzhütten.«

Abends las ich im »Kreuzberger Wanderbuch«, das mir immer wieder half, meine neue Heimat besser zu verstehen, das Kapitel über die Mauer. Auch in früheren Jahrhunderten spielte in dieser Stadt eine Mauer eine prägende Rolle, stand da etwa: Damals zerschnitt diese Abgrenzung die Stadt allerdings nicht in zwei Teile und inspirierte zu wehmütigen Liedern wie »Mädchen aus Ostberlin«. Die Stadt wurde vielmehr von einer Mauer umschlossen. Die Festungswälle aus der Zeit des Großen Kurfürsten waren in den 1730er Jahren ein zu enges Korsett geworden: Da ließ Friedrich Wilhelm I., der »Soldatenkönig«, eine richtige Stadtmauer errichten, die mehr als drei Meter hoch war. Offiziell galt sie dem Schutz der Stadt vor Feinden. Eigentlich ging es aber um Zollgebühren: Postkutschen, Reiter, Fuhrwerke – fast jeder wurde zur Kasse gebeten. Und ohne gültigen Reisepass durfte niemand die Stadt betreten. Wächter stießen mit ehernen Spießen in die Heuladungen auf den Wagen, um Schmuggelware aufzuspüren. Lediglich sechs Pfund Mehl, Korn und Fleisch durfte jeder Berliner zollfrei aus den umliegenden Dörfern in die Stadt bringen. Doch die Berliner waren clever. Wer nicht zahlen wollte oder konnte, ging einfach mehrmals – oder band die ganze Familie in den Transport ein. Die Namen der U-Bahn-Stationen Kottbusser Tor, wo sich die Drögeler trafen, Hallesches Tor, wo die Amerika Gedenkbibliothek stand, und Schlesisches Tor, wo zwanzigjährige Party-Touristen aus der ganzen Welt die Nächte durchfeierten, erinnerten noch an die Zeiten der alten Stadtmauer.

Die Mauer war aber auch ein Schutzwall gegen die Flucht der eigenen Leute gewesen – ähnlich wie später zu DDR-Zeiten. Wobei es im 18. und frühen 19. Jahrhundert noch ausschließlich Soldaten waren, die das Weite suchen wollten. Nicht nur die Wachen an den Stadttoren passten auf, dass keiner desertierte. Alle zwanzig Schritte standen weitere Wachen vor Schilderhäuschen. Und Gärtner, die in der Nähe der Mauer lebten, mussten ihre Leitern nachts unter Verschluss halten, so eine königliche Verordnung aus dem Jahr 1803. Denn viele Soldaten in der preußischen Armee hatten sich nicht freiwillig zum Dienst gemeldet. Werber hatten sie betrunken gemacht.

Am 11. März 1783 erging folgender Tagesbefehl an die Hallesche Torwache: »Die Unteroffiziers auf denen Wachten, nebst den Gefreiten und Schildergästen müssen sehr genau Acht geben auf die großen Frauenzimmer, damit sich kein Soldat verkleidet herausschleicht.« Wieder eingefangene Deserteure wurden zum Spießrutenlaufen gezwungen: Die Kameraden aus dem Regiment stellten sich mit Ruten in der Hand in zwei langen Reihen auf. Der Gefangene musste mit nacktem Oberkörper durch die schmale Gasse gehen und wurde ausgepeitscht.

Eigentlich war der Kreuzberg kein Monolith, sondern Teil einer langgezogenen Hügelkette, die sich von Schöneberg bis zur Hasenheide in Neukölln erstreckte. Doch man musste sehr genau hinsehen, um die Hebungen und Senkungen im Häusermeer zu erkennen. Gleich bei der Hardcore-Vegetarier-WG, an der Kreuzung von Arndt- und Nostitzstraße, lag einst der »Dustere Keller«. Eine tiefe Schlucht, die in der Eiszeit Gletscherwasser ausgewaschen haben. Und die ersten Bewohner zwischen Havel und

Spree, wahrscheinlich slawischstämmige Jäger und Ackerbauern, verbrannten ihre Verstorbenen und setzten die Urnen mit Vorliebe im Dusteren Keller bei. Im frühen Mittelalter lebte dann der Volksstamm der Wenden hier – und brachte in jener Schlucht, so die Legende, der dreiköpfigen Gottheit Triglaff blutige Opfer dar. Im 18. Jahrhundert verwilderte die Schlucht. Wegelagerer und entlaufene Soldaten trieben sich hier herum und überfielen gelegentlich Bürgersleute. In den 1870er Jahren schließlich kam das Ende für den Dusteren Keller: Der industrielle Aufschwung zog immer mehr Menschen an. Die Stadt breitete sich aus, Hügel wurden abgeflacht und Schluchten zugeschüttet. Doch wo die Nostitzstraße in die Arndtstraße mündet, ist noch heute eine leichte Senke im Straßenpflaster zu erkennen. Und ganz in der Nähe dieser ehemaligen No-Go-Area für rechtschaffene Bürger, in der Haifischbar, feierten Amanda und ich an diesem Abend unser einjähriges Jubiläum als Paar.

Es war nicht immer die reine Harmonie zwischen Amanda und mir. »Dieses Hemd«, sagte sie während unserer kleinen Feier plötzlich, als habe sie ein Kuhauge in ihrer Kürbis-Karottensuppe entdeckt, »das geht ja gar nicht. Total achtziger Jahre!« Ich lächelte nachsichtig. Achtziger Jahre, dachte ich, phh! Es kannte sich halt nicht jeder mit Mode aus. In Wirklichkeit handelte es sich bei diesem Hemd mit dem indischen Blumenmuster um ein kostbares Familienerbstück. »Stammt noch aus den 1970er Jahren!«, sagte ich triumphierend. »Hat mein Vater auf seinen Nepal-Reisen getragen.« Jetzt hatte er es mir vererbt, weil er zu dick dafür geworden war. »Altkleidersammlung«, schlug Amanda vor. »Schon mal was davon gehört?« Zum Glück kam am Tag darauf ein Freund von ihr aus Köln zu Besuch. Sie gab viel auf seine Meinung, und ihm schien das Hemd zu gefallen. »Wow! Was für ein cooles Teil«, sagte er und bewunderte mich von allen Seiten. Ich warf ihr einen triumphierenden Blick zu. Er würde sich das Ding total gerne ausleihen, sagte er. Für den nächsten Karneval. Mode-Banause, dachte ich.

Und nichts gegen die achtziger Jahre: Jacken und Hemden aus dieser Dekade besaß ich in der Tat auch jede Menge. Aus meiner Jugendzeit in Basel. Die meisten stammten von H&M und waren schön billig gewesen. Manche Leute behaupteten, Klamotten aus Billig-Läden lösten sich schon nach wenigen Wochen auf. Ich aber konnte aus Erfahrung sagen: Mit ein bisschen Willen halten sie ewig. Ob ich auch meinen Strampelanzug aus dem Babyalter bald wieder anziehen wolle, fragte Amanda. »Erst kürzlich habe ich mir ein neues Hemd gekauft«, wehrte ich mich. »Vor genau zehn Monaten«, rechnete sie nach. »Nur weil Dinge neu sind, müssen sie noch lange nicht besser sein«, argumentierte ich. »Gerade als Historiker ...« – Aber Amanda war jetzt richtig genervt. Ich musste ihr versprechen, am nächsten Tag mit ihr Klamotten kaufen zu gehen. Am Hackeschen Markt gebe es ein total tolles japanisches Geschäft, sagte sie: »Muji«. Klingt so ähnlich, wie Edi Stoiber seine Frau nennt, dachte ich. Vielleicht war das ja ein gutes Omen. Ich willigte ein, mir ein paar neue Klamotten zu leisten. Denn für die Qualität meiner Beziehung war mir nichts zu teuer.

Die Berliner Frauen waren eine ständige Herausforderung, wusste ich mittlerweile. Völlig egal, ob es sich um Eingeborene handelte oder ob sie aus Florida, Ulm oder Wladiwostok zugewandert waren. Franz musste seiner Freundin gerade eine neue Wohnzimmereinrichtung von einem Designer aus Japan spendieren. Und auch Fidel sah in letzter Zeit total fertig aus. »Ich muss schon wieder in Urlaub fahren!«, klagte er. Es klang, als habe ihn eine höhere Macht zum Hundekotaufsammeln im Wedding eingeteilt. In Wirklichkeit flog er für drei Wochen nach Bali, um Wellnessferien in einem Luxus-Hotel zu machen. Er hatte Tamara diese sauteure Reise in einer schwachen Minute versprochen, wollte aber viel lieber den Herbst in Berlin genießen. Außerdem litt er an chronischer Flugangst. Ich hatte es also vergleichsweise gut.

Bald darauf beschloss allerdings Amanda, wegzufahren – allein: für sieben Wochen nach Brasilien. Sie wolle dem Winter entfliehen, sagte sie, der Berliner Klassiker. Ob ich nicht mitkommen solle, fragte ich. Aber Amanda schüttelte den Kopf. »Ich brauche meine Freiheit«, sagte sie. Tja, dachte ich. Mir schien, dass ich diese Formulierung nicht zum ersten Mal hörte. Vor der Abreise überzeugte sie mich noch, dass ich Skype brauchte. In ihrer Ferienwohnung in Rio gebe es nämlich kein normales Telefon. Skype war eine seltsame Erfindung: Man setzte sich futuristische Kopfhörer mit integriertem Mikrofon auf, sah damit wie ein Marsmensch aus, fühlt sich auch so – und konnte weltweit kostenlos telefonieren. Übers Internet. Das musste dieser neumodische Kram sein, für den mein Basler Freund Urs damals die Werbekampagne leitete, dachte ich. Jetzt war ich also doch noch zu seiner Zielgruppe geworden.

Ich klickte mit der Maustaste und schon wählte mein Computer eine Nummer: dideldü, dideldü. »Hi«, hörte ich Amandas

Stimme aus Rio. Wow. »Hallo«, antwortete ich aufgeregt. »Hi«, sagt Amanda wieder. Ich auch. Dann begann sie voller Begeisterung von der Intensität des Lebens in dieser Stadt zu erzählen, den süßen Früchten direkt vom Baum und den witzigen Mitschülern im Sprachkurs. Leider konnte ich sie nicht sehen. Entweder hatte Urs damals Quatsch erzählt oder Amanda hatte vergessen, die Video-Funktion auf meinem PC einzurichten. Und schon bald kippte die Stimmung. Amandas Stimme klang immer gereizter. Der Grund: Sie konnte mich nicht nur nicht sehen – sondern auch nicht hören. Es musste an meinem Mikrofon liegen. Am nächsten Tag funktionierte das Mikro wieder, doch da war Amanda leider gerade »offline«. Immerhin kam am Tag darauf eine E-Mail von ihr: »Du warst um elf Uhr online, aber als ich online ging, bist du sofort offline gegangen«, beschwerte sie sich. Ich mailte zurück, dass ich mich total freue, dass mein verdammtes Mikrofon jetzt endlich funktioniere. Wieso sollte ich also offline gegangen sein? Das war Amanda auch nicht klar. Aber man konnte es halt sehen, mailte sie beleidigt. Scheiß Transparenz!, dachte ich.

Überhaupt konnte man mittlerweile überall alles sehen, nicht nur im Internet. An der Bergmannstraße etwa hatten sie unlängst die Markthalle renoviert. Früher war es dort schummrig und gemütlich gewesen. Jetzt hingegen gab es überall Scheinwerfer und riesige Schaufensterscheiben. Die Halle wirkte wie eine Mischung aus Solarium und Duty-free-Zone im Flughafen. Wenn ich mal wieder richtig pleite bin, dachte ich, dann biete ich dort in meiner neuen Marsmenschen-Skype-Ausrüstung Psycho-Seminare an. Einen Titel hatte ich schon: »Transparenz als Chance«.

Als Amanda endlich zurückkam, schienen alle Spannungen vergessen, so glücklich waren wir. Für ein paar Stunden. Dann kam sie auf Skype zu sprechen: »Du kannst wirklich gar nichts«, sagte sie beim Abendessen: »Nicht einmal telefonieren!« »Gugus«, verteidigte ich mich. »Oder kochen«, setzte sie nach. – »Quatsch«, sagte ich. »Ich koche nur nicht dauernd.« Es sei ein Zeitproblem, erklärte ich ihr: »Ich muss immer schreiben.« Amanda lachte nur. Mir fiel ein besseres Argument ein: »Kochen ist in Berlin nur etwas für Bonzen. An der Imbiss-Bude krieg ich drei halbe Hähn-

chen für den Preis einer einzigen selbst zubereiteten Mahlzeit!«
Amanda murmelte etwas wie »niveaulos«. »Gut!«, brüllte ich.
»Dann koch ich eben nächste Woche!« Wahrscheinlich ein Fehler.
Denn ich war in der Tat etwas aus der Übung. Vor zwanzig Jahren
hatte ich an der Berufs- und Frauenfachschule Basel (BFS) einen
Abend-Kochkurs besucht. Wir wurden auf der Basis des legendären Schweizer Koch-Lehrbuchs »Tiptopf« ausgebildet, das mittlerweile zwei Millionen Mal über den Ladentisch gegangen war. Mehr
als jeder vierte Schweizer musste es also zu Hause haben. »Nichts
für Menschen, die einmal pro Schaltjahr die Kelle schwingen, um
sich mit einem überdimensionalen Menü vor einer Schar Gäste
aufzuspielen. Der ›Tiptopf‹ ist für Leute, die in einer Hand das
Kind, das Telefon und den Lippenstift jonglieren und in der anderen den Schwingbesen und die Bratpfanne«, schrieb das Schweizer Frauen-Heftli Annabelle einmal: »Bescheiden ausgedrückt: für
Heldinnen des Alltags.« Ich wurde keine Heldin des Alltags. Denn
wir mussten an der BFS jedes Mal genau hundertzwanzig Minuten
kochen, dreißig Minuten essen und hinterher hundertachtzig Minuten die Küche putzen. Seit diesem Kurs ging ich essen. In Basel
konnte ich mir das Menü in der Uni-Mensa leisten. Und in Berlin
war, von ökonomischer Warte aus betrachtet, sowieso alles andere
als auswärts zu speisen der reine Schwachsinn.

Leider fand ich meinen »Tiptopf« nirgends. Offenbar lagerte er
noch im Keller meiner Mutter in Basel. Ganz unten in meinem Bücherregal entdeckte ich aber zumindest ein anderes Kochbuch, das
ich vor Jahrzehnten mal geschenkt bekommen hatte: »Der sichere
Weg zum erfolgreichen Kochen« mit 2000 Rezepten. Ich blies den
Staub vom Einband, blätterte das Buch mit Kennerblick durch und
entschied mich für »Coq au vin«. Schon weil bei diesem Gericht
»gelingt leicht!« dabeistand. Im Supermarkt kaufte ich vier Hähn-
chenschenkel, fünf große Zwiebeln, zwei Karotten, Pilze, ein Kilo
Reis, ein Bund Petersilie und zwei Flaschen Rotwein und spazierte damit zu Amanda hinüber, die ganz in der Nähe meiner WG
wohnte. Lange suchte ich in ihrer Küche nach einem geeigneten
Topf. Sie hatte so viele. Dann braute ich alle Zutaten irgendwie
zusammen. Bald sah die Küche aus wie das Set für einen Splatter-

film. Und schon ein paar Stunden später, Amanda war inzwischen aus dem Atelier nach Hause gekommen und hatte zwei DVDs geguckt, konnten wir essen. Sie gab sich beeindruckt. Nichts gegen Kneipen und Restaurants, gegen den besten Döner der Welt oder gegen Real German Food aus Österreich. Aber Essen war einfach nirgends so schön wie zu Hause. Manchmal.

Ich schlug vor, zur Feier des Tages den Ruhrgebiets-Kult-Film »Was nicht passt, wird passend gemacht« aus der Videothek zu holen: eine Komödie über die Zustände auf deutschen Baustellen. »Sounds boring«, sagte Amanda. Ich protestierte und schilderte ihr ein paar besonders lustige Szenen. »Deutscher Humor«, sagte Amanda und verdrehte die Augen. Jetzt war ich beleidigt. Es stimme einfach nicht, dass alle Deutschen humorlos seien, sagte ich. Das sei ein billiges Klischee! Als ich gerade überlegte, welcher deutsche Filme sonst noch richtig lustig war, sagte Amanda verächtlich: »Du bist ein richtiger deutscher Patriot!« – »Moment!«, protestierte ich. »Ich bin Basler und meine Eltern sind Österreicher.« Amanda murmelte etwas wie »Opportunist«. Man könne sein Nationalbewusstsein nicht einfach der Konjunktur anpassen. Ich sah das völlig anders: »Nationalstaaten sind eine dubiose Erfindung aus dem 19. Jahrhundert«, ereiferte ich mich. »Das Nationale wird völlig überbewertet.« Gerade bei euch in Amiland!, wollte ich noch ergänzen. Da fiel mir ein, dass schon bald wieder der 1. August gefeiert würde: unser Schweizer Nationalfeiertag. Und irgendwie wurde mir bei dieser Vorstellung ganz warm ums Herz. Nicht wegen der lächerlichen Ansprachen unserer Politiker. Am Nationalfeiertag wurden in den Alpen Höhenfeuer angezündet und der schöne Brauch des Fahnenschwingens gepflegt: Man warf eine riesige Schweizerfahne hoch in die Luft, sie drehte mehrere Loopings und landete wieder sicher in der Hand. Richtig beherrschten diese Technik fast ausschließlich Bergbauern aus der Innerschweiz. Aber mit dem Alter wurden die meisten Menschen immer konservativer und patriotischer. Daher war ich nur wenig überrascht, als mein Basler Schulfreund Ruedi Messerli anrief und verkündete, er komme nächste Woche nach Berlin, um eine Fahne zu kaufen. »Kein Problem«, sagte ich. »Hier gibt es alles! Sogar

Schweizer Flaggen!« Wahrscheinlich wollte Ruedi einfach Geld sparen, dachte ich. Der Kauf gestaltete sich dann allerdings doch etwas schwieriger. Ruedi wollte nämlich gar keine Schweizer-Fahne erwerben – sondern eine der Sowjetunion. Er brauche sie dringend für die nächste Tournee mit Erotic Maria. Die Idee mit der Sowjet-Nostalgie sei ihm neulich beim Konzert in der Garage Pankow gekommen. Pankower Sowjet-Gothic, dachte ich. Muss man mögen.

Am Checkpoint Charlie, der Touristenmeile schlechthin, erspähten wir prompt sowjetische Flaggen in allen Größen. Ruedi aber mäkelte herum: »Die sind ja gar nicht handgenäht«, sagte er. Von einer Billigfahne wollte er nichts wissen. Einer der in Rote-Armee-Uniform verkleideten Händler empfahl uns das Flaggenhaus am Alex. Dort seien die Flaggen zwar dreimal so teuer, aber wahrscheinlich Handarbeit. Gegen dreizehn Uhr kamen wir an. »Heute ausnahmsweise bereits ab 12.30 Uhr geschlossen«, stand auf einem Blatt Papier an der Ladentür. Ein Junge, der auf seinem BMX-Fahrrad durch die Gegend kurvte, empfahl uns den Flohmarkt am Mauerpark. »Jeden Sonntag«, sagte er. Und dort gebe es »so Russen-Zeug«. Am Tag des Herrn kämpften wir uns in jenem Park durch Menschenmassen und Ramsch. Piloten-Fellmützen aus Sibirien, mannshohe Micky Mäuse und Blasrohre, die von echten Indianern aus Brasilien stammten, wie uns ein Händler versicherte. Niemand aber hatte eine Sowjetflagge im Angebot. Immerhin wurden wir nicht von einem fanatischen Transatlantiker verprügelt, als wir danach fragten. Berlin war eben eine Weltstadt mit Herz.

Später abends rief ich Amanda an, nicht mehr über Skype, sondern konventionell. Ich wollte sie zu einer Wanderung auf den Marderberg in Pankow einladen. »Der soll sehr eindrucksvoll sein«, versuchte ich sie zu locken. »Toni sagt, dort oben wurden einst Bürger gehängt – weshalb der Berg auch ›Mörderberg‹ genannt wird, und …« Aber Amanda unterbrach mich. Sie müsse sich von mir trennen. Jetzt. »It's all over«, sagte sie. Sie hoffe, dass wir »irgendwie Freunde bleiben« würden.

Ausgerechnet Freunde! Toni mit dem Trenchcoat hatte mir prophezeit, wie es mit denen laufen würde. »Wenn du nach Berlin ziehst, kommen in den ersten Monaten alle alten Freunde, um dich zu besuchen«, sagte er weise. »Das erste Jahr kannst du arbeitstechnisch also vergessen.« Dann jedoch nehme die Frequenz rapide und kontinuierlich ab. »Und irgendwann wirst du froh sein, wenn überhaupt noch ein Freund vorbeischaut.« Toni hatte Recht behalten – wie fast immer. Urs zum Beispiel, mein ältester Basler Freund, war jahrelang nicht mehr hier gewesen. Als ich ihm am Telefon erzählte, dass ausgerechnet »sein« Skype dazu beigetragen hatte, dass meine Beziehung zu Amanda in die Brüche gegangen war, bekam er einen Lachanfall. Doch als er merkte, wie traurig ich war, wurde er sofort ernst. »Tut mir sehr leid«, sagte er. Er komme nach Berlin, um mich auf andere Gedanken zu bringen. Eine gute Idee.

Wir sprachen kein Wort über Amanda und die Trennung, sondern kletterten auf den Marderberg in Pankow – was ich ursprünglich mit ihr vorgehabt hatte. Wir lachten viel über die alten Zeiten in Basel und es war, als würden wir uns täglich sehen. Allerdings fiel mir auch auf, was für ein Warmduscher Urs im Kern seines Wesens war. Nach der Tour fragte er mich zum Beispiel nach einer Gesichtscreme für seine vom eisigen Wind spröde Haut. Seine habe er zu Hause liegen gelassen. Selbstverständlich hatte ich so etwas nicht. Solidarisch überließ ich ihm meinen Futon und schlief auf der Luftmatratze. Doch am nächsten Morgen konnte Urs sich kaum mehr bewegen. Für dieses Teil brauche man einen Waffenschein, meinte er.

Am Abend waren wir in der Volksbühne auf einer Berlinale-Eröffnungsfeier eingeladen. Meine ehemalige Kollegin Cordula hatte uns eingeschleust. Wir sahen uns den Kult-Film »Panzer-kreuzer Potemkin« an und stürmten anschließend das Büfett, tranken wahllos Sekt und Rotwein zu den Häppchen. Es wurde ein lustiger Abend mit viel Gelaber und Gelächter. Hinterher aber fühlte sich Urs, als habe er nicht nur den stählernen Panzerkreuzer verschluckt, sondern auch noch Salzsäure hinterhergekippt. So sah er auch aus. »Ich kann nicht mehr«, hauchte er. In meiner Stammkneipe Dietrich Herz mit den legendären Grilltellern, wo wir frühmorgens noch einen Absacker nahmen, hatten sie leider auch nichts gegen sein Sodbrennen. Berliner kannten solche Weh-wehchen nicht.

In einem Punkt aber waren wir uns einig, wie früher während der Journalisten-Ausbildung immer. Urs fand Berlin auch viel zu flach. »Am Berg die Sonne, die Freude das Licht, Im Tal der Nebel das Weib und die Pflicht«, zitierte er eine Hüttenbuch-Eintragung, die wir einst auf einer Höhenwanderung durch die Alpen gelesen hatten. Kurz vor seiner Abreise, er hatte wegen Magenkrämpfen und diffusem Unwohlsein die halbe Berlinale verpasst, war aber jetzt wieder halbwegs fit, wollte ich ihm noch etwas bieten. Einen Ausflug in den tiefen Westen der Stadt. Und wenn schon keine klassische Bergtour möglich war, dann doch zumindest eine Tour aufs Dach eines Kaufhauses: zum Flugzeuge gucken. Ein Geheim-tipp von Star-Reporter Toni. Leider wurde es bereits dunkel, als Urs und ich endlich auf der Dachterrasse eines Konsumtempels am Kurt-Schumacher-Platz ankamen und in den grauen Himmel starrten. Urs liebte Technik, insbesondere Flugzeuge. Plötzlich erschien ein grünes Licht am Firmament. Es wurde immer heller und entpuppte sich als Nase eines Langstreckenflugzeugs, das di-rekt auf uns zuschoss. Urs stand mit offenem Mund da, die Augen vor Angst weit aufgerissen. Ich hingegen blieb völlig ruhig, als die Maschine haarscharf über unsere Köpfe hinwegdonnerte.

Doch als ich am nächsten Tag endlich aufwachte, Urs saß längst wieder im ICE nach Basel, fühlte ich mich hundeelend. Steifer Hals, Sodbrennen, Hexenschuss. Und vor allem hohes Fieber. Mein Gesicht war so verschwollen, dass ich die Augen kaum öff-nen konnte. »Der menschliche Körper ist sehr komplex, da knarzt

schon mal was«, erinnerte ich mich an die Worte meines Kreuzberger Hausarztes. Aber das war kein Knarzen mehr. Das fühlte
sich eher wie ein Totalschaden an. Vielleicht lag es daran, dass ich
nicht mehr zwanzig war – sondern bald doppelt so alt. »Die Hei-
terkeit und der Lebensmut unserer Jugend beruht zum Teil darauf,
dass wir, bergauf gehend, den Tod nicht sehen; weil er am Fuß der
andern Seite des Berges liegt«, schrieb Arthur Schopenhauer einst.
Und der Bergfex Luis Trenker wusste: »Es ist viel leichter, ein guter
Bergsteiger zu werden als ein alter.«

Oskar hatte mir einen Brief auf die Türschwelle gelegt. Der erste Brief seit Wochen. Vielleicht von Amanda?, hoffte ich. Doch
das Schreiben kam von meiner Krankenkasse. »Sehr geehrter Herr
Hein«, las ich. »Ein Thema, das in unserer Gesellschaft gern ver-
drängt wird, ist der Bereich Sterben. Doch über kurz oder lang be-
trifft es jeden von uns, deswegen kann man ruhig drüber reden.«
Völlig korrekt, dachte ich. Dann wurde meine Krankenkasse kon-
kreter: Im »Ernstfall« seien die Hinterbliebenen »neben der Trauer
und der Abwicklung von Formalitäten« mit Kosten konfrontiert,
die sie oft überfordern. Also bitte!, dachte ich. Einen Sarg würde
sich meine Sippe schon noch leisten können! Weiter unten rechnete die Krankenkasse dann allerdings vor, was so ein letaler Abgang
wirklich kostete: »Sarg mit Ausstattung: 1300 Euro«, zum Beispiel.
Statteten die Berliner ihre Särge etwa mit Krokodillederfutter und
Brillanten aus? Ein weiterer Posten: »Traueranzeigen und Sonstiges: 500 Euro«. Das verstand ich schon eher: »Sonstiges« hatte
natürlich seinen Preis. »Gesamtaufwendungen: 7300 Euro«, bilan-
zierte meine Krankenkasse ganz unten auf der Seite. Als ich um-
blätterte, wurde ich noch verwirrter: »Seit Januar 2004 verbietet
der Gesetzgeber den gesetzlichen Krankenkassen die Zahlung von
Sterbegeld an die Mitglieder«, stand da. Wie bizarr. Zeigte mal jemand Eigeninitiative, wurde das prompt nicht belohnt. Ein völlig falsches Signal! Immerhin lebten wir im Schwoobeland doch
in einer überalterten Gesellschaft – und weltweit gesehen gab es
sowieso zu viele Menschen: Sterben sollte sich wieder lohnen! Ich
würde die neue Zusatzpolice »Todesfallversicherung« auf jeden
Fall abschließen, beschloss ich. Schon weil am Schluss des Briefs

noch ein letztes, zwingendes Argument stand: »Der ›Notgroschen‹ bleibt unangetastet.« Stark! Ich würde also auch als Leiche noch etwas auf der hohen Kante haben.

Was war das Leben?, grübelte ich, während das Blut in meinen Schläfen hämmerte und ich immer wieder von Hustenanfällen geschüttelt wurde. Und warum hing der Mensch so sehr daran? »Du läufst mehr oder minder anmutig im Hamsterrad«, pflegte Toni mit dem Trenchcoat zu sagen. »Und irgendwann läufst du dann nicht mehr.« Schon allein solche Sätze machten das Leben lebenswert. Selbst ohne Amanda. Aber ich hatte es nicht in der Hand, wie lange ich noch durchhalten würde. Wie brachte man den eigenen Abgang am stilvollsten über die Bühne?, fragte ich mich, als es in meinem rechten Ohr seltsam zu pfeifen begann. Und wo hielt man sich hinterher am besten auf?

Joe bewahrte die Asche seiner Mutter in einer Urne bei sich zu Hause im WG-Wohnzimmer auf. Solche Behältnisse mit nach Hause zu nehmen, war sogar in Berlin verboten, hatte ich mal irgendwo gelesen. Aber Joe kratzte das nicht. Ich hingegen war in solchen Dingen eher konservativ. Meine letzte Ruhe bei Verwandten im Wohnzimmerregal zu finden, schien mir keine Perspektive. Lieber wollte ich mich, so nötig, ganz konventionell begraben lassen. Und wenn ich auf mein Herz hörte, hatte ich mich für den Ort insgeheim auch längst entschieden: Der Gottesanger an der Bergmannstraße, keine fünf Minuten von unserer WG, sollte es werden.

Dieser Friedhof war ein idyllischer Ort, wusste ich von meinen Streifzügen mit Toni mit dem Trenchcoat. Sportler und Erholungssuchende fuhren auf dem Velo zwischen den Grabanlagen umher. Andere joggten oder machten Picknick. Und im Sommer räkelten sich häufig Leute auf Badetüchern zwischen den Grabsteinen in der Sonne. Auf dem Basler »Friedhof Hörnli« gab es so was nicht. Eigentlich waren es an der Bergmannstraße vier Friedhöfe, deren Grenzen sich lediglich verwischt hatten. Sie trugen schöne Namen: »Dreifaltigkeit II«, »Friedrichswerder«, »Jerusalem IV« und »Alter Luisenstadt-Kirchhof«. »Jerusalem IV« entsprach mir am ehesten, dachte ich. Auch wenn wir nicht hier in der Kirchengemeinde seien, könnten wir ohne Weiteres eine »Erdwahlstelle« – so hießen die Gräber unter Fachleuten – für uns reservieren, hatte Toni und mir unlängst eine freundliche Dame von der Friedhofsverwaltung erklärt. Die Standardmaße waren: ein Meter mal zwei Meter. Die Erdwahlstellen direkt an der Friedhofsmauer kosteten weniger als die weiter innen, sagte die Dame und zeigte auf günstige Parzellen, die noch nicht belegt waren. Wahrscheinlich wegen des Verkehrslärms, dachte ich. Doch durch meine Jahre in Berlin gestählt, konnten mich die paar Autos auf der Bergmannstraße nicht schrecken. Ich hatte es ja sowieso gerne lebendig. Und die Einkaufsmöglichkeiten waren hier einfach ideal: Gleich an der Ecke, bei »Birk der Blumenladen«, gab es alles, was Angehörige gerne aufs Grab legten. Charmanter Name, übrigens. Fast wie »Bernd das Brot«. Es schien in Kreuzberg leichter zu sein, eine erstklassige Grabstätte zu finden als eine Wohnung.

Leider waren meine Berliner Freunde und Kollegen zu abgelenkt, um mich bei der Wahl der optimalen Erdwahlstelle zu beraten. Toni recherchierte gerade über Trendsportarten am Hindukusch. Und die anderen Kollegen bei den textschreibern kauften jetzt alle Aktien. Jedenfalls alle, die Geld geerbt hatten. »Gestern hab ich wieder tausend Euro verdient, ohne einen Finger zu rühren!«, erzählte Fidel, als ich mich mit bleiernen Gliedern und Mandelentzündung erstmals mal wieder ins Büro schleppte. Geschrieben wurde kaum mehr. Nur noch gekauft und verkauft. Besonders clever sei es derzeit, Sonnenstrom-Aktien zu erwerben, missionierte mich Franz. Seine Augen flackerten fanatisch. Wahrscheinlich wird der Solar-Boom morgen wieder vorbei sein und das Zeug nichts mehr wert, dachte ich. Das war ja die einzige Gewissheit an der Börse: Man konnte sich immer auf nichts verlassen.

Meine Kollegen behaupteten dennoch, sie hätten alles im Griff. Sollte einer sagen, die Berliner seien Pessimisten. Mir aber waren Aktien nicht nur zu unsicher. Ich hasste sie auch. Man sollte sein Geld durch eigene Arbeit verdienen, fand ich. Und nicht dadurch, dass andere Menschen schufteten. Altmodisch, klar. Aber es war doch auch befriedigender, selbst das Matterhorn zu bezwingen als sich von Ein-Euro-Jobbern hinauftragen zu lassen. Ich war zwar noch nie auf dem Matterhorn gewesen. Aber so dachte ich mir das halt. »Völlig richtig«, pflichtete mir Star-Reporter Toni mit dem Trenchcoat bei, als er wieder aus dem Hindukusch zurück war. Schade nur, dass auch er bald darauf der Versuchung nicht mehr widerstehen konnte und ebenfalls Aktien kaufte. Es gab von Tag zu Tag weniger gute Menschen in Berlin.

Vielleicht würde es ja die junge Generation richten? An Berliner Gymnasien verfassten Oberstufenschüler im Deutschunterricht gerade Sonette, erzählte Cordula, deren Tochter kurz vor dem Abitur stand: Sonette über den Irak-Krieg. Anspruchsvoll, dachte ich. Aber zumindest realitätsnah. Vielleicht im Musik-Unterricht auch mal eine Guantanamo-Operette komponieren? Oder in Physik Iran-Rechenaufgaben lösen, nach dem Muster: »Wenn Ahmadinedschad zwei Tonnen Plutonium … Wie hoch wird dann der Atompilz?« Nur, wie war das gleich nochmal mit dem Sonett? Bei Wikipedia fand ich: »Ein Sonett besteht aus vierzehn metrisch gegliederten Verszeilen, die in vier kurze Strophen eingeteilt sind: zwei vierzeilige Quartette und zwei sich daran anschließende Terzette.« Und: »Die einzelnen Verse des Sonetts sind Elfsilber mit meist weiblicher Kadenz.« Endlich kannte man sich mal aus! Ähnlich hilfreich wie dieses Online-Lexikon konnte mitunter auch etwas sehr Altmodisches sein: ein simples Fax-Gerät. Alle paar Tage bekam ich zum Beispiel Werbung von einem Seniorenstift zugefaxt. Und heute schickte mir jemand per Fax ein Angebot, das auch geplagten Gymnasiasten neuen Mut schenken könnte: »Ihr Weg zur akademischen Würde!«, lautete der Titel. »Sie sind erfolgreich, haben aber keine Zeit für ein jahrelanges Promotionsverfahren«, las ich weiter. Sehr einfühlsam beobachtet, dachte ich. »Sie wollen diskret, schnell und legal einen Titel erwerben, der Ihnen zu mehr Prestige und Ansehen verhilft?« Das mit dem Titel musste nicht unbedingt sein. Aber »mehr Prestige und Ansehen« klang durchaus reizvoll. Alles kein Problem, »auch ohne Abitur und Studium!«, versprach der Absender. Man konnte einfach ankreuzen, ob man lieber Dr. oder Prof. werden wollte und dann den Schrieb zurückfaxen. Und ich Depp hatte an der Uni mein Lizentiat gemacht, einen Schweizer Magister! Brauchte man heute überhaupt noch einen Uni-Abschluss? Sei er nun echt oder gefälscht?

Karl zum Beispiel, der ehrgeizige Neuberliner aus Hamburg, war Sinologe und Anglist mit Abschluss. Dennoch arbeitete er jetzt, nachdem sein Underground-Lifestyle-Magazin FETT leider eingestellt worden war, weder als Wissenschaftler noch als Sprachlehrer. Er jobbte als Arier. Dank seiner blonden Haare und blauen Augen verdiente er immerhin sechzig Euro pro Tag. Allerdings konnte er bei diesem Job seine Sprachkenntnisse leider nicht anwenden. Es war eine stumme Tätigkeit. Ein Berliner Regisseur hatte für ein Filmprojekt »arische Typen« und »echte Griechen« als Statisten gesucht. Auf die Premiere dieses Streifens war ich schon sehr gespannt.

Ich hingegen hatte keine Zeit, auf die alten Tage doch noch Filmschauspieler zu werden oder in meinem Trennungsschmerz zu versinken. Der Alltag bei den textschreibern forderte meinen vollen Einsatz. Ständig klingelte das Telefon. »Guten Tag, Herr Hein«, sagte E.T. neulich. »Ihr persönlicher Bankberater darf Sie nach neuer Gesetzgebung nicht mehr persönlich anrufen. Daher rufe ich in seinem Auftrag an.« Wann ich denn mal Zeit hätte für einen Termin mit meinem persönlichen Berater? Ich legte auf. Klingeling! »Guten Tag. Wir machen eine Umfrage ...« Schon aufgelegt. Klingelingeling! »Sind Sie mit Ihrer aktuellen Telefonrechnung zufrieden?« – »Jawoll!« Ich knallte den Hörer auf die Gabel. Klingeling! »Geht bei Ihnen das Fernsehen?« Callcenter sollten verboten sein!

Zwei Tage später, abends, Krimizeit. Ich hatte mir Spaghetti gemacht und Bier kalt gestellt. Der Tatort aus Münster mit Axel Prahl als Kommissar, was wollte man mehr? Leider streikte mein Fernseher: kein Empfang auf allen Kanälen. Hm, dachte ich. Da war doch neulich dieser seltsame Anruf im Büro. Ob mich jemand erpressen wollte? Am nächsten Morgen rief ich bei der Hausverwaltung an. »Sie waren ganz schön pampig bei unserem letzten Telefonat«, beschwerte sich die Sachbearbeiterin. Aber wegen des Fernsehers brauche ich mir keine Sorgen zu machen. Ein Nachbar habe lediglich am TV-Anschluss »herumgebastelt«. Seither hätten einige Mieter keinen Empfang mehr. Der Nachbar habe sich inzwischen aber bereit erklärt, seinen Eingriff »bald rückgängig zu machen«. Falls das wider Erwarten nichts bringe, solle ich mich gerne wieder melden. Wochenlang ging das Fernsehen nicht.

Dann platzte die Blase. Es war ein Heulen und Zähneklappern bei den textschreibern. Die Börsenkurse waren über Nacht eingebrochen. Die ganze Kohle meiner Kollegen war weg. Erst musste ich ein Grinsen unterdrücken. Doch dann erklärte mir Toni mit dem Trenchcoat, dass ich selbst ohne eigene Aktien auch betroffen sei. »In so einer Phase schaltet kein Unternehmen mehr Anzeigen, die Zeitschriften werden dünn – und kein Mensch druckt Texte von freien Schreibern.« Toni hatte Recht. Wie fast immer. Bald waren meine letzten Ersparnisse aus der Schweiz verprasst.

Wieso nicht mal aufs Land fahren?, dachte ich. Vielleicht waren die Menschen dort weniger aufgekratzt von diesem ganzen Börsen-Wahnsinn? Das Leben auf dem Land sei weniger kostspielig als in den Städten, hatte ich irgendwo gelesen. Und rund um Berlin sollte es noch so viel zu sehen geben, erinnerte ich mich, auch ohne Fernseher. Der Stechlinsee zum Beispiel, dem Theodor Fontane einen Roman gewidmet hatte, galt als wunderschön: Sein Wasser soll so klar sein, dass man es trinken kann. Krisenzeiten sind auch Zeiten der Besinnung, wusste ich: Wieso also nicht mal Kräuter sammeln und der Rotbauchunke lauschen? Und abends bei Kerzenschein Fontane lesen. Ich wollte mein Glück auf dem Land versuchen, ein einfacheres, naturnahes Leben führen, ohne die trügerischen, oberflächlichen Verlockungen der Großstadt. »Aller Größe Keim, er heißt Entsagung«, schrieb Theodor Fontane, mein neuer Lieblingsschriftsteller.

Welch schöner, romantischer Plan, ein Umzug aufs Land! »Zurück zur Natur«, hatte ja auch der große Schweizer Philosoph Rousseau gefordert. Doch das Schlimmste an Städten war leider Gottes das, was um sie herum lag. Im Fall von Basel hatte der Speckgürtel aus zu Schlafghettos verkommenen Dörfern und fiesen Industrie- und Gewerbearealen entscheidend dazu beigetragen, dass ich aus der geliebten Heimat fliehen musste. Fast jeder Quadratmeter rund um Basel war zugebaut. Die Bewohner dieser als »Agglomeration« bezeichneten Zone nannten wir Städter »Agglos«, was abschätzig klang und auch so gemeint war. Ungerecht eigentlich, denn nicht alle Agglos waren Dödel. Doch wie die Vororte von Basel schon hießen: Aesch, Lausen, Allschwil, Frenkendorf-Füllinsdorf. Man kriegte da leicht Beklemmungen. Im Fall von Berlin wiederum hieß das, was drum herum lag, Brandenburg – und genoss ebenfalls nicht den besten Ruf. Erfreulich immerhin, dass es hier weniger Beton gab als rund um Basel und weniger Menschen. Doch die wenigen Brandenburger schienen schlimm genug zu sein: In

Kreuzberg ging das Gerücht, dass manche von ihnen ähnlich drauf seien wie Thilo Sarrazin. Menschen aus fremden Ländern jedenfalls sollen viele nicht sonderlich schätzen. »Steh'n zwei Nazis auf dem Hügel und finden keinen zum Verprügeln – Brandenburg«, sang Rainald Grebe in seinem Liebeslied an diese Region. Und: »Nimm dir Essen mit – wir fahr'n nach Brandenburg.«

Meine Erfahrungen mit der Berliner Agglomeration beschränkten sich bisher auf vereinzelte Kurzbesuche. Nazis war ich dabei zum Glück noch keinen begegnet. Hügeln allerdings leider auch nur selten. Und das Nahrungsangebot war in der Tat gewöhnungsbedürftig. In einem Forsthaus-Gasthof im Spreewald hatte ich das Gericht »Warme Ecke« gewählt. Serviert wurde eine Scheibe Vollkornbrot mit Meerrettich bestrichen, einer Bulette drauf und mit einer klebrigen, süßlichen Sauce drüber, die im Spreewald »Letscho« genannt wurde. Das Ganze lauwarm, dazu eine Essiggurke.

Ich beschloss, die Berliner Agglo erst einmal zu erwandern, bevor ich mein geliebtes WG-Zimmer kündigen würde. Ich war froh, dass der belesene Felix, der ja schon Landerfahrung aus der Märkischen Schweiz mitbrachte, mich bei meinen ersten Schritten durch den Berliner Speckgürtel begleiten wollte. Und es fing gleich vielversprechend an: In einem Nest namens Gramzow kehrten wir im wohl einzigen Eissalon der Welt ein, in dem es auch Matjes mit Bratkartoffeln gab. Als mir Felix dann von seinem Ärger an der Uni erzählte – nach 21 Semestern hatte der Dekan ihn ermahnt, sein Studium nun doch langsam zu Ende zu bringen –, wurde mir bewusst: Meine gelegentlichen Geldsorgen, mein Ärger mit den Callcentern und dem Fernseher waren letztlich Luxusprobleme. »Die Welt erinnert immer stärker an einen Teilchenbeschleuniger«, seufzte Felix. »Wer soll da noch Zeit für sich selbst finden? Und für die wirklich wichtigen Dinge im Leben?« Felix war ein weniger oberflächlicher Typ als ich. Er machte sich ernsthaft Gedanken über die Zeitläufte: »Allein in den vergangenen zehn Jahren hat sich zum Beispiel das Gehtempo der Menschen um zehn Prozent erhöht«, referierte er: Die schnellsten Fußgänger lebten in Singapur, hatten Wissenschaftler ermittelt. Auf den weiteren Plätzen folgten Kopenhagen und Madrid. Die Berliner kamen auf den siebten Schlussrang. Meine alte Schweizer Heimat hingegen, nun ja: Bern landete in dieser Studie auf dem drittletzten Platz. Kein Wunder also, dass mein großer Durchbruch im Schwoobeland noch auf sich warten ließ.

Immerhin aber lebte ich jetzt in einem dynamischen Land. Auf dem Sektor Geflügel beispielsweise war eine Revolution im Gange, stellten wir in der Ortschaft Beelitz fest: »Eggs on demand«. Der Mensch verspeiste ja so manches halbe Hähnchen, wenn der Tag lang war. Und diese Zwischenmahlzeiten waren in Berlin so billig, dass man sich fragte, was die Tiere selbst verspeist haben mochten. Auf dem Ökohof Eiland in Beelitz trieben sich allerlei bunte Hühner auf dem Hof herum: große und winzige, dicke und dünne. Orpington-Hühner etwa, gelbe Zwergbrahma, braune Italiener oder Sachsenhühner: insgesamt elf unterschiedliche Rassen. Und man konnte sie leasen! Für 36 Euro pro Jahr und Huhn. Frieda, Elsa und Gretchen waren zum Beispiel noch zu haben. Und Isabelle, die mit ihren drei Jahren schon über etwas mehr Lebenserfahrung verfügte. Der Deal: Wer ein Huhn leaste, bekam sechs Eier pro Woche gratis. Man musste die Eier allerdings selbst abholen in Beelitz, rund dreißig Autominuten südwestlich von Berlin. Der Clou: Nach zwölf Monaten konnte man sein Huhn für nur zehn weitere Euro vor dem Suppentopf retten. Es durfte dann auch seinen Lebensabend auf dem Ökohof verbringen, ohne dass ihm eine Feder gekrümmt wurde. Unterm Strich also ein super Deal: 52 x 6 Eier + ein gutes Gewissen für nur 46 Euro. Ich beschloss, künftig regelmäßig nach Beelitz zu spazieren, ganz egal, wohin mich der Rückzug aufs Land verschlagen würde. Im Schneckentempo. Brandenburg durfte nicht Singapur werden! Schade nur, dass man keine halben Hähnchen leasen konnte.

Felix wurde unruhig: Stalldrang. Er wollte nach Hause, um an seiner Hauptseminararbeit über Fontanes »Stechlin« weiterzuschreiben. Als der Bus Richtung Berlin losfuhr und er mir kurz zuwinkte, fühlte ich mich plötzlich sehr einsam. Sollte ich wirklich aufs Land ziehen, wo ich keinen Menschen kannte? Als es dunkel wurde, rollte ich am Waldrand Isomatte und Schlafsack aus, aß die letzten zwei Brötli mit Emmentaler Käse auf, nahm einen Schluck Tee aus der Feldflasche und legte mich schlafen. In der Schweiz gab es in solchen Fällen meist Ärger mit einem Bauern. Hier aber war die Bevölkerungsdichte so niedrig, dass ich niemanden störte.

In der Gegend um Potsdam gab es ähnlich große Wasserflächen wie den Stechlinsee, sah ich am nächsten Morgen auf der Wanderkarte. Und das versprach reizvolle Anblicke. »Sobald man irgendwo baden kann, ziehen sich die Ossis aus«, hatte mein Ex-Mitbewohner Theo mir mal erzählt, »ein Erbe aus DDR-Zeiten.« Die Freikörperkultur sei »ein Ventil gewesen, um sich auf sehr elementare Weise frei zu fühlen«, wusste er. Und diese Tradition lebe im Osten bis heute fort. In Wirklichkeit war das aber mal wieder nur ein Klischee, stellte ich fest. In Brandenburg entblößten sich gar nicht alle rund um die Uhr. Am Heiligen See bei Potsdam jedenfalls badeten an diesem sonnigen Nachmittag Nackte und Nichtnackte in friedlicher Koexistenz. Der Klassiker auf den Liegewiesen war die Kombi: alter, nackter Mann mit eleganter Kopfbedeckung neben junger Frau im Badeanzug und ohne Hut. Andersrum wär's fürs Auge schöner – aber dieser Eindruck drängte sich ja auch drüben in Berlin häufig auf. Schmetterlinge flatterten über die Wiesen. Das Wasser des Heiligen Sees war glasklar, der Himmel königsblau und auf der Liegewiese ließen sich interessante Gespräche belauschen. »Den da drüben kenn ich«, flüsterte eine Frau im Bikini aufgeregt. »Aber er hat nichts an. Soll ich ihn trotzdem begrüßen?« Ihr Bekannter zuckte hilflos mit den Schultern. Ob das Wessis waren? Oder Schweizer? Ihr Akzent ließ Letzteres vermuten.

Was die öffentliche Nacktheit betraf, gebärdeten wir uns in meiner alten Heimat traditionell eher zurückhaltend. Eigentlich super, wenn andere Völker da entspannter sind, dachte ich. Der Reiseveranstalter Ossi Urlaub hatte in diesem Frühjahr zum Beispiel Nackt-Flüge nach Usedom im Angebot. Und er plante auch FKK-Trips mit anderen Verkehrsmitteln. Denn: »Auch im Westen gibt es mittlerweile einen Markt für solche Angebote«, stand auf der Website. Wahrscheinlich stimmte das. »In den Alpen wandern in letzter Zeit immer mehr Leute nackt«, erzählte Urs am Telefon.

Bizarr! Kaum zog man weg, rissen sich in der alten Heimat die Menschen die Kleider vom Leib. Die Schweizer Behörden wussten sich nur noch mit Verboten zu helfen. Im Kanton Appenzell Innerrhoden etwa kostete Nacktwandern inzwischen zweihundert Schweizer Franken Strafe. Und manche Wanderer schreckte selbst das nicht ab. Zumindest, was FKK betraf, war die DDR also offensichtlich gerade dabei, sich gegen den Westen durchzusetzen.

Ich aber sehnte mich gerade weniger nach der Deutschen Demokratischen Republik als nach Sandstrand und Palmen, sinnlichen, braun gebrannten Frauen, Papayas und frischer Kokosmilch. Seit Stunden wanderte ich an der trostlosen Landstraße entlang, immer in die Richtung, in der mir Einheimische einen geheimnisvollen Brandenburger Tropenstrand angekündigt hatten. Hin und wieder ein paar windschiefe Sträucher. Ansonsten kilometerweit nichts als verdorrte Wiesen. Schließlich erreichte ich ein seltsames Bauwerk, das wie eine riesige Assel ohne Beine aussah. Acht Fußballfelder hätten in der gigantischen Halle Platz. Ursprünglich wollte die Firma Cargolifter hier in den späten 1990er Jahren Zeppeline bauen, erfuhr ich von der Dame an der Kasse. Daraus wurde nichts, die Firma ging pleite. Im Jahr 2003 pachtete dann ein Unternehmer aus Malaysia die Halle und beschloss, ein Südseeparadies darin zu errichten: »Tropical Islands«. Eine Schnapsidee? Nicht unbedingt. Immerhin war in Berlin jedes Jahr neun Monate lang Winter. Jetzt, im Juli, zwar mal gerade nicht – aber die Südsee war noch immer gleich weit weg. Und lästern war immer einfach. Nach ein paar Jahren in Berlin wusste ich es zu würdigen, wenn jemand überhaupt etwas auf die Beine stellte. Und sei es Tropical Islands.

Am Eingang bekam ich eine Kreditkarte mit einem Guthaben von hundert Euro ausgehändigt. Bargeld brauchte man hier erst beim Auschecken wieder. Stammgäste steckten sich das Kärtchen lässig in die Badehose. Die Palmen an den Ufern der Lagunen waren echt. Der Chef des künstlichen Paradieses hatte sie aus den Tropen einfliegen lassen. Leider waren als blinde Passagiere auch ein paar exotische Käfer, Fliegen und Ameisen mit angereist. Zumindest auf den ersten Blick nahm ich die aber in der Tropenstrand-Halle nicht wahr. Vor der Lagune metzelten auf einer großen Bühne, untermalt von schwülstiger Pop-Musik, gerade weiße Kolonialisten mit Gewehren Eingeborene in Bambusröckchen nieder: eine Show-Einlage des Tropical-Islands-Tanzensembles. Ich verzehrte eine Bockwurst und trank einen Sex on the Beach. Ein Tischchen weiter saß eine hübsche Mittdreißigerin in einem silberfarbenen Badeanzug. Gerne hätte ich ein bisschen mir ihr geplaudert. Aber sie blickte missmutig drein. Wahrscheinlich war sie zu sensibel für Tropical Islands. Dafür luden mich später betrunkene Speditionskaufleute aus Schwerin, die hier auf Betriebsausflug waren, zum Beachvolleyballspielen ein. Und hinterher kühlten wir uns unter einem künstlichen Wasserfall ab.

Draußen vor der Tür war es an diesem strahlenden Sommertag wahrscheinlich noch heißer als hier in den künstlichen Tropen, fiel mir später ein. Vielleicht räkelten sich daher nur so wenige Leute am Palmenstrand? Ab November laufe der Laden in der Tat viel besser, pflichtete mir ein Bademeister bei. Beim Auschecken an der Kasse machte ich eine überraschende Entdeckung: Das echte Thailand war preiswerter als die künstliche Südsee hier. Wer aber in Tropical Islands Urlaub machte, unterstützte das heimische Gewerbe. Ein gutes Gefühl. Denn immerhin rund sechshundert Männer und Frauen hätten in diesem Freizeitparadies bereits Arbeit gefunden, sagte die Dame an der Kasse. Und viel mehr Menschen schien es in Brandenburg ja nicht zu geben. Ob ich hier bald Stammgast werden würde?

Ein weiterer Vorteil des Landlebens war die Möglichkeit der Selbstversorgung. Und gerade in Zeiten der Weltwirtschaftskrise konnte diese Option entscheidend sein. Vielleicht hatte der Schweizer TV-Moderator Dieter Moor auch aus diesem Grund neulich hier in der Gegend einen Biobauernhof gekauft. Für mich allerdings kam die Landwirtschaft nicht in Frage. Ich war eher der Jäger- und Sammler-Typ. Und die Natur stellte ja so vieles auch ohne unser Zutun bereit. Mit Pilzen zum Beispiel hatte ich sogar in Berlin bereits Erfahrungen gesammelt. In der WG mit Haifisch-Lotte und Ramin hatte sich grau-grüner Schimmelpilz in den Wänden eingenistet. Selbst Dauerkiffer Ramin schätzte diesen

Bewuchs nicht. Die getrockneten Steinpilze, die ich gelegentlich aus dem Feinkostladen mitbrachte, fand er hingegen lecker. Zum Geburtstag hatte mir Kung-Fu-Oskar nun das Buch »Pilze für Anfänger« geschenkt. Im Juli nach Pilzen zu suchen, wusste ich seit der Lektüre, war ähnlich aussichtsreich wie das Schlittschuhlaufen in einer Sauna. Ludwig Krause aber, ein rüstiger Rentner, dem ich in der Gegend um Storkow auf meiner Wanderung begegnete, hatte offensichtlich trotzdem Spaß daran. Der bärtige Mann mit dem Rucksack beugte sich gerade weit nach vorne, denn er hatte auf dem feuchten Boden etwas entdeckt: rötlicher Bewuchs an einem Stück Holz. »Schildbecherling«, brummte Krause enttäuscht. »Davon habe ich heute schon einen ganzen Sack gesammelt.« Einst habe auch er nur zur Hochsaison Pilze gesucht, erzählte er. Und ausschließlich essbare Pilze. »Aber das wurde mir schnell zu langweilig.« Mittlerweile nehme er fast nur noch Arten unter die Lupe, die kulinarisch nichts hergaben und von Laien oft gar nicht als Pilze erkannt würden. Er deutete auf eine orangefarbene Raupe, die auf einem Ast saß. Als ich näher trat, erkannte ich: Das vermeintliche Insekt bestand aus unzähligen Pilzen. »Rostpilz«, erklärte Krause. »Den kann man sich leicht merken. Diese Art Rostpilz wächst ausschließlich auf Faulbaum.« Ich hatte eine große Nummer unter den Pilzliebhabern getroffen: Rund dreißig Arten waren nach dem Berliner Pensionär benannt. Denn er hatte sie entdeckt und als Erster wissenschaftlich beschrieben. In gewisser Weise konnte man Krause also als den »Humbi der Pilzforschung« bezeichnen.

Ludwig Krause war auch Mitgründer der »Pilzkundlichen Arbeitsgemeinschaft Berlin-Brandenburg« (PABB). »Jeden Montagabend treffen wir uns zum Fachsimpeln«, erzählte er. Und fast immer bringe jemand frische Pilze mit. Auch wenn draußen Schnee liege. Sollte einer sagen, die Berliner seien übersättigt und könnten sich für nichts wirklich begeistern. Die Suche nach Bergen hatte ich fast schon aufgegeben. Vielleicht könnte ich auf Pilze umsteigen? Herr Ludwig die wissenschaftlich relevanten und ich die kulinarischen Leckerbissen, schien mir eine gute Arbeitsteilung.

Mein Natel summte. Ich hatte es mir einst wegen Amanda zugelegt und seit der Trennung kaum mehr benutzt. Fast niemand kannte die Telefonnummer. Es war eine SMS von Paula. »Wo steckst du?«, schrieb sie. »Lass uns mal wieder zusammen ausgehen!« Noch am selben Abend fuhr ich mit dem Überlandbus nach Berlin zurück.

»I mach no schnäll e Telefon«, sagten wir in Basel häufig. »Ein Te-
lefon machen« hieß bei uns »jemanden anrufen«. Hin und wieder
machten wir aber auch andere Sachen. Viele meiner Kumpels hatten in jüngster Zeit zum Beispiel Kinder gemacht. Die waren süß.
Nur leider konnte ich mit meinen Freunden seither kaum mehr
Telefone machen. Die Babys redeten dazwischen. Ich dachte mir
also: Machen wir heute lieber was anderes. Zum Beispiel Event-
Hopping im Berliner Nachtleben gemeinsam mit Paula, Oskar
und Vera aus meiner WG. Die nachtaktive Vera hatte einen Geheimtipp bekommen: ein Keller in einer der letzten nicht luxussa-
nierten Seitenstraßen des Prenzlauer Bergs. Dort sollte an diesem
Abend in einer illegalen Bar ein Konzert stattfinden. Vera holte uns
mit dem Auto ihrer Mutter ab, das sie von Zeit zu Zeit ausleihen
durfte. Wow! Es war das erste Mal, dass ich zu einem illegalen
Event so mondän anreiste. Leider war an der einschlägigen Adresse dann tote Hose. Doch Vera zückte ihr Natel und rief ihre
Kontaktfrau in der illegalen Szene an. Die Informantin empfahl:
»Geht doch einfach rein!« Und siehe da: Hinter einer unauffäl-
ligen Tür, gut versteckt, Dutzende von Menschen auf engstem
Raum, die einer Rockband lauschten. In den schmalen, überheiz-
ten Gängen kam man sich schnell näher. Das traf sich gut, zumal
Paula direkt vor mir stand. Es gab nur zwei Probleme: Erstens war
auf der Bühne eine Querflöte dabei, obwohl seit Jethro Tull doch
eigentlich jeder wissen sollte, dass Flöte und Rockmusik zusam-
menpassen wie Rollmops und Himbeereis. Und zweitens kannte
Vera den Querflötisten persönlich. Da mussten wir natürlich alle
aufpassen, was wir sagten. Trotzdem war es sehr nett, mal wieder auf einer illegalen Veranstaltung mit dabei zu sein. Und als ich
mich mit Paula zum Tresen durchgekämpft hatte, ging das Kon-

zert zum Glück auch bereits zu Ende. Vera aber kannte sich aus mit Event-Hopping – und drängte zum Aufbruch. Als Nächstes düsten wir nach Mitte rüber, in eine ehemalige Fabrikhalle. Elektronische Musik werde dort gespielt, wusste sie. Perfekt, dachte ich. Früher hatte ich bei »Ödipus and the Motherfuckers« in Basel selbst E-Gitarre gespielt: Jimmy Hendrix nach Noten und so. Bei elektronischer Musik machte mir keiner was vor. Leider musste ich aber feststellen, dass die heutige elektronische Musik ohne Gitarristen auskam. Sie klang wie ein Presslufthammer im Duett mit Natelklingeltönen.

Zum Glück spielte am nächsten Abend mal wieder mein alter Freund Ruedi Messerli aus Basel mit Erotic Maria in der Garage Pankow. Etwas laut zwar, aber endlich wieder anständige Musik. Allerdings bestand Ruedi, der noch ein paar Tage in Berlin dranhängte, darauf, mal andere Stadtteile zu sehen als Kreuzberg und Neukölln.

Ich ließ mich breitschlagen, eine Touri-Führung durch Mitte mitzumachen. »Die Hackeschen Höfe sind Deutschlands größtes geschlossenes Hofareal«, erzählte die Stadtführerin mit Stolz in der Stimme. Und ich musste an den alten Witz von Otto Waalkes denken: »Es gibt in Deutschland drei Irrenanstalten: eine in Hamburg, eine in Frankfurt und Bayern wird überdacht.« Mitte kam mir auch häufig wie eine geschlossene Anstalt vor. Durch das nur mittelspektakuläre Hofareal wurden rund um die Uhr Menschenmassen geschleust. Sie sprachen Englisch, Japanisch, Spanisch, Schweizerdeutsch und fotografierten wie besessen. »Tja«, sagte Felix, der sich uns freiwillig angeschlossen hatte, weise: »So wird Authentizität durch die Inszenierung von Authentizität abgelöst.« Lange unterhielten wir uns nach der Führung im Schnösel-Touristen-Café Oxymoron darüber, wie schnell ein Ort seine Identität einbüßte und zu einem Schatten seiner selbst wurde. Traurig. Und bei Menschen lief es ja oft ähnlich.

Als, zurück in Kreuzberg, vor unserem Hauseingang gerade eine Dogge eine große Wurst absetzte, wurde Ruedi übel. Und auch ich hätte mir für einen Moment vielleicht ein bisschen weniger Authentizität gewünscht. Aber ich riss mich zusammen. Pikon. Ich dachte kurz an mein Treffen mit der Chemikerin Sissel Tolaas zurück.

Zum Glück hasste auch mein Berliner Freund Felix, der ewige Germanistik-Student, der mit mir die Agglo getestet hatte, alles Sterile. Er lebte im Prenzlauer Berg, einer Gegend, die in Neukölln, Wedding und Kreuzberg als völlig überschätzt galt. Im Rest der Welt hingegen als total cool. Felix war ein Prenzlwichser. So nannten jedenfalls die Schauspieler von »Gutes Wedding, schlechtes Wedding« alle Bewohner jenes Stadtteils. Eine erstklassige Live-Soap-Opera übrigens, diese überdrehte Milieustudie aus dem Arbeiterkiez im Norden. Der Wedding grenzte an den Prenzlauer Berg und verhielt sich zu ihm etwa wie der Knecht Ruprecht zum Nikolaus. Schmuddeliger, aber sympathischer. In dem Theater, in dem die Reality-Live-Soap jeden Monat in einer neuen Folge lief, gab es echtes Weddinger Bier. Ein Grieche spielte einen Türken, dessen türkischer Verwandter zu Besuch war. Dann gab es als weitere Rollen eine Ost-Braut und eine fröhliche Rheinländerin. Alles hart am Klischee, aber lustig. Und am schlechtesten kamen immer die Prenzlwichser weg. Felix hatte größtes Verständnis dafür, dass die Truppe dieses Feindbild stilisierte. Er war als gebürtiger Ostberliner vor zehn Jahren aus dem tiefsten Hellersdorf in den Prenzlauer Berg gezogen, und mit jedem Jahr fühlte er sich nun fremder in seinem Stadtteil.

Manchmal besuchte ich Felix im Prenzlauer Berg. Schon, damit er sich nicht so einsam fühlte unter all den Schwaben. Sein Stadtteil hatte nämlich offensichtlich ein Zuwanderungsproblem. Da gab es einmal die ganzen Erasmus-Studenten aus Spanien, die abends die Straßen und Bars verstopften. Doch die waren ein saisonaler Faktor. Prägend waren die Horden junger Wessis, die das Ossi-Dichterviertel wie ein Tsunami überrollten. »Bald wird hier keiner mehr wissen, was ein Broiler ist!«, klagten die letzten Eingeborenen. Dafür vermehrten sich die Westler wie die Karnickel. Auf dem Kollwitzplatz konnte man sich ohne Wessi-Baby nicht mehr sehen lassen. Und der Exodus der letzten Prenzlberg-Ossis hatte längst begonnen. Beim türkischen Bäcker meines Vertrauens kaufte ich neulich in Kreuzberg für 1,40 Euro ein. »Einsfürtsch«, sagte die Dame hinter der Theke. Ein Ossiflüchtling aus dem Prenzlauer Berg. Einer von vielen. Sogar auf der Insel Nias in Sumatra habe Albert auf seiner Asienreise neulich einen geflüchteten Ostberliner getroffen, mailte er. Nun aber begehrten die letzten Ossis vom Prenzlauer Berg auf. »Ostberlin wünscht dir eine gute Heimfahrt!«, las ich auf einem Plakat an der Sredzkistraße. Darüber waren die Entfernungen zu einem Dutzend Provinzstädten in Süddeutschland angegeben. Ob es bald auch zu körperlicher Gewalt gegen die Wessis kommen würde? Zum Glück war ich ja aus der Schweiz.

Zurück im heimatlichen Kreuzberg fiel mir auf, dass wir auch ein Migrationsproblem hatten. Es waren die Reichen und Erfolgreichen, die sich hier breitzumachen begannen. Normalerweise versuchte ich ja meist, die Lässigkeit von Toni mit dem Trenchcoat zu kopieren. »Manche Probleme muss man mit Geld lösen«, lautete eine seiner Weisheiten. Und in der Tat war es manchmal zum Beispiel besser, einem Profi einen Hunderter zu geben, als drei Wochen lang selbst zu versuchen, seinen kaputten PC wieder in Schwung zu kriegen. Manchmal aber wurde zu viel Geld auch selbst zum Problem. So schien es mir nun jedenfalls immer häufiger in Kreuzberg. Der Bergmann-Kiez erfand sich gerade neu. Uralte Kneipen warben plötzlich mit Business-Lunch-Angeboten. Und wo früher das Gasthaus Dietrich Hertz gestanden hatte, mit den legendären Riesen-Grilltellern, eröffnete jetzt eine Schnöselbar für Edelschinken, Kaffee- und Weinspezialitäten. Fidel lobte den »nachhaltigen Kaffee« auch noch. »Dieses Aroma«, sagte er und bekam glasige Augen, »weich wie Seide.« Yusuf hingegen, der Dönermann meines Vertrauens, war unzufrieden: »Du gehst an Bar: Ein Mann an Tresen: Tätowierte Arme, aber Krawatte. Ein Glas Wein: acht Euro. Alle türkische Familie: weg! Is Scheiße.« Das war das neue Kreuzberg. »Tempora mutantur, nos et mutamur in illis«, hätte Schampe aus Basel wohl gesagt – »Die Zeiten ändern sich, und wir ändern uns in ihnen.« Selbst Franz begann sich über das bisschen Müll am Ufer des Landwehrkanals zu beschweren. Manchmal sehnte ich mich fast nach einer vor den Hauseingang kackenden Dogge. Oder nach einem Graffiti: »Tötet die Toskana-Fraktion!«

Yusuf bekam das Angebot, ein richtiges Restaurant zu eröffnen, statt seiner Bude. Aber er war unschlüssig. »Haus war besetzt. Ich war da mal auf Party. Viel Spaß. Jetzt alle rausgeworfen. In dieses Haus ich soll Döner machen«, sagte er. »Touristen is egal. Aber eigentlich is Scheiße.« In der ehemaligen Hausbesetzer-Hochburg ließen Immobilienhaie jetzt Luxuswohnburgen für Mensch und Auto errichten. Ängstliche Autofetischisten würden ihren Porsche bald in die Dachgeschosswohnung mitnehmen können und dort in einem Ehrensaal ausstellen. Die Beziehung zwischen Schwoob und Auto würde noch viel intimer werden. Hoffentlich lädt mich bald mal jemand in ein solches Loft ein, dachte ich, und erinnerte mich an den Mythos vom Berliner Autofußballsport: Dann übe ich den Fallrückzieher mit seinem Cabriolet!

Wir würden kämpfen müssen um unseren Kiez, wurde mir immer klarer: Mit voller Kraft und allen Tricks. Daher freute ich mich über die Einladung von Toni mit dem Trenchcoat neulich ganz besonders. Er wollte mich zu einem Wettkampf in einer neuen Sportart mitnehmen, die physische und mentale Kräfte gleichermaßen forderte. Toni führte mich durch dunkle Hinterhöfe. Ob hier illegale Hundekämpfe stattfanden? Nein: die ersten Europameisterschaften im Schachboxen. Der Bulgare Tihomir Tigertad Titschko trat gegen einen gewissen Andy D. Schneider aus Berlin an. Titschko war klein und gedrungen, Schneider leptosom, mit der Spannweite eines Albatros. »Sechs Runden Schach, fünf Runden Boxen. Immer abwechselnd!«, brüllte der Ringrichter mit den schleimigen, zurückgegelten Haaren: »Außer einer geht früher k.o.!« Was für eine kultivierte Art, seinen emotionalen Haushalt auszugleichen, dachte ich.

Der Kampf begann mit Schach. Während die beiden Athleten, über das Brett gebeugt, angestrengt nachdachten, brüllte eine junge Frau im lilafarbenen Abendkleid: »Haut euch endlich auf die Fresse!« Bald darauf wurde diese Sehnsucht befriedigt: Die beiden Jungs prügelten schwitzend aufeinander ein – bis der Ringrichter pfiff und das Brettspiel wieder aufgenommen wurde. Schachboxen war ähnlich wie das Leben, fiel mir nach einer Weile auf: Man strengte sein Gehirn an, dann kriegte man aufs Maul, dann dachte man wieder eine Weile angestrengt nach. Und immer so weiter. Der Vorteil beim Schachboxen: Man durfte zumindest zurückschlagen. Wahrlich eine gute Schule für den drohenden Häuserkampf in Kreuzberg.

Ein neuer Menschenschlag begann den Bergmannkiez zu domi-
nieren, gekleidet nach den Empfehlungen aus Hochglanz-Frauen-
und Männerheftli. Im Café belauschte ich das Gespräch zweier
junger Frauen. »Es nennt sich Gürtelrose«, sagte die eine aufgewühlt. »Das tut weh, du. Da musste ich natürlich sofort ein paar
Gänge runterschalten. Jetzt bin ich total entschleunigt! Ein gutes
Gefühl, sag ich dir« – »Supi«, sagte die andere Frau. »Freut mich
für dich.« – »Danke. Und worüber wir noch ein paar Takte reden
sollten«, sagte ihre Kollegin, und augenblicklich straffte sich ihr
Körper: »Die Gründung der GmbH. Wir brauchen 300 000 Euro.
Hab alles durchgerechnet. Und die kriegen wir!« – »Supi! Alles
klärchen.« – »Und was die Struktur angeht«, sagte die Gürtelro-
senpatientin und strich sich das goldblonde Haar aus der Stirn:
»Hannes und Mechthild werden als mobiler Doppelkopf durch
alle Projekte schwirren.« Ihre Kollegin saß mit offenem Mund da.
Sie schien enttäuscht. Wahrscheinlich hatte sie sich selbst Chancen auf diesen Job ausgerechnet. »Bei dir sehe ich auch ganz viel
Rückenwind«, tröstete sie die Gürtelrosenfrau. »Du übernimmst
bald die Karl-Marx-Straße. Wir müssen dich da natürlich noch
ein bisschen hincoachen. Aber das Know-how hast du ja: Push-
pull-Strategie, du weißt schon. Ich bin mir so sicher, Uschi: Gut
gebreeft wirst du in der Karl-Marx so richtig durchstarten.« Tja,
dachte ich und kaute an meiner Brezel. Im Bergmannkiez wehte
offensichtlich ein neuer Wind.

Täglich wurde die Gegend spießiger: Die Hausverwaltung
klebte eine »Anleitung zur Benutzung der Gelben Tonne« an die
Wohnungstür unserer WG: Verpackungen dürfe man weiterhin
guten Gewissens da reinwerfen, lernten wir. Aber niemals »Hausmüll«! Aus meinen politisch aktiven Zeiten kannte ich »Atom-

müll«. Aber Hausmüll? War damit der Schutt vom Abriss eines Hauses gemeint? Trümmer und Schutt, aus dem die Berliner einst ihre Hausberge errichtet hatten? Eine weitere Bekanntmachung besagte, dass wir unsere Fahrräder in Zukunft nicht mehr im Hausflur abstellen durften. Aus Brandschutzgründen. Der Flur war etwa sechs Meter breit und wenn ein Fahrrad an der Wand lehnte, nur noch fünfeinhalb Meter. »Berlin wird Bielefeld«, erinnerte ich mich an eine Zeitungs-Headline, die ich vor Jahren, kurz vor meinem Umzug ins Schwoobeland, gelesen hatte. Zumindest im Bergmannkiez schien sich diese Prophezeiung zu bewahrheiten.

Selbst vor den textschreibern machten die Veränderungen nicht halt. Auf den Vollversammlungen ging es in letzter Zeit vor allem um die Frage »Ist unser Büro noch repräsentativ genug?« Und um die Auswahl geeigneter Tapeten. Waren die orangefarbenen Lilien hübscher? Oder passten die Herzchen in Altrosa besser zu unserem Image? Der Selbsterfahrungsaspekt solcher Diskussionen war nicht zu verachten. Und bei jeder einschlägigen Sitzung wurde mir meine Herkunft aus der Schweiz aufs Neue bewusst: die calvinistisch-puritanische Prägung. Für mein Wohlbefinden spielten Tapeten keine Rolle. So sehr ich mich auch bemühte, tief in mich hineinzuhorchen. Schon gar nicht im Büro. Ein Tisch, ein Stuhl, ein Computer und ein paar nette Kollegen reichten mir da völlig. Doch ich genoss es, dass viele von uns hedonistischer veranlagt waren.

Nach harten Auseinandersetzungen, bei denen manche Kollegen den Tränen nah waren, fiel die Entscheidung für die Lilien. Am Ende konnten wir die Tapeten dann allerdings rauchen – denn die Hausverwaltung schmiss uns raus. Unser Büro brachte zu wenig Rendite. Daher sollten hier Schnöselwohnungen aus dem Boden gestampft werden. Dabei war unser Schreiber-Büro längst eine Institution in dieser Stadt. »Wenn die textschreiber Schnupfen haben«, raunten sich die Menschen in den Straßen zu, »dann schwebt Berlin in Todesgefahr.« Bei uns entstanden Romane und Infografiken und Reiseführer und Kochbücher, Übersetzungen und ganze Zeitschriften. In bester Qualität und viel zu günstig. Verlagshäuser, Stiftungen und Ministerien waren auf uns angewiesen. Wir waren der kreative Motor Deutschlands. Und nebenbei trugen wir zur Völkerverständigung bei: Schon zur Regierungszeit von George W. Bush hatten wir Amerikanerinnen bei uns arbeiten lassen. Ösis haben wir ebenfalls integriert. Und eine Zeitlang wurde neben mir gar ein zweiter Mann aus der Schweiz geduldet. Mittlerweile war die Belegschaft dieser Hochburg der Kreativität auf vierzig Männer und Frauen angewachsen. Daher brauchten wir wieder bezahlbare fünfhundert Quadratmeter. So etwas wird zu finden sein, irgendwo in good old Kreuzberg!, waren wir überzeugt. Bei Wohnungen kannte ich mich inzwischen aus. »Die Küche müssense selba mitbringen«, lautete da in Berlin der Deal. Lediglich Herd und Spüle, die meist aussahen wie frisch von der Müllhalde, musste der Vermieter bereitstellen. Bei Gewerbeflächen hingegen war die Situation etwas anders, erfuhren wir: Da musste man meist auch die Zwischenwände und Türen selbst mitbringen. An jeder Ecke standen fünfhundert Quadratmeter Gewerbefläche leer. Ganz leer. Großraumbüros für vierzig Menschen. »Alles wird gut«, machten wir uns Mut.

Hochpreisiger Schischi breitete sich in weiten Teilen Kreuzbergs wie Metastasen aus. Und in der Fleischesserinnen-WG brachen harte Zeiten an. Das Haus, in dem wir lebten, sollte plötzlich verkauft werden. Von den ehemaligen Hausbesetzer-Studenten aus der Gegend um den Chamissoplatz waren inzwischen viele zu Geld gekommen. Sie kämpften nun nicht mehr gegen das »Schweinesystem«, sondern um die sonnigsten Lofts im Kiez und die Jungkalbsbäckchen beim Edelmetzger auf dem Öko-Markt. Zwei reife Herren, die als Studenten gemeinsam fast die Weltrevolution hingekriegt hätten, so klang es jedenfalls in ihren Erzählungen, sollen im vergangenen Sommer wegen solcher »Amuse Gueules« so hart aneinander geraten sein, dass sie seither kein Wort mehr miteinander wechselten. Kurzum: Die Gegend war vornehm geworden – und das lockte stündlich neue Investoren an. Ich sehnte mich nach einem Zuwanderungsstopp für die Toskana-Fraktion und nach Plakaten »Manufaktum? – Nein danke!«

Der erste Interessent, der uns besuchte, trug einen dunklen Anzug und gab sich gönnerhaft. »Als Student hab ich auch mal in einer WG gelebt, hö, hö.« Das »Parkett« sei »von hoher Qualität«, schmeichelte er und deutete auf unsere abgewetzten Dielen. Mit leichtem Klopfen prüfte er die Qualität des Mauerwerks. »Was wird das Haus denn kosten?«, fragte ich. Die Gattin des Anzugträgers, sie trug ein stilvolles weinrotes Kleid und Perlenohrringe, lächelte und winkte ab: »Wir suchen doch nur eine Wohnung.« Da kapierte ich endlich: Die Frage war gar nicht, an wen wir künftig unsere Miete überweisen würden. Falls es den beiden hier behagte, kauften sie uns die WG einfach unterm Hintern weg! Die Vermieter mussten lediglich Eigenbedarf anmelden, dann konnten wir die Koffer packen. Als mich Paula in die Seite knuffte, fiel mir auf, dass ich einen Song von Motörhead vor mich hinsummte: »Come on baby, eat the rich!« Ich riss mich zusammen. Denn der Kapitalismus war ja eine Art Religion. Und religiöse Gefühle zu verletzen, konnte riskant sein. Neulich hatte es in Skandinavien wegen harmloser Mohammed-Karikaturen gewaltigen Ärger gegeben. Oskar und ich drückten stattdessen auf die Tränendrüse. Wir beteuerten, dass unsere WG hier »schon seit mehr als zwei Jahrzehnten« bestehe. Das Pärchen und die Immobilienfrau interessierte das Nüsse. Trotzdem hatten wir aber noch einmal Schwein. Denn weder der Mann noch die Frau waren restlos begeistert von unserer Wohnung. »Wirklich sehr geeignet für eine WG«, sagte der Anzugträger. Bald aber werden die nächsten Reichen aufkreuzen. Sie melde sich einfach wieder, sagte die Dame von der Immobilienfirma zum Abschied und lächelte gierig.

Entnervt ging ich in irgendein Café und bestellte ein großes Bier. Am Nachbartisch stritt sich ein junges Pärchen. »Letzte Nacht haben Vandalen hier schon wieder vier Autos abgefackelt!«, sagte die Frau im Business-Kostüm. Er, ein Mann in Designerhemd und Bundfaltenhose, etwa so alt wie ich, nahm einen Schluck Rotwein und brummte: »Ja ja.« Sie runzelte die Stirn: »Scheint dich ja nicht sonderlich zu interessieren.« Er: »Geht so.« Nahm einen Schluck Wein. Sie: »Du findest es wahrscheinlich sogar gut, dass die Reichen mal einen Denkzettel bekommen. Nicht wahr?« – »Wenn ich einen Porsche hätte, würde ich ihn nicht am Kotti parken.« – »Unfassbar! Wer so argumentiert, macht sich mitschuldig.« –

»Warum?« – »Du akzeptierst die Missstände und zementierst sie dadurch!« – »Eines der Autos soll gar nicht von Vandalen angezündet worden sein. War wohl ein Versicherungsbetrug.« – »Und die anderen drei?« – »Was weiß denn ich! Jeder weiß, dass in Kreuzberg gelegentlich Autos abgefackelt werden!« Er trank seinen Wein in einem Zug aus. »Und wenn eine Frau im kurzen Rock durch den Park geht, darf sie sich nicht wundern, wenn sie vergewaltigt wird, nicht wahr?«, sagte sie. – »Das hab ich nicht gesagt!« – »Aber so argumentierst du.« – »Moment. Das eine Mal geht es um Menschen, das andere Mal um Luxusgegenstände.« – »Luxusgegenstände! Du findest es also in Ordnung, dass Menschen Angst um ihr Eigentum haben müssen!« – »Nein! Aber wenn ein Luxusauto zerstört wird, berührt mich das nicht so existenziell. Überhaupt interessiere ich mich nicht für Autos. Wollen wir über was anderes reden?« – »Ist dir eigentlich bewusst, wie viele Menschen ihr Geld in der Automobilindustrie verdienen?« – »Nein. Aber dann schaffen die Vandalen in Kreuzberg ja immerhin Arbeitsplätze. Jetzt können vier neue Luxuswagen gebaut werden.« Er griff nach seiner Geldbörse. Sie: »Sehr witzig.« Er: »Mal ganz ehrlich: Viele Menschen in Kreuzberg werden sich nie ein teures Auto leisten können. Warum müssen Großverdiener wie wir damit vor ihnen protzen? Ist doch kein Wunder, wenn das Aggressionen weckt!« Sie: »Siehste! Du nimmst die Täter in Schutz!« Der Mann stand auf. »Ich zahl dann schon mal«, sagte er.

Armer Kerl, dachte ich. Zumal er mir aus dem Herzen sprach. Wer ein Luxusauto fuhr, verdiente kein Mitleid – zumal ich ja sowieso keinen Führerschein hatte.

Die ganze Gegend verkam immer mehr zu einem Ghetto der Werbefritzen, Webmaster, Pressesprecher und betuchten Studenten aus Ulmer Zahnarztfamilien. Zum Glück gab es noch eine Eckkneipe, in der auch Rentner und andere unhippe Menschen willkommen waren. Ich beschloss, dort einen Absacker zu nehmen. Baustelle. Ein Mittzwanziger mit Wollmütze und Sonnenbrille auf der Nase riss gerade die Wandverkleidung raus. »Kein Fußball heute?«, fragte ich. »Nö, Alter. Nie mehr. Wird 'ne Studentenbar«, sagte er. »Tut mir leid für dich.«

Am nächsten Tag pilgerte ich allein auf den Kreuzberg. Ich wollte nachdenken, wie es weitergehen sollte mit mir und der Welt. Lange ließ ich den Blick schweifen über die Dächer dieses Stadtteils, der mir so sehr ans Herz gewachsen war. Mein kleines Glück. Sollte ich wegziehen aus Kreuzberg? Oder sollte ich mich auch für nachhaltigen Kaffee und teuren Rotwein zu interessieren beginnen wie Fidel? Oder sollte ich mich lieber bei der Senioren-Universität anmelden, um wenigstens irgendwie dazuzugehören in den Studentenbars? Zum Glück hatte ich wenigstens Nerven aus Stahl. Das lag an der guten Schweizer Bergluft, in der ich aufgewachsen war. Und daran, dass Berlin eine ideale Schule war, um sich als Mensch weiterzuentwickeln. Nur ein Szenario fürchtete ich noch immer existenziell: Ich komme nach Hause und da leben fremde Leute, meine Sachen sind weg – und keiner erinnert sich mehr an mich. Leider war genau das die Zukunft. Unsere WG war am Ende. Wir würden ausziehen. Bald. Und das auch noch freiwillig. Dabei waren wir vier ein unschlagbares Team. Doch bald würde ein kleines fünftes Wesen zur Welt kommen, eröffnete uns Vera an diesem Abend. Daher wolle sie sich mit dem zukünftigen Papa ihres Kindes jetzt eine eigene Wohnung suchen. Oskar, Paula und ich waren geschockt. Doch noch am selben Abend beschlossen wir, keine Nachmieterin für Vera zu suchen. So nett wie bisher konnte es sowieso nie wieder werden. Und die Miete wurde auch nicht billiger. Wir würden die Fleischesserinnen-WG auflösen. »Veränderungen sind wichtig«, redeten wir uns gegenseitig gut zu. Und daher würde jeder von uns sich jetzt eine eigene kleine Wohnung suchen. Eine neue Lebensphase würde beginnen. Toll! Traurig saßen wir in der WG-Küche.

»Tok, tok, tok.« Das dumpfe Geräusch kam näher. »Tok, tok, tok!«
Der Mörder mit dem Krückstock! Ich konnte sein Schnaufen
hören. Jetzt hatte er meine Wohnungstür erreicht. Schweißgebadet schreckte ich von meinem Futon hoch. Ein Albtraum. Vor
meiner Tür stand nur der fußkranke Postbote mit den Werbepro-
spekten. Ich war etwas ängstlich geworden seit meinem Umzug
ins Tal der Sonnenallee. Vielleicht sollte ich weniger Krimis lesen.
Aber »Canitz' Verlangen« war einfach zu spannend. In diesem
Berlin-Thriller fand der Titelheld am Ufer der Spree eine Leiche
und begann, sich selbst nach dem Tod im Wasser zu sehnen. Faszinierend. Dabei konnte ich mich mit Canitz nur bedingt identifi-
zieren. In die Spree zu springen, wäre mir viel zu anstrengend gewesen. Der tägliche Überlebenskampf lastete mich voll aus. Denn
ich lebte ja jetzt in Neukölln. Und selbst Toni mit dem Trenchcoat,
der mutigste meiner Berliner Freunde, hatte mich immer vor dieser Gegend gewarnt. Als Reporter hatte er bereits alle Krisengebie-
te der Welt bereist. Auf Haiti war er unter Zombies geraten, in der
mongolischen Steppe von Wölfen angefallen worden und in Ka-
bul mit Kalaschnikows bedroht. Nach Neukölln aber traute er sich
nicht. Dabei lag unser textschreiber-Büro direkt an der Grenze zu
diesem Stadtteil. Allein der Landwehrkanal trennte das zivilisierte
Kreuzberg vom wilden Neukölln. Ein paar Meter über die Brücke –
und man war da. Toni aber murmelte etwas von Pitbulls und jungen Männern mit Schlagringen, die am anderen Ufer ihr Unwesen
trieben: Müllkippen, Ratten und Verwahrlosung, wo man hinsah,
und das Neuköllner Essen sei reines Gift. Das wollte ich mir natürlich genauer ansehen. Und mein Mut wurde belohnt: In Neukölln
gab es Imbiss-Buden, an denen der Döner nur einen Euro kostete.
Aber wohnen in Neukölln? Eine abenteuerliche Vorstellung. Und

dieser Stadtteil mit dem zweifelhaften Ruf war riesig. Neukölln hatte mehr Einwohner als ganz Basel, stellte ich fest. Allein das Tal der Sonnenallee, eine Art Engadin im Berliner Großstadtgebirge, war fast fünf Kilometer lang.

Doch immer mehr Reiche aus aller Welt suchten eine Wertanlage – und kauften ausgerechnet Wohnungen und Häuser in Kreuzberg. Die Mieten explodierten. In meiner finanziellen Lage dort noch etwas Bezahlbares zu finden, schien undenkbar. Ich musste über den Kanal, wo sich prompt ebenfalls erste Makler-Haie tummelten. Besonders brannte sich mir eine goldbehängte Blondine im Nerzmantel ins Gedächtnis, die ganze Heerscharen von Wohnungssuchenden durch Bruchbuden im tiefsten Neukölln führte. »Und der Fußboden?«, fragte in einer besonders baufälligen Hütte einer aus dem Pulk und betrachtete nachdenklich das faulige Holz. »Mietersache – wie immer!«, sagte die Dame schnippisch. Wer an der Wohnung interessiert war, konnte seine Daten in eine drei Meter lange Liste eintragen – »Und Tschüss!«

Nach gefühlten tausend Besichtigungen erhielt ich den Zuschlag für eine Mini-Wohnung im endlosen Tal der Sonnenallee. Ein Konkurrent mit Festanstellung, der die Butze eigentlich gekriegt hätte, war kurzfristig abgesprungen. Ich fuhr nach Zehlendorf, ein vornehmes Stadtviertel, das einst aus einer aufgelassenen Irrenanstalt entstanden war, wie mir ein Einheimischer in der U-Bahn erläuterte, unterzeichnete bei der Hausverwaltung den Mietvertrag – und freute mich, als hätte ich im Lotto gewonnen. Zwei Wochen darauf zog ich um und ein neues Leben begann. Ein Leben in einem weitläufigen Tal, mit einem Postboten mit Krückstock, mit trink- und kopulationsfreudigen Nachbarn, mit Pitbulls, mit einer originellen Toilette und mit einem waschechten Schwaben.

Wenn man einen Apfel losließ, fiel er zu Boden. Und wenn man eine Klospülung drückte, floss das Wasser von oben nach unten: Das war Physik. Neukölln aber war anders. Früchte hatte ich hier bisher nirgends gesehen. Aber Toilettenspülungen gab es. Die in meiner neuen Wohnung klang wie ein Tsunami. Vielleicht auch deshalb, weil die Kammer, die sie beherbergte, schlauchförmig war und Geräusche optimal leitete. Mein türkischer Nachbar hatte mich gleich beim Einzug gewarnt: »Wohnung is okay, aber Klo is Scheißedreck.« Ich blickte ihn fragend an. »Meine Frau: so.« Er zeigte mit den Händen eine Breite von etwa einem Meter. »Klo is Scheißedreck. Darum wir weg. Zum Glück du schlank.« Wenn ich ihn richtig verstanden habe, hatte sich seine Gattin einst im Schlauch-WC meiner Wohnung verkeilt. Daraufhin waren er und sie in die Nachbarwohnung mit einem großzügiger geschnittenen Toiletten-Trakt umgezogen.

Die Kampfhunde im Haus wollten niemandem etwas Böses. Dennoch konnte es zu heiklen Situationen kommen. Wenn Herrchen 1 etwa gerade mit seinem Wauwau die Treppe hochkam, während Herrchen 2 mit seinem aus der Wohnungstür trat und man selbst irgendwo dazwischen stand. Neulich rettete ich mich mit einem Sprung aus der Gefahrenzone und versteckte mich in einem Coiffeursalon in der Nähe. Ein feister Mann legte mir einen Plastikumhang mit Leopardenfellmuster über die Schultern. Vielleicht wäre das mal ein nettes Kostüm für die Basler Fasnacht?, dachte ich noch. Da begann der Frisör meine Mähne abzuschneiden. »Nicht allzu kurz!«, flehte ich ihn an. Er nickte und machte weiter. Ich wies ihn auf das Muttermal an meiner Kopfhaut hin. Er möge da bitte vorsichtig sein. Mit seinen schweren Händen teilte er meine verbliebenen Haare und begutachtete den Leberfleck. »Kanns du nich weg machen?«, fragte er. »Kriegst du Krebs von!« Dann schnipselte er weiter. Hin und wieder wurde er bei der Arbeit unterbrochen. Männer mit vernarbten Gesichtern kamen in den Salon, drückten ihm bündelweise Geldscheine in die Hand und redeten in einer fremden Sprache auf ihn ein. Ob er ihnen gerade meine Organe verkaufte? Plötzlich zündete der Frisör eine Fackel an und führte sie an meine rechte Ohrmuschel. Ich schrie auf. Er lachte. »Alte Tradition bei uns in Anatolien«, sagte er und zwinkerte mir zu. »Um die Ohrhaare abzuflammen.«

Ich liebte die Exotik. Aber da viele Mieter in meinem Wohnblock weder Deutsch noch Englisch noch Russisch konnten, war ich bald froh um die paar Schwoobe in meinem neuen Kiez. Klassische Marktmechanismen, dachte ich: Ein rares Gut begehrt man fast automatisch. Besonders wuchs mir mein Nachbar aus Stuttgart ans Herz. Er war Mitte sechzig und trug, egal ob es schneite oder vierzig Grad heiß war, jeden Tag seinen blauen Trainingsanzug. Vor 35 Jahren war er nach Neukölln ausgewandert. Er habe sich hier »schon e bissle verändert«, vertraute er mir bei unserer ersten Begegnung, eines Morgens vor den Mülltonnen, an. In gewissem Sinne aber sei er sich auch immer treu geblieben: »Mir Schwabe lasset ebbe nix verkomme.« Stolz zeigte er mir seine Digitalkamera. Erst gestern habe er sie aus der schwarzen Mülltonne im Hof gefischt. Und noch viel tollere Sachen gebe es in der Nachbarsiedlung. »Da wohne die Neureiche«, sagte er, »die Russe.« Hier lebten sie also offensichtlich jetzt, die Russen. Nicht mehr in Charlottengrad wie damals in den goldenen 1920er Jahren. Neulich habe er in der Nachbarsiedlung eine Rolex aus der Tonne geholt. »Het achthundert Euro gebracht«, erzählte er. »Bei de Russe isch es ebbe am beschde.« Ich überlegte, wann ich zum letzten Mal achthundert Euro verdient hatte, an einem einzigen Tag. Wahrscheinlich noch nie. In Berlin schon gar nicht. Vielleicht sollte ich ein Praktikum beim Müllfischer aus Stuttgart machen? »Mir Schwabe«, sagte er und klopfte mir freundschaftlich auf die Schulter, »mached alles zu Gold.«

Eigentlich war ich ja gar kein Schwabe. Nicht einmal ein richtiger Schwoob. Mein Nachbar musste da etwas falsch verstanden haben. Und als Basler verstand ich mich leider auch nicht aufs Gold machen. Immerhin aber konnten wir in der Schweiz auf eine gewisse Tradition als Geldverwalter zurückblicken. Und auf meine Initiative hin zahlten seit unserem Umzug ins Großraumbüro nach Friedrichshain alle textschreiber zum Beispiel jedes Jahr zwanzig Euro in eine Gemeinschaftskasse. Als stille Reserve, falls wir den Laden eines Tages schließen müssten wegen kollektiven Nervenzusammenbruchs oder so. Ohne einen solchen Notgroschen, das wusste ich aus meiner Lieblings-WG selig, bezahlten nämlich die letzten, die auszogen, die Sperrmüllabfuhr alleine. Mit ihren letzten Nerven und Kröten. Ich hatte die Gelder der Bürokollegen höchst persönlich an mich genommen, um sie umsichtig anzulegen. Ich könnte zum Beispiel endlich einen Kühlschrank für meine neue Wohnung erwerben, dachte ich. Nun aber überlegte ich, ob ich am Wochenende nicht lieber gemeinsam mit meinem Nachbarn bei den Russen drüben nach Kühlschränken fischen sollte. Das wäre nachhaltiger.

Ein paar Wochen nach meinem Einzug lud ich Joe aus der Schlucht der abgehackten Hand zum Abendessen ein. Meine Toilette kam super an. »Cool! Die macht Seifenblasen«, berichtete er nach der Benutzung. Und in der Tat. Von jenem Abend an verwandelte sich meine Kloschüssel beim Spülen regelmäßig in einen Jacuzzi. Diese Phase ging vorbei. Dafür stieg der Pegel nun bei jedem Spülvorgang dramatisch an. Bislang war es zu keiner Überflutung gekommen. Aber wie lange noch? Manchmal dachte ich, das mit der Altbauwohnung in Neukölln war ein Griff ins Klo. Andererseits lernte ich hier Tag für Tag, vermeintliche Gewissheiten immer wieder zu hinterfragen. Kürzlich zum Beispiel versammelten sich im Innenhof zehn Polizisten und diskutierten angeregt mit einem Punker-Pärchen. Eine Hausdurchsuchung? Punks, wusste ich, verehrten Polizisten wie Guido Westerwelle den Kommunismus. Und sie gaben ihnen gerne Tiernamen. Aber die Punker aus meinem Hinterhof hatten die Polizisten freiwillig eingeladen. Sie suchten Schutz vor den Neonazis, die sich in der Nachbarschaft eingemietet hatten, erzählte mir mein Lieblingsnachbar aus Stuttgart.

Bald wurde es Frühling in Neukölln. Obwohl noch blass wie Bohnen aus der Konservendose, lustwandelten die Menschen in Muskelshirt oder Minirock stundenlang unter freiem Himmel. Alle waren plötzlich fröhlich und beschwingt – wie verwandelt. Neukölln war das neue Ipanema! Selbst ich wurde von der neuen Lebensfreude angesteckt. »Vom Grund bis zu den Gipfeln, / So weit man sehen kann, / Jetzt blüht's in allen Wipfeln, / Nun geht das Wandern an«, las ich in meinem neuen Gedichtband von Joseph von Eichendorff, den Cordula mir zum Geburtstag geschenkt hatte. Ich wunderte mich über meine gute Laune. Denn im Allgemeinen hatte ich es ja nicht so mit Veränderungen. Genau wie Mohammed, der Prophet des Islam. »Hütet euch vor den Dingen, die neu aufgebracht werden«, sprach der einst. »Denn alles, was neu aufgebracht wird, ist eine Neuerung. Jede Neuerung aber ist ein Gang in die Irre, und jeder Gang in die Irre führt ins Feuer.« Der Prophet sprach mir aus der Seele. Früher war vieles besser gewesen, fand auch ich. Nur dieses Jahr bildete eine Ausnahme. Diesmal konnte es einfach nur noch aufwärts gehen, hier in Neukölln.

Prompt wurde auch dieser Tag wieder ein Glückstag! Aus heiterem Himmel kam mein Vater aus Linz angereist. Er rannte in den Baumarkt, kam kurz darauf schnaufend wie ein Walross mit einer riesigen Bohrmaschine die Treppe hochgestürmt, mit Brettern, Eisenwinkeln und einer Wasserwaage. Poster werde er auch gleich für mich kaufen, sagte er, und Rahmen dafür. Frühstück hatte er schon besorgt und ein Paprikahendl wolle er später zubereiten, dafür werde er gleich noch einen Römertopf organisieren. Normalerweise war mein Vater ein eher bedächtiger Zeitgenosse. Ob das alles der Frühling ausgelöst hatte? Ein Klingeln an der Wohnungstür riss mich aus den Gedanken. Ein Blaumann stand davor, im Auftrag der Hausverwaltung. Unterm Arm hatte er eine schneeweiße, neue Kloschüssel. Für mich! Die alte sei »durch«, sagte er lakonisch. Ob er die neue Toilette ein wenig schräg anbringen solle, aus ästhetischen Gründen? Ich war perplex. Ästhetik? Hier? Minuten später war meine alte Tsunami-Toilette Geschichte. Der Lenz hatte alles neu gemacht.

Auch akustisch hatte der Hermannplatz-Kiez eine Menge zu bieten. Viele Wochen über hielt ein Pärchen nachts mit stundenlangen Kopulationslauten den gesamten Häuserblock bei Laune. Mittlerweile waren die beiden heiser geworden oder weggezogen. Dafür kamen andere Klänge zur Geltung. Im Halbschlaf vernahm ich oft schwerzungige Gespräche besoffener Nachbarn, die in lauen Sommernächten gegen drei oder vier Uhr früh heimkehrten. Nach und nach stieg der Schallpegel im Innenhof dann an, weil sie sich zu prügeln begannen. Und wenn die Beleidigungen und das Türenschlagen dann wieder langsam leiser wurden und ich beinahe wieder eingedöst war, kam der große Auftritt meines Lieblingsnachbarn. Er riss das Fenster auf und brüllte so laut er konnte: »Ruhe!!!« Spätestens von diesem Moment an war ich hellwach. An Schlaf war nicht mehr zu denken und ein authentischer neuer Neuköllner Morgen hatte begonnen.

Auf meinen Wanderungen durch das Tal der Sonnenallee faszinierte mich das Heimatmuseum Neukölln besonders. Solche Einrichtungen kannte ich bisher nur aus Schweizer Bergdörfern. Hier hingegen stand das Heimatmuseum mitten in der Stadt, gleich beim Hermannplatz. Besonders toll war die Fußball-Ausstellung, in der ich Tasmania Berlin kennenlernte, den erfolglosesten Verein in der Geschichte der Bundesliga. Fast nie hat Tasmania ein Spiel nicht verloren. Eigentlich hatten die Gründer des Clubs nach Tasmanien auswandern wollen, erfuhr ich. Da das nicht klappte, begannen sie halt Fußball zu spielen. Die Berliner waren eben Könige der Flexibilität.

Ein paar Wochen darauf kündigten Plakate eine Ausstellung zum Tabuthema »Familie« an. Da musste ich natürlich erst recht hin. Denn vielleicht würde es diese traditionsreiche Form des Zusammenlebens ja bald nicht mehr geben, vermuteten Wissenschaftler. Früher beschäftigten sich Ethnologen zum Beispiel mit Beschneidungsritualen auf Südsee-Inseln oder mit Voodoo-Zauber. In heutiger Zeit hingegen schrieb meine Freundin Irma aus München ihre Ethno-Doktorarbeit über das »Aussterben der Europäer«. Und offensichtlich waren die letzten Familien im Alten Europa schwer zu finden. Ich habe von Irma jedenfalls schon lange nichts mehr gehört. Vielleicht suchte sie bei ihrer Feldforschung an den falschen Orten? Neukölln jedenfalls schien ein kinderreicher Stadtteil zu sein. Gleich in der Eingangshalle des Museums bewunderte ich auf Fotos fünfzehn echte Neuköllner Familien. Die Kriterien waren bei der Auswahl allerdings sehr weit gefasst worden, stellte ich fest: Ein betagtes Ehepaar mit Hund beispielsweise ging bereits als Familie durch. »Mann, ist die Judith dick geworden!«, staunte ein Besucher. Das Heimatmuseum Neukölln war vielleicht das einzige Museum der Welt, in dem sich die Betrachter und die Ausgestellten persönlich kannten.

Neukölln schien eine Fundgrube für jeden Kurator zu sein. Schon seit Jahren hatte das Museum mit Platzproblemen zu kämpfen. Ein Großteil der Sammlung passte nicht in die Ausstellungsräume und lagerte irgendwo im Kellergeschoss. Schließlich entschied man sich für einen Umzug: Viele Kilometer weiter südlich, direkt neben dem Britzer Schloss, waren große Säle frei geworden. Im tiefsten Neukölln also, aber gar nicht schwer zu erreichen: Von der U7-Haltestelle Parchimer Allee wanderte ich geradeaus weiter bis zu einer Imbissbude, die preiswerte »Schüler-Döner« verkaufte. Dahinter wurde die Landschaft plötzlich grün und ländlich. Aber wo war das Schloss? »Einfach durchs Gehege durch, dann sehen Sie es schon«, klärte mich eine Anwohnerin auf und zeigte auf einen Maschendrahtzaun. Schließlich fand ich den Eingang. Was für eine Nachbarschaft: Schafe, Ziegen, Kühe! Idyllisch wie auf einer Alp in der Schweiz.

Das »Schloss« war eigentlich einfach nur ein großes Haus. Aber egal. Ich legte mich auf den Rücken ins Gras und beobachtete, wie die Wolken am Himmel vorbeizogen. Und ich erinnerte mich plötzlich an einen Monolog, den ich vor vielen Jahren in Berlin an der Schauspielschule vorgesprochen hatte. Aus »Leonce und Lena« von Georg Büchner. »Ein sonderbares Ding um die Liebe«, sinniert der gelangweilte Prinz darin: »Man liegt ein Jahr lang schlafwachend zu Bette, und eines schönen Morgens, wacht man auf – und besinnt sich – und besinnt sich: Wie viele Weiber hat man nötig, um die Skala der Liebe auf und ab zu singen? Kaum dass Eine einen Ton ausfüllt.« Bei mir indes füllte gerade gar niemand irgendeinen Ton aus. Oder etwa doch?

Die Sammlung des Museums erstrahlte in neuem Glanz: 99 Schätze der Neuköllner Geschichte hatten die Kuratoren für die Eröffnungsausstellung ausgewählt: das Gebiss eines Mammuts, mehr als 20 000 Jahre alt. »Wurde in einer Kiesgrube im Körnerpark ausgegraben«, erzählte der Museumsdirektor stolz. Auch der hundert Jahre alte Tropenhut »Royal Grand Luxe« des Unternehmers Franz Körner – nach dem der Park benannt ist – war zu sehen. Ein echter Unternehmer aus Neukölln, dachte ich: Wie krass! Und der ausgestopfte, mehr als einen Meter hohe Riesenauerhahn? »Eine Großtrappe aus Gropiusstadt«, erklärte der Direktor. »Diese gewaltigen Vögel lebten dort noch Mitte der 1940er Jahre.« Das silberne Kreuz in einer weiteren Vitrine war kein Bischofsstab – sondern eine Saugglocke, um Geburten einzuleiten. Die habe ein Neuköllner Professor erfunden. »Der Vater der Pränatalmedizin«, erzählte der Museumsdirektor. Neukölln war offensichtlich der Nabel der Weltgeschichte. Und ich hatte es geschafft: Ich war jetzt auch hier angekommen! In einer Schreibwarenhandlung sprang mir eine Postkarte ins Auge, auf der eine Großtrappe abgebildet war. Ich beschloss, sie Paula zu schicken, meiner ehemaligen Lieblingsmitbewohnerin, die gerade in ihrer neuen Mini-Wohnung im Prenzlauer Berg für ihr Jura-Staatsexamen lernte. »Liebe Paula«, schrieb ich: »Toitoitoi! Möge dir dieser Vogel Glück bringen! Und lass uns bald mal wieder etwas zusammen unternehmen, oder?«

»Macht hoch die Tür, die Tor macht weit, es kommt der Herr der Herrlichkeit!« Als mein siebter Winter in Berlin hereinbrach, musste ich im endlosen Tal der Sonnenallee oft an dieses schöne, alte Weihnachtslied denken. Tag und Nacht stand unsere Haustür sperrangelweit offen – aber der Messias war leider nicht da. Dafür Väterchen Frost. Er kroch in alle Ritzen. Es ward ein Heulen und Zähneklappern im Tal. Besonders in meiner Wohnung. Weihnachten hin oder her: Ich schmetterte die Haustür ins Schloss. Doch kaum war ich wieder oben in meiner Mini-Wohnung angelangt, stand sie erneut offen. Die Nachbarn wollten ihren Blick offensichtlich frei schweifen lassen über den Innenhof mit den rostigen Fahrrädern, den schneeüberzuckerten, überquellenden Mülltonnen und der Hundekotwiese. Oder sie erwarteten den Messias – sei es nun Jesus oder Mohammed. Vielleicht aber, dämmerte es mir langsam, schätzte ich die Situation falsch ein: Die wollten gar keinen reinlassen. Die wollten raus! Warum aber hatten sie dann einen Kinderwagen genau vor den Eingang gestellt? Waren die anderen Mieter im Haus einfach bescheuert?

Nach einem Gespräch mit Toni mit dem Trenchcoat musste ich von diesem Verdacht Abstand nehmen. Wahrscheinlich waren meine Nachbarn einfach besser als ich über die aktuellen Entwicklungen in der Wissenschaft informiert. Oder sie handelten instinktiv richtig. Ein renommierter Zürcher Panikforscher, erzählte mir Toni nämlich, hatte unlängst in Experimenten nachgewiesen: Wenn Menschenmassen in Panik nach draußen rennen wollen, behindern sie sich gegenseitig. Platziert man jedoch ein Hindernis vor dem Notausgang, so wirkt das wie ein »Wellenbrecher« und die Menschen gelangen schneller ins Freie. Der Kinderwagen war also an dieser Stelle sehr vorteilhaft, falls es mal brennen sollte.

Und auch, dass die Haustür immer weit offen stand. Mir aber war eiskalt. Ich dachte mir Slogans für eine Aufklärungskampagne aus: »Was habt ihr getan, als die Eisbären verreckten? Klima retten!« und »Kältetod? – Nein danke!« Oder: »Tür zu! Heizkosten sparen ist megaaffentittengeil!« Doch Berlin war pleite. Wer würde die Werbeaktion finanzieren?

Ich wickelte mich in Wollschals und Kamelhaardecken, zog drei Paar Socken an und träumte von Paris. Dort hatte sich Carla Bruni unlängst mit einem Obdachlosen angefreundet, stand in der Zeitung. Sie habe angeboten, ihm ein Hotelzimmer zu bezahlen, wenn er auf ihrem nächsten Album mitsinge. Der Mann lehnte ab. Er hatte offensichtlich seinen Stolz. Ich nicht. Sollte Joachim Sauer, der Gatte von Angie Merkel, heute bei mir klingeln und mir eine warme Unterkunft offerieren, würde ich sofort zusagen. Selbst wenn ich als Gegenleistung mit ihm einen Bauchtanzkurs besuchen müsste. Doch der Kanzlerinnengatte kam nicht vorbei. Dafür traf ich auf einem Winterspaziergang durch das tief verschneite Tal der Sonnenallee ein Kamel. Es stand, umgeben von Natel-Shops, Döner-Buden und Mäc-Geiz, direkt vor dem Rathaus Neukölln, sah überarbeitet aus und hatte Schaum vor dem Mund. Vielleicht gefiel auch ihm die Musik nicht? Unermüdlich spielten vier Nikolause auf Posaunen »Leise rieselt der Schnee«. Paula, meine ehemalige Lieblingsmitbewohnerin, hatte vorgeschlagen, den Neuköllner Weihnachtsmarkt zu besuchen.

Er bestand aus etwa fünf Buden. Es war zwanzig Grad unter null und ich konnte Paula, auf die ich mich schon seit Wochen gefreut hatte, nirgends finden. Es war zwanzig vor vier. Um drei waren wir verabredet gewesen und leider war mein Natel mal wieder kaputt. Das Dromedar produzierte immer mehr Schaum. Auch für Tiere bedeutete die Adventszeit offensichtlich enormen Stress. Als die Nikolause »Stille Nacht« zu blasen begannen, wollte ich endgültig gehen. Da kam Paula plötzlich doch noch anspaziert. »Wo bleibst du denn?«, fragte sie und lachte. Die paar Buden hier seien doch nicht der Neuköllner Weihnachtsmarkt. Sie war sehr stolz darauf, in Berlin geboren zu sein – vielleicht neben Felix, dem Prenzlwichser, als einziger Mensch überhaupt in dieser Stadt. Der echte Weihnachtsmarkt sei weiter südlich, hinter dem Rollberg-platz, klärte sie mich auf. Und Paula hatte Recht, wie immer.

Dort drüben war es dann auch viel netter als vor dem Rathaus. Engel, Krippen, Sterne und selbst gestricktes Wollzeugs. Aber nicht nur andächtig strahlende Familien trieben sich herum, son-dern auch Penner, Lebenskünstler, Greise, Punks. Zu essen gab es Kürbissuppe mit Käsebällchen und zu trinken jede Menge Glüh-wein. Obwohl Paula sonst großen Wert auf ihre »Autonomie als Frau« legte, durfte ich sie heute einladen. Ihre Geldbörse war näm-lich gerade gestohlen worden. Selbstverständlich aber nicht hier in Neukölln, sondern im Norden der Stadt, im Prenzlauer Berg, wo sie jetzt wohnte. Leider musste Paula dann bald nach Hause, um weiter fürs Staatsexamen zu lernen. Sie lächelte, sah mich aus ihren blaugrauen Augen liebevoll an und sagte: »Auf bald. Ich werd mich revanchieren. Du kriegst eine Überraschung.«

Was sie sich da wohl einfallen lassen würde?, dachte ich voller Vorfreude. Die Ruppigkeit der Berliner und Berlinerinnen war eben nur eine oberflächliche Sache. Eigentlich waren die meisten hier herzensgute Menschen. Berlin wurde, was die Umgangsfor-men angeht, häufig Unrecht getan. Vor Kurzem las ich den Be-weis: Wissenschaftler hatten die Höflichkeit der Menschen in 35 Großstädten getestet – und Berlin war auf den ausgezeichneten vierten Platz gekommen! Sieben Ränge vor den vermeintlichen Charme-Königen aus Wien. Vielleicht wurde auch der Handkuss einst in Neukölln erfunden?, spekulierte ich. Neulich bei der Post am Hermannplatz wurde ich jedenfalls mal wieder Zeuge des un-vergleichlichen Neuköllner Charmes: Menschenmassen drängten sich bereits vor dem Eingang. Und der einzige Schalterbeamte ar-beitete im Tempo einer bekifften Schnecke. »Sehen Sie die riesige Schlange nicht?!«, fragt eine Frau genervt. Der Beamte blickte sie lange freundlich an. »Wissense«, sagte er dann und lächelte ver-führerisch: »Ick züchte Schlangen.«

Einzig, dass in diesem Winter jeden Tag bereits um vierzehn Uhr die Dunkelheit hereinbrach, belastete mich. Doch zum Trost gab es in Berlin ja viele Kneipen und Dampfbäder, in denen man sich aufwärmen konnte. Und in einer dieser Kneipen hatte Felix, der intellektuellste unter meinen Berliner Freunden – neben Germanistik studierte er auch seit mittlerweile 21 Semestern Ethnologie – eine großartige Idee: Durch Saunabesuche in allen Stadtteilen würden wir die Geheimnisse der Metropole lüften! Begeistert formulierten wir unsere Leitfragen: In welchem Stadtteil leben die dicksten Menschen? Dürfen in Neukölln Kampfhunde mit ins Dampfbad? Wird man in Schöneberg wirklich dauernd belästigt? Und schließlich: Welche Berliner Sauna ist die beste? Als wissenschaftlichen Ansatz wählten wir die Methode der »Teilnehmenden Beobachtung« und begaben uns wochenlang auf Feldforschung. Felix nahm meist einen Wälzer von Jacques Derrida mit in den Ruheraum, um die eigenen Notizen mit schlauen Gedanken über Dekonstruktion anzureichern. Ich hingegen blätterte in bunten Heftli über Autos, Promis oder Politik. Ausgerechnet in Schöneberg wurde ich dann prompt belästigt. Von der Bademeisterin. Sie monierte, ich würde beim Aufguss zu laut atmen. Felix machte fleißig Notizen.

»Berlin sucht die Super-Sauna« entwickelte sich zu einem Kopf-an-Kopf-Rennen. Am Ende erhielt die »Sauna Obscura« in Weißensee von uns die meisten Punkte. Eine Bildhauerin aus Finnland hatte dieses Kunstwerk, das mitten auf dem See schwamm, geschaffen. Die Saunagäste wurden von einer Gondoliera im Kanu hinübergepaddelt. Durch ein Bullauge im Schwitzraum sah man die Leute am Ufer auf dem Kopf stehen. »Das sprengt eingefahrene Wahrnehmungsmuster«, klärte uns die Gondoliera über den tieferen Sinn der optischen Täuschung auf. Im Schwitzraum konnte ich – ohne Brille – nichts erkennen. Felix aber war sehr angetan von diesem Effekt. Leider wurde die Kunstsauna dann bald wieder abgebaut. Die Berliner Behörden wollten den Betreibern keine längerfristige Genehmigung erteilen. »Wahrscheinlich hätten wir rollstuhlgängige Toiletten einbauen müssen, um diese Bürokraten zu befriedigen!«, regte sich die Gondoliera bei unserem letzten Besuch auf, »oder Terrorabwehrraketen.«

Auf den zweiten Schlussrang kam eine Jugendstil-Sauna, die so schön war, dass sie unter Denkmalschutz stand – und daher wohl selbst in Berlin nie abgerissen werden würde. Es war eine gewöhnliche Sauna ohne tiefere Bedeutung. Und sie lag keine fünfhundert Meter von meiner Mini-Wohnung entfernt im Stadtbad Neukölln. Als Felix und ich den großen Schwitzraum betraten, unterhielt sich gerade eine Gruppe fetter, älterer Männer über die Kochkünste in Neuköllner Kneipen. »Auf dem Thunfisch konnt'ste noch die Rillen vom Dosendeckel sehen«, erzählte einer über seine Geburtstagsfeier in einem Neuköllner Japan-Restaurant. »Denn wart keen Suschi«, sagte der andere. »Suse is jetzt noch schbei-übel«, ergänzte ein Dritter. Dann lenkte jemand das Gespräch auf ein griechisches Lokal hier in der Gegend und malte die Details eines Grilltellers mit verschimmelten Zutaten so anschaulich aus, dass Felix und ich den Schwitzraum fluchtartig verließen. Vielleicht hatte Toni mit dem Trenchcoat ja doch Recht gehabt, was die kulinarischen Abgründe Neuköllns betraf?, dachte ich. Aber schmutzig? Im Dampfbad drüben mussten wir uns aus hygienischen Gründen auf Plastikfolie setzen. Die wurde frisch von einer großen Rolle abgerissen, wie zu Hause beim Einpacken von Butterbroten. Wenn man aufstand, blieb einem die Folie am Hintern kleben. Doch draußen in der Ruhezone, wo die Luftfeuchtigkeit niedriger war, ließ sie sich wieder entfernen. Praktisch. Könnte aus meiner Schweizer Heimat stammen, diese Erfindung.

Wir machten einen zweiten Versuch im großen Schwitzraum. »Früher war ick Folterknecht«, stellte sich der Saunameister vor und ließ sein Badetuch kreisen wie ein Hammerwerfer sein Wurfgeschoss. Kleiner Scherz, dachte ich noch. Doch wahrscheinlich sprach der Mann mit der Leistungsschwimmerfigur die reine Wahrheit: Er goss eine Kelle Wasser über dem Ofen aus, es zischte vielversprechend – und wurde brennend heiß. Schon nach Sekunden fühlte ich mich wie ein Spanferkel am Spieß. Ein Spanferkel, das in Aprikosenjoghurt gebadet hatte. Früchte und Milch verwendeten die Neuköllner offenbar nicht wie wir Basler fürs Birchermüsli, sondern als Schwitzmittel. Eine ganz andere Kultur.

Im Ruheraum erzählte ich Felix, der noch nie in den Alpen gewesen war, von meiner alten Heimat. Wer Skifahren könne und »Chuchichäschtli« sagen, gelte bei uns als gut integriert. Dieses Zauberwort heiße auf Hochdeutsch unspektakulär »Küchenschrank«, erklärte ich. Während wir »Chäschtli« in der Schweiz wiederum auch die Spinte in Hallenbädern nannten. Da fiel mir plötzlich auf, dass mein Chäschtli-Schlüssel weg war. Ich musste ihn irgendwo im Hallenbad verbaselt haben. Und beim Geldautomaten hatte ich heute früh gerade einen Hunderter abgehoben. Nervös rannte ich in meinen Badelatschen in den gefliesten Gängen umher und suchte jeden Winkel ab. »Wat verlor'n?«, fragte ein Neuköllner Urvieh mit Tätowierungen am ganzen Körper hämisch. »Nein, ich mähe den Rasen«, zickte ich ihn an. Der tätowierte Riese aber antwortete freundlich, dass er einen Schlüssel gefunden und beim Bademeister abgegeben habe. Eine ehrliche Haut, mitten in Neukölln! Die Menschen in diesem Stadtteil waren wirklich reizende Zeitgenossen.

Leider nur konnten Felix und ich nicht den ganzen Winter in der Sauna verbringen. Das wäre zu teuer geworden. Da wir keine Forschungsgelder bewilligt bekamen, mussten wir die Dampfbad-Studie schließlich abbrechen. Dafür wagten wir uns, nach einer Wanderung durch die Straßenfluchten am Fuße des Prenzlauer Bergs, auf den zugefrorenen Weißensee hinaus. Ich war aufgeregt, denn das Überqueren von Schnee- und Eisfeldern war gefährlich, wusste ich von Bergtouren durch die Schweizer Alpen. Leicht konnte sich dabei eine Lawine lösen – oder man stürzte plötzlich in eine Gletscherspalte. Immerhin aber hatte ich als Kind auf der Basler »Kunschti«, einer künstlichen Eisbahn, auch Schlittschuhkurse besucht. Wir lernten da übersetzen und Eier legen. Das Eierlegen war besonders anspruchsvoll: Man ließ die Beine weit auseinander gleiten, um sie im letzten Moment wieder zu schließen. Wenn alles klappte, ritzten die Kufen eine eiförmige Spur ins Eis. Wenn nicht, zog man sich eine Adduktorenzerrung zu. Beim Übersetzen wiederum musste man immer wieder den linken Fuß rechts vom rechten Fuß aufs Eis bringen. Die raue, urwüchsige Naturkraft Berlins aber war eine andere Herausforderung. Schon allein das Gleichgewicht zu halten auf dieser Eisfläche, die uneben war wie das Kopfsteinpflaster am Paul-Lincke-Ufer, forderte meine volle Konzentration. Felix erklärte, dass die Stellen des Eises, die mit Schnee bedeckt waren, dünner seien als diejenigen ohne Schnee.

Das habe physikalische Gründe. Interessant, dachte ich. Dann hörte ich ein knirschendes Geräusch, brach ein – und versank bis zur Hüfte im Eiswasser.

Zwei Wochen lang lag ich, von Schüttelfrost gepeinigt, im Bett. Erst dann sank das Fieber wieder langsam. Der Winter aber wurde von Tag zu Tag unerbittlicher. Ich lag zu Hause auf meinem Futon, schlürfte Kamillentee mit Honig und las Zeitung. In Marzahn hatten vergangene Nacht Vermummte eine siebzigjährige Rentnerin überfallen, las ich. Die Banditen verlangten Bargeld. Und um ihre Forderung zu unterstreichen, hielten sie der Dame eine Schusswaffe an den Kopf. Die Oma aber ließ sich nicht aus der Ruhe bringen und ging zielstrebig weiter über Schnee und Eis. Schließlich machten sich die Räuber ohne Beute vom Acker. Berlin war eine Stadt für Helden und für Übermenschen, wurde mir einmal mehr deutlich. Keine Stadt für mich. Ich war am Ende: physisch, psychisch und finanziell. Ich war reif für die Rückkehr nach Basel.

Röbi, der Skifahrer aus dem Kreuzberger Treppenhaus, war bereits weg. Ich hatte ihn unzählige Male zu erreichen versucht. »Der ist wieder in der Schweiz«, klärte mich Joe aus der Schlucht der abgehackten Hand eines Tages auf. »Frankendorf-Füllidorf oder so heißt das Kaff.« Röbi sei völlig pleite gewesen. »Von Berlin will er nichts mehr hören.«

Joe war es, der mich in Berlin zurückhielt. »Halt durch!«, sagte er. »Das ist doch nur der Berliner Winter. Du brauchst einen kurzen Tapetenwechsel, dann ist wieder alles okay.« Er hatte auch gleich einen heißen Tipp: »Malle wird dir gut tun!« Vielleicht hat er ja Recht, dachte ich. Wer noch nie auf Malle war, konnte jedenfalls kein richtiger Berliner sein, wusste ich. Nicht mal ein richtiger Neuberliner. In meiner alten Basler Heimat kannten wir diese Insel lediglich aus TV-Reportagen über fettleibige Schwoobe in zu kleinen Badehosen, die sich sangriatrunken am Strand übergaben. Auch Billigflieger waren nicht so mein Ding, schon wegen ökologischer Gewissensbisse. Aber mit so einem Flugzeug kam man schneller und billiger nach Mallorca als mit der Bahn nach Hamburg. Und über Silvester fuhr ich dann tatsächlich nach Malle. Es war Paula, die mich alle Vorbehalte vergessen ließ. Sie hatte bei einer Tombola zwei Gutscheine für einen Yoga-Anfängerkurs gewonnen »Kommst du mit?«, fragte sie, ein wenig schüchtern. Das sei die Überraschung, von der sie neulich auf dem Weihnachtsmarkt gesprochen habe. Natürlich war ich dabei!

Wir aßen gesund und gingen jeden Abend sehr früh schlafen. Denn bereits in aller Herrgottsfrühe sollten wir unsere Glieder verrenken. Auf Yoga-Seminaren tummeln sich die schönsten Frauen, hatten mir meine Kumpels versichert. Aber ich war ja ausschließlich wegen Paula gekommen. Nur leider hatte sie wegen Grippe kurzfristig in Berlin bleiben müssen. Ich versuchte, mir meine Enttäuschung nicht anmerken zu lassen. Verbissen drückte ich mich nach den Anweisungen der Lehrerin in Krähe, Kobra und Hund. Und nachdem wir zum Abschluss der morgendlichen Lektion dreimal »Ommm« gesungen hatten, sagte sie jedes Mal: »Mögen alle Lebewesen Glück und Zufriedenheit erfahren!« Manchmal hörten wir zeitgleich Schüsse, denn auf Malle hatte gerade die Jagdsaison begonnen.

Der Samstag war yogafrei und ich machte mit einem Kursteilnehmer aus Darmstadt einen Ausflug nach Palma de Mallorca, in den Hauptort der Insel. Vor der mittelalterlichen Kathedrale sprachen uns charmante, junge Mallorquinerinnen in fließendem Englisch an und versuchten neckisch, uns Blumen ins Knopfloch zu stecken. Wir lehnten dankend ab, doch die glutäugigen Mädchen ließen nicht locker. Schließlich kramte ich eine Euromünze hervor. »No, no!«, wehrte eines der Mädels fröhlich ab: »Only one Cent!« Es sei ein alter mallorquinischer Silvesterbrauch, Menschen, die man liebe, für diesen symbolischen Betrag Blumen zu schenken. Der Tag war gerettet. Später, in einem lauschigen Café, stellten wir beim Zahlen dann fest, dass unser Geld weg war. Insgesamt hatten die Mädels rund zweihundertsechzig Euro aus unseren Portemonnaies erbeutet. Die EC-Karten aber waren noch da. Nachhaltigkeit wurde auf Malle offensichtlich großgeschrieben.

Am Abend lasen wir im Reiseführer die Warnung vor Taschendiebinnen, die in Palma vor der Kathedrale an männliche Urlauber Nelken verteilten. Überhaupt lernte ich viel während meines ersten Malle-Aufenthalts: Über Geduld, Gelassenheit und Zufriedenheit und dass man auf dieser Welt nichts wirklich geschenkt bekam. Auch keine Nelken an Silvester. Ein großartiger Urlaub, besonders in optischer Hinsicht. Denn zumindest die Mädels vor der Kathedrale sahen einfach super aus. Ganz anders als die fetten Schwoobe aus den TV-Reportagen und die betagten Kursteilnehmerinnen aus dem Yoga-Lehrgang. Malle war besser als sein Ruf – auch wenn ich jetzt noch viel tiefer im Dispo steckte als zuvor in Berlin.

Zu Hause erwarteten mich zwei freudige Nachrichten auf dem Anrufbeantworter: 1. Good old Schampe aus Basel kündigte sich an. Er lasse seine Tochter zu Hause bei Mama und komme am Wochenende vorbei. Cool! Und 2. Paula fragte, wie es beim Yoga gewesen sei? Sie sei wieder gesund, vermisse mich und wolle mich nächsten Mittwoch ins Theater einladen. Schlagartig war der Diebstahl von Palma de Mallorca vergessen. Denn genau mit diesen beiden Menschen wollte ich mich ja unbedingt sobald wie möglich treffen.

Schampe war der tierliebste von meinen Freunden. Während des Studiums hatte er seine Wohnung jahrelang mit einem Wellensittich, fünf Guppys und einem Hamster geteilt. Schon daher war ich auf Hamsterkäufe in Berliner Zoohandlungen eingestellt. Und gleich danach eine Gratwanderung durch den Wilden Wedding?, schlug ich vor, als ich ihn am Bahnhof abholte. Doch mein alter Freund winkte ab. Er wollte zum Pferderennen. Er gehe jetzt auch gelegentlich ins Casino, erzählte er. Aber Pferderennen seien natürlich romantischer und die traditionsreiche Berliner Rennbahn von Mariendorf – von der ich noch nie gehört hatte – weltberühmt. »Hier Pferd die BSR!« stand auf einem orangefarbenen Auto zu lesen, das gemächlich seine Runden drehte und Wasser auf die Trabrennbahn in Mariendorf spritzte. Kleines Wortspiel der Berliner Stadtreinigung (BSR), dachte ich: he, he! Aber wozu die Spritzerei? Damit den Pferden die Hufe nicht zu heiß werden? Überhaupt: Ich dachte, bei solchen Anlässen wird geritten. Doch die Athleten verwendeten eine Art Rollstuhl, der hinten am Pferd befestigt wurde. Das Wetten selbst war eine Wissenschaft für sich. Auf welches Tier sollte man setzen? Sie sahen ja alle sehr ähnlich aus, diese Pferde. Einen ersten Anhaltspunkt bietet der Name, erklärte mir Schampe: »Rinaldo« schien uns vielversprechend; schließlich war Ronaldo mal ein guter Fußballer gewesen. Doch dann weckte ein Hengst namens »Akademiker« unser Interesse. Auch wir hatten einmal studiert, an der Universität Basel. Klar mussten wir auf Akademiker setzen! Als die Tiere losgaloppierten und eine Staubwolke aufwirbelten, kippte Schampe mir vor Aufregung sein Bier über den Schoß. Wenige Minuten später näherten sich die Pferde bereits dem Ziel. Nur Akademiker nicht. Vielleicht reflektierte er noch über den »Penis als Konstrukt« oder über den »Dritten Weg«.

Ein Glück, dass alle paar Minuten ein Rennen stattfand. Wir wetteten und wetteten und Schampe, durch seine Beamtenstelle in Basel leichtsinnig geworden, bezahlte und bezahlte. »Man muss auf die Quote achten«, erklärte er mir. Neben der Startnummer des Pferdes erschien eine weitere Zahl auf der Anzeigetafel. Je höher die war, desto mehr Geld gewann man, wenn das entsprechende Pferd siegte, lernte ich. Das Ärgerliche: Je höher diese Quote war, desto unwahrscheinlicher war es auch, dass das Pferd etwas taugte. Man musste dialektisch denken können beim Pferdewetten. Mein ehemaliger Mitbewohner Theo wäre da sicher eine Wucht gewesen. Doch nach vielen Stunden hatten auch Schampe und ich den Bogen raus: Einer unserer Favoriten schaffte es aufs Podest. Stolz, als hätten wir das Rennen selbst gewonnen, schritten wir zum Wettschalter hinüber, um uns den Gewinn auszahlen zu lassen. Wortlos schob uns die Wettleiterin 3,40 Euro hinüber. Wie viel Schampe insgesamt verloren hatte, konnte er am Ende nicht mehr rekonstruieren.

Ich persönlich interessierte mich ja mehr für Bälle als für Pferde. Als Grundschüler in der Schweiz trug ich täglich das rot-blaue Trikot des FC Basel. Es war die Zeit der goldenen Basler Generation um Markus »Super-Mägg« Tanner. Verlor der FCB dennoch einmal, weinte ich. Mittlerweile bewunderte ich viele Mannschaften, ein echtes Lieblingsteam aber hatte ich schon lange nicht mehr. Der FC Basel, dessen Spielern ich früher manchmal im Gartenbad begegnet war, hatte sich zu einer Art Bayern München der Schweiz entwickelt. Irgendwie war ich für St. Pauli, klar. Aber genügte das denn? Hertha BSC ging leider gar nicht. Seit ich mit Schampe im Olympiastadion gewesen war, hatte ich diesen Verein eisern gemieden. Joe versuchte, mich mit dem 1. FC Union zu verkuppeln. Und bei meinem ersten Besuch in Köpenick, in der Alten Försterei, kam ich mir denn auch vor wie auf einem Date: Würde sich etwas zwischen uns ergeben? Konnte ich mich überhaupt noch mal an einen Verein binden? Immerhin: Die Union-Fans hatten die Zuschauerränge des neuen Stadions selbst gebaut und die Vereinshymne sang niemand Geringeres als Nina Hagen: »Wir werden ewig leben – Eisern Union!«

Die erste halbe Stunde über machte Union gewaltig Druck. Aber es war wie verhext: Die Jungs um Kapitän Torsten Mattuschka, eine Art Berliner Super-Mägg, brachten den Ball einfach nicht ins Tor von München 1860. Das Spiel wurde immer schwächer, meine Zehen froren ein. Zwei Minuten vor Schluss zappelte die Kugel doch noch im Netz. 1:0 für die Gäste. Die Union-Fans verzogen keine Miene. »Eisern Union!«, skandierten sie als liefe alles perfekt. Nach dem Spiel trafen wir an der Straßenbahn-Haltestelle in einem Pulk angetrunkener Union-Fans auf besoffene Münchener. Prompt begannen sie einander zu provozieren. Gleich kracht es, dachte ich. Stattdessen aber waren die Schlachtenbummler bald friedlich am Fachsimpeln. »Wer absteigt«, sagte ein Berliner, »kann hinterher zumindest wieder aufsteigen.« Was für eine Moral! Union-Fan sollte man sein. Aber ich schaffte es einfach nicht, einer zu werden.

Doch vielleicht war das ja auch gar nicht nötig. Denn ich liebte ja bereits das Theater. Und die alte Floskel »Die ganze Welt ist Bühne« entsprach zumindest hier in der Gegend offensichtlich der Realität. Das erlebten Paula und ich bald darauf in einem Vorort von Berlin. In diesem Städtchen wollten wir uns das Stück »Nathan der Weise« ansehen. Eine ehemalige Mitschülerin von der Schauspiel Akademie Zürich war dort am Theater gelandet. Noch bis nächstes Jahr lief ihr Vertrag. Aber die Finanzkrise machte den Kulturleuten zu schaffen. Manchmal spüre sie so etwas wie Endzeitstimmung, erzählte meine alte Mitschülerin in der Theaterkantine. In einem Stück musste sie stundenlang Tee trinken. Sie spielte eine PKK-Terroristin. Einmal schwammen Schimmelpilze im Tee, erzählte sie.

Doch echte Mimen ließen sich nicht unterkriegen: Für »Die Hermannsschlacht« hatten sie in der Fußgängerzone mit Flugblättern Werbung gemacht. Prompt war der Laden voll. Nach der Premierenfeier brachen Paula und ich als Letzte auf. Als wir uns dem Bahnhof näherten, wo wir den letzten Zug zurück kriegen wollten, hörten wir aus einer dunklen Seitengasse Stimmen. Jemand schrie um Hilfe. Im Schein einer Straßenlaterne erkannten wir: Eine Frau lag auf dem Rücken und brüllte. Zwei Personen knieten auf ihr. Skinheads, die eine Migrantin verprügelten? Doch die beiden Aggressoren hatten Igelfrisuren. Es schienen also keine Neonazis zu sein. Eine Vergewaltigung? Paula zückte ihr Natel und verständigte die Polizei. Ich rannte zur Hauptstraße, um Hilfe zu holen. Doch weit und breit war kein Mensch zu sehen. Als ich zurückkam, hatte sich bei der Laterne ein Pulk gebildet. Die Frau, die um Hilfe geschrien hatte, weinte. Ihr linkes Auge war zugeschwollen, wahrscheinlich war sie von einem Faustschlag getroffen worden. Drei Schritte entfernt standen die Aggressoren – zwei weitere Frauen. »Wir sind die Opfer«, sagten die Igel. Etwas abseits stand ein schlaksiger Kerl, der nicht in das Handgemenge involviert gewesen war. »Ich gehe«, sagte er und rührte sich nicht. Wie bei »Warten auf Godot«, dachte ich.

Ein Polizeiauto raste um die Kurve, Bremsen quietschen. Zwei Beamte mit Schnurrbärten sprangen aus dem Wagen. »Ham Sie angerufen?«, knurrte einer Paula an. Wir sollten uns erst mal ausweisen. »Geburtsdatum?«, fragte mich sein Kollege. »Ist das wichtig?«, fragte ich. »Ja!«, brüllte er. Später erläuterten die wahrscheinlichen Täterinnen dem Polizeibeamten, dass sie die Opfer seien. Der schlaksige Typ abseits rief: »Jetzt geh ich wirklich!« – und blieb. Die mit dem blauen Auge weinte noch immer. Kompliziert. Wahrscheinlich würden Paula und ich in nächster Zeit öfter in diese Kleinstadt vor den Toren Berlins fahren müssen, dachte ich. Als Zeugen vor Gericht. Dann würde ich das wieder mit einem Theaterbesuch zu verbinden versuchen. Am liebsten mit einem Stück von Samuel Beckett.

Es kam, wie es vielleicht kommen musste: Ausgerechnet in jener kuriosen Nacht in der Kleinstadt vor Berlin gestand ich Paula meine Liebe. Sie schien nicht sonderlich überrascht – aber erfreut. Wir küssten uns lange, auch weil wir den letzten Zug nach Hause versäumt hatten und mehrere Stunden warten mussten, bis in den Morgenstunden wieder einer fuhr. Von dieser Nacht an waren wir ein Paar – und das war gut so. Mein siebter Winter in Berlin hatte mir Glück in der Liebe gebracht. Genau wie bei meiner textschreiber-Kollegin Gerlinde und ihrem Sofa. Als ich noch einmal nachrechnete, stellte ich fest, dass es eigentlich bereits mein achter Berlin-Winter war – aber wir Basler waren eben manchmal etwas langsamer.

Nun brauchte ich nur noch einen Sportverein, für den ich Fan sein konnte. Ich versuchte es beim Eishockey, bei den Berliner Eisbären – obwohl ich von Anfang an dachte: Ohne Knut würde das wohl nichts werden. Die Eisbären spielten gegen die gefürchteten Sinupret Ice Tigers aus Nürnberg. Vor dem Spiel heizten auf dem Eis Sänger in Eisbärenkostümen ein. Die Fans in den sackartigen Eisbären-Trikots jubelten und warfen mit Papierschnipseln. Manche skandierten: »Alles Scheiße, außer Eisbär'n!«, während auf dem Eis unten junge Muskelprotze einer winzigen schwarzen Scheibe nachjagten. Rempeln, das hatten sie drauf, die Eisbären! Ständig schmetterten sie Nasenspray-Tiger gegen die Bande. Vielleicht hätten sich die Nürnberger besser einen Kieferchirurgen als Werbepartner suchen sollen.

Die schwarze Scheibe war leider wirklich sehr klein. Zum Glück leuchtete eine elektronische Anzeigetafel auf, sobald ein Tor fiel. Ansonsten wurde ständig ein- und ausgewechselt. Hockeyspieler schienen keine Kondition zu haben. Und offensichtlich verloren selbst die Trainer schnell den Überblick. Einmal verwarnte der Schiedsrichter die Sinupret-Tiger wegen »zu vieler Spieler auf dem Eis«. Am Ende stand es 5:2 für die Eisbären. »Wir werden Deutscher Meister!«, grölten die Fans. Ich jubelte mit als gehörte ich dazu. Hoffentlich hat der FC Basel gewonnen, dachte ich später in der Straßenbahn. Irgendwie fremdelte ich noch mit den Eisbären. Man braucht nicht einmal Single zu sein, um sich immer wieder sehr einsam zu fühlen, mitten in Berlin, wurde mir einmal mehr bewusst.

Es war eine seltsame Lebensphase, in der ich mich befand. Obwohl mich die Beziehung mit Paula sehr glücklich machte, hatte ich immer häufiger Heimweh nach der Schweiz und sehnte mich nach den Kuhglocken und Alphornklängen. Selbst das Gejodel, dem ich früher nichts hatte abgewinnen können, fehlte mir nun. Und natürlich die Bands Züri West, Stiller Has und Erotic Maria. Ich fühlte mich träge und alt. Vielleicht lag es daran, dass ich nicht mehr Single war? Wann war ich eigentlich das letzte Mal auf einem Konzert gewesen?, grübelte ich. Dabei war das gar nicht ewig her. Vor wenigen Wochen hatte ich im Tierpark in Friedrichsfelde einen Gig miterlebt. Da spielten im Biergarten als Cowboys verkleidete Rentner »Ohne Moos nichts los« und ähnliche Schlager. Schampe war mit seiner Familie aus Basel zu Besuch gewesen und hatte mich mitgeschleppt. Seine zweijährige Tochter tanzte so entfesselt, dass die Musiker ganz gerührt waren. Leider fuhren die Basler dann bald wieder ab und ließen mich in meiner Trägheit zurück. Wahrscheinlich lag es am harten Alltag hier in der Großstadt, dass ich mich so ausgelaugt fühlte. »Berlin-Jahre sind wie Hundejahre«, sagte Toni mit dem Trenchcoat neulich als er meine Augenringe musterte. »Sie zählen siebenfach.«

Doch nicht alle Neuberliner waren solche Memmen wie ich. Als ich mich mit Joe zum Mittagessen traf, erzählte er ein bisschen aus seinem Leben. Vergangene Nacht zum Beispiel sei er auf einem Punkkonzert gewesen, im Kaffee Burger. Und zwar auf der Bühne. Joe spielte super Gitarre, erinnerte ich mich, unter anderem bei der Berliner Soul-Punk-Band Frost. Diesmal sei eine interessante Gast-Schlagzeugerin mit am Start gewesen. »Die wird häufig unterschätzt, weil sie erst neunzehn ist«, erzählte Joe. »Aber sie rockt schon seit fünfzehn Jahren.« Nach dem Gig, als man am Feiern war, summte das Natel der Schlagzeugerin. Sie müsse sofort in den Wedding kommen. Moby lege dort gerade auf, in einem stillgelegten Schwimmbad. Der berühmte DJ und Musiker aus New York! Alle sprangen in den verbeulten Band-Bus und rasten in den Wedding hinüber. Dort, in der schwülen Hitze des Stattbades Wedding drängten sich gefühlte zehntausend Menschen. Und im großen Pool war kein Wasser – sondern Moby der Große. Tatsächlich! Alle tanzten und feierten die Nacht durch. Ich war neidisch auf Joe. Vielleicht sollte ich auch mal wieder ausgehen? Dann jedoch dachte ich: Spaß haben kann jeder. Wer es aber in Berlin schafft, sich zu langweilen, der schafft es überall!

Zwei Abende darauf war dann auch ich mal wieder auf einem richtigen Konzert. Da musst du jetzt durch!, dachte ich, und nahm einen Schluck aus der Bierflasche. Karl hatte das Event organisiert. Den Auftritt einer »Kultband aus Weißrussland«. Als ich ankam, war der Saal menschenleer, nicht einmal die Musiker selbst ließen sich blicken. Ich war schon einmal bei einer Veranstaltung, die Karl organisiert hatte, erinnerte ich mich. Ein junger Dichter aus der weißrussischen Provinz hatte damals aus seinen Werken gelesen. Stundenlang. Auf Weißrussisch. Zwischendurch wurden Schlüsselbegriffe übersetzt. »Demonstration« etwa, oder »Minsk«. Wird sicher wieder sehr spät heute, dachte ich seufzend. Und laut. Wahrscheinlich Garagen-Punkrock, wie ich ihn einst mit meiner Basler Studenten-Band Ödipus gespielt hatte. Aber mit wertvolleren, politischen Texten. Über Demonstrationen und Minsk. Spätnachts, als ich schon fast eingeschlafen war, kamen die Fans dann doch noch. »Das ist Berlin!«, sagte eine Blondine aus Weißrussland fröhlich. Kurz nach der weißrussischen Community traf auch Paula ein. Zwei Stunden später, als wir uns verabredet hatten. Als echte Berlinerin war sie eben mit den hiesigen Gepflogenheiten vertraut.

Schon betraten auch die Musiker von Troitsa die Bühne. In der Mitte Iwan Kirtschuk, ein korpulenter, silberhaariger Mann, über den das Gerücht ging, er beherrsche achtzehn verschiedene Instrumente. Als er zu singen begann, stürzte das »Haus der Sinne« unter der Wucht seiner Stimme beinahe ein. Kirtschuks Gesang klang – wunderschön! Der Musikstil von Troitsa war irgendwo zwischen Folk, Blues und Schamanen-Mukke angesiedelt. Es wurde ein magischer Abend.

Die Osterfeiertage verbrachte ich in Basel. Mein alter Freund Urs wohnte dort noch immer in einer schnuckeligen Wohnung, direkt am Rheinufer: Nachdenklich blickten wir über das Wasser auf die Lichter unserer Heimatstadt. Etwa dreihundert Meter von hier hatten wir studiert. Zu seiner PR-Agentur musste Schampe jetzt dreihundertachtzig Meter weit gehen. Wir tranken Rotwein und führten tiefsinnige Gespräche: Welches Tier war eigentlich das Missing Link? Wieso hat der FC Basel Giménez damals verkauft? Und warum ausgerechnet an Hertha BSC? Später abends wurde es persönlicher: Ich erzählte, dass ich jetzt mit meiner Ex-Mitbewohnerin Paula zusammen war und wohl bald zu ihr in den Prenzlauer Berg ziehen würde. Urs lachte: »Genau wie in Basel«, feixte er: »Man lernt die Freundin in der WG kennen.« Ich fand das mittellustig. »Und?«, fragte er, »Kinder?« Ich winkte ab.

»Kannst du dir eigentlich vorstellen, dein ganzes Leben in Basel zu verbringen?«, fragte ich später, als wir die zweite Flasche Wein geöffnet hatten. Urs legte seine Stirn in Falten. Auch ein Tabuthema. Denn spätestens mit Mitte dreißig stellte sich für uns Basler nicht nur die existenzielle Frage: Kinder oder Playstation? Spätestens dann quälten wir uns auch mit einer weiteren Entscheidung: Zürich? Oder doch lieber nicht in diese schwerreiche Stadt am See umziehen, die mit der Bahn von Basel aus in einer knappen Stunde zu erreichen ist? Schampe starrte auf den Rhein. »Zürich«, sagt er nachdenklich. »Weißt du: In meinem Alter kann ich mir eigentlich nicht mehr vorstellen, noch einmal ganz neu anzufangen.«

Wie lachhaft!, dachte ich. Als hätte ich ihn aufgefordert, sich in Las Vegas auf Löwenbändiger umzuschulen. Karl Marx hatte Recht: »Das Sein bestimmt das Bewusstsein.« Nichts gegen Urs. Aber die Basler lebten eng und dachten eng. Es war ein gutes Gefühl, wieder nach Berlin zu fahren. Was für ein unangepasstes Leben ich führte, dachte ich: Weder Kinder noch Playstation! Weder Basel noch Zürich! Eigentlich war ich eine ziemlich coole Sau. Nur die Sache mit dem Umzug in den Prenzlauer Berg, wo Paula ihre Mini-Wohnung hatte, beschloss ich, mir noch einmal durch den Kopf gehen zu lassen. Ganz im Norden Berlins kannte ich ja außer ihr und Felix gar niemanden. Und in meinem Alter konnte ich mir irgendwie nicht mehr so recht vorstellen, noch einmal ganz neu anzufangen.

Drei Wochen später rief mich Paula im Büro an. Sie müsse mir etwas sagen. Nicht am Telefon. Ich spürte ein Stechen in der Brust. Schon wieder Trennung?! Doch am Abend, bei ihr im Prenzlauer Berg, stellte sich heraus: Nein. Anders. Sie sei schwanger, sagte Paula. »Wir werden Eltern!«, rief sie und hatte Tränen des Glücks in den Augen. Etwa eine halbe Stunde lang sagte ich gar nichts. Das Sein bestimmte eben das Bewusstsein. Und Elternwerden war in meinem Leben halt noch nie vorgekommen. Hmm. Wie sollten wir das hinkriegen?, fragte ich mich. Wie finanzieren? Und wann würden wir noch Zeit für uns haben?

Babynamen waren ein sehr schwieriges Thema. Von Kevin bis Horst und von Walburga bis Mandy ging in unseren Kreisen alles gar nicht. Zum Glück gab es zumindest bei Jungs-Namen Alternativen. Urs schickte mir aus Basel einen Link zu einer einschlägigen Internet-Seite. »Der Vorname Till-Hein empfiehlt sich für die Namensgebung eines Sohnes«, las ich dort. Seltsam. Denn eigentlich war das ja gar kein Vorname. Aber im Internet stand weiter: »Es gibt einige Völker, bei denen dieser Name eine besondere Bedeutung hat und deshalb von vielen Eltern gewählt wird.« Was das wohl für Völker sein mögen?, fragte ich mich. »Mütter und Väter, die den Jungennamen Till-Hein schön fanden, interessierten sich auch für: Ulf-Enno, Utz-Heiner, Walter-Dieter«, las ich weiter. Aus dem Kontext heraus tippte ich auf das Volk der Zürcher. Denn Menschen aus Zürich hatten oft einen sehr eigenen Geschmack. Aber gut: »Falls es ein Junge wird und wir nach Zürich ziehen sollten, könnten wir ihn Till-Hein Hein nennen«, schlug ich vor. Doch Paula fand, dass man über Babynamen keine Scherze mache.

»Selten so gelacht«, sagte sie ernst. Und mir dämmerte, dass ich wahrscheinlich nicht einmal »Hein« würde durchsetzen können.

Zum Glück trat die Namensfrage bald in den Hintergrund. Denn eine Freundin von Paula kündigte ihren Besuch an. Mit Baby. Normalerweise hätte ich es mit einer Ausrede versucht: »Bin da gerade in Basel« oder »Hab extrem viel zu tun«. Aber der Kleine war immerhin Paulas Patenkind und ich dachte, wir könnten diesen Besuch als Praktikum nutzen.

Zuerst verschwand unser Flaschenöffner. Ein schönes Stück in der Form eines Nashorns und sehr praktisch, wenn man zum Beispiel eine Flasche Bier öffnen wollte. Danach waren immer mehr Sachen plötzlich weg. Mir kam ein Verdacht: Paulas semmelblondes Patenkind aus Hessen. Ein reizender Junge, kaum ein Jahr alt. Seine Mutter erklärte mir, dass er gerade in einer Entwicklungsphase sei, »in der man entdeckt, dass man Dinge in andere Dinge rein- und wieder raustun kann«. Als der Kleine dann damit begann, unsere Stereoanlage abzuknutschen, lächelte sie selig. Sobald wir kurz wegsahen, plünderte er die Schränke. Besonderes Vergnügen machte es ihm, Objekte mit viel Schwung in eine neue Lage zu bringen. Zumindest die TV-Fernbedienung haben wir irgendwann wiedergefunden. Er hatte sie in der Kloschüssel versenkt. Egal. Es kam ja sowieso nichts in der Glotze. Außer Fußball. Und meine Schweizer würden bei der Europameisterschaft wohl eh wieder nichts reißen. Paulas Patenkind hingegen rannte und rackerte wie Ivica Olić vom FC Bayern. Und dann ließ er sich plötzlich fallen, wie einst Jürgen Klinsmann. Die perfekte Schwalbe! Unzählige Elfmeter würde er auf diese Weise erschwindeln. »Der Ball ist rund«, sagte Sepp Herberger. »Und ein Spiel dauert neunzig Minuten.«

Bei diesem Baby aber dauert das Spiel den ganzen Tag. Und auch Objekte, die keineswegs rund waren, versenkte er eiskalt. Ein richtiger Knipser! Eigentlich wollte ich heute als Einstimmung auf die EM mal wieder im Kultbuch »Hopp Schwiiz! – Fußball in der Schweiz oder die Kunst der ehrenvollen Niederlage« schmökern. Doch ich kam nicht dazu. Mit so einem Baby, lernten wir, wird einem nie langweilig.

Ich besuchte einen Wickelkurs im Geburtshaus. Gemeinsam mit einem knappen Dutzend anderen in die Jahre gekommenen Kreuzberger Profi-Jugendlichen lernte ich, in hellblau, gelb oder rosa gestrichenen Räumlichkeiten, wie man ein Baby wickelt. Die Kursleiterin hatte Pampers und Puppen mitgebracht. Wir erfuhren, welcher Brei für welche Altersgruppe geeignet war und wie man beim Gebären als Mann mithechelte. Auch über den mobilen Kreuzberger Windelwaschdienst für Stoffwindeln wurden wir aufgeklärt. Ich lernte und lernte – und am Abend fühlte ich plötzlich ein seltsames Ziehen in der Leistengegend. Seltsame Pickel bildeten sich auf der Haut. Am nächsten Morgen fühlte sich meine Hüfte an, als hätte mich ein Schwarm Hornissen gestochen. »Dit is Gürtelrose«, sagte mein Brutalo-Arzt sofort. »Herpes zoster. Kann chronisch werden. Da müssense radikal entschleunigen.« Die Geschäftsfrau aus dem Brezelcafé fiel mir ein: die mit dem »Hincoachen« und dem »mobilen Doppelkopf«. Ich war da offensichtlich in bester Gesellschaft.

Bald darauf kam es auf die Welt, unser Baby. Ein Junge! Zum Glück war er wohlgenährt und griffig. Ich hatte keine Angst, ihn beim Wickeln aus Versehen zu zerdrücken. Und meine Gürtelrose war plötzlich wie weggeblasen. Nun drohte allerdings eine neue Gefahr: Kaum wechselte ein Schreiberling mal eine Windel, musste er oder sie sofort darüber berichten. »Er führte ein hektisches Großstadtleben – dann wurde Jonathan geboren«, solche Zeitungs-Kolumnen waren in meinem Freundeskreis zu Recht geächtet. Daher nur so viel: Eines Tages war er da, der kleine Sohnemann – und ich führte plötzlich ein hektisches Großstadtleben.

Paulas Lieblingsschrippen gab es beim Bäcker in der Graefestraße, fand ich heraus. Die besten Brezeln hingegen in der Lenaustraße. Auch systemtheoretisch war ich bald auf Zack. Ich kannte alle Vor- und Nachteile der Baby-Tragesysteme »Manduca« und »Marsupi« beim Klettern zwischen den Gletscherspalten, an überhängenden Steilwänden und entlang von Säumerpfaden und mehrspurigen Straßen durch das Berliner Großstadtgebirge. Es war körperlich und mental eine Herausforderung. Und dennoch spürte ich schon nach wenigen Monaten Elternzeit manchmal ein

Reißen. Wäre es nicht würdevoller, noch im realen Wirtschaftsleben zu stehen? Etwas zu produzieren und Geld zu verdienen –
statt Elterngeld von der CDUFDP einzustreichen?

Wirklich cool war es nicht, mein neues Leben. Aber wahrscheinlich war das auch nicht das Entscheidende im Leben. Und
was war heute überhaupt noch cool? Als ich jung war, schien zumindest in Basel der Fall klar: Rockstar werden! Band, Freundin,
Ausbildung (und zwar in dieser Reihenfolge und »Ausbildung«
gab nur Punkte, wenn sie an einem seriösen Institut wie einer
Schauspiel- oder Kunsthochschule absolviert wurde) – damit war
man cool. Und nur, wer in allen drei Punkten versagte, konnte
Präsident unseres »Loser Clubs« werden. Dann überrollte uns die
DJ-Welle, und plötzlich waren selbst begnadete E-Gitarristen mit
Traumfrau und Schauspieldiplom bestenfalls mittelcool. Wirklich
coole Leute hingegen legten Tonträger auf. Nichts gegen dieses
Handwerk, aber Kellner wurden doch auch nicht stärker bewundert als Star-Köche. Seltsame Welt. Mittlerweile aber, so schien es
mir, ebbte auch die DJ-Euphorie wieder ab. Womit also war man
heute in Berlin noch cool?

Auf einer Frühlingsparty ging ich der Sache auf den Grund. Mu-
sikerinnen, Dokumentarfilmer, Wirtschaftsexperten, Reporter
räkelten sich auf Picknickdecken. Alles drehte sich um eine Person. Jeder wollte ein Lächeln von ihr erhaschen oder zumindest ein
paar Worte an sie richten. Ihr Beruf: Tagesmutter. Wer in Berlin
eine Nanny suchte, war eine arme Sau. »Ich habe eine«, gestand
uns eine enge Freundin. »Aber ihre Nummer liegt zu Hause. Ruft
mich in einer Stunde an.« Anschließend war das Natel der Freundin wochenlang tot. Lügen und Prügeln wurde ungern gesehen
in meinem Freundeskreis. Wo die christliche Tradition der Ver-
gebung aber endgültig an ihre Grenzen stieß, war bei der Kinder-
betreuung. Wer einem Freund die Tagesmutter ausspannte, war
für immer unten durch. Was für ein cooler, krisensicherer Job. Ich
überlegte, eine Anzeige in der Zitty zu schalten: »Tausche drei Gitarristen, fünf Journalisten und zwei DJs gegen einen Babysitter«.

Als Vater brauchte man in Berlin Nerven aus Stahl. Schon wegen der vielen Mütter überall. Zeugen und Gebären waren bei uns

in Basel Freizeitbeschäftigungen, deren Details wir nur im engeren Freundeskreis besprachen. Ich dachte, das sei normal. In Berlin aber wurde mir bewusst, wie verklemmt wir Basler waren. Ein typisches Gespräch zwischen jungen Berliner Müttern geht so: »Hallo, ich bin Bine.« – »Hi, ich bin die Saskia. Und, wie war die Geburt?« – »Krass! Auf'm Klo is mir die Fruchtblase geplatzt. Krass! Alles grün! Und in der Klinik steckte dann die Nachgeburt fest. Musste man rausschneiden. Ein Blutbad, sag ich dir.« – »Boah, du Ärmste. Also ich hab vierzehn Stunden lang gepresst. Dann ham die mir den Bauch aufgeschlitzt. Was hab ich geschrien.« Beim Kuchenessen in einem Krabbel-Café solchen Plaudereien beiwohnen zu dürfen, hatte Vorteile. Ich konnte mir Namen nämlich schlecht merken. Jetzt gab es Eselsbrücken, sollte ich diesen Müttern mal wieder begegnen: Die Große, Schlanke mit dem Blutbad hieß Bine, hatte ich memoriert, und Saskia war die kleine Dunkelhaarige, die vierzehn Stunden lang gepresst hatte.

Ich erinnerte mich an eine Geschichte von Nick Hornby, in der sich ein notorischer Single ein Baby ausleiht, um als Papa getarnt junge Mütter anzubaggern. Was für ein weltfremder Plot. Wahrscheinlich war Hornby noch nie in Berlin. Ich würde zum Flirten jedenfalls lieber ins Schlachthaus gehen als in eine Berliner Mutter-Kind-Krabbelgruppe. Früher wunderte ich mich, wenn in der Hasenheide Männer mit Kinderwagen an mir vorbeihechelten. Jetzt verstand ich: Die waren auf der Flucht. Im Prenzlauer Berg hatte bereits ein »Papacafé« eröffnet, in dem sich Männer von den ständigen Geburts-Berichten erholen konnten. Mir aber schienen solche Reservate nicht die Lösung zu sein. »Will man ein Thema vermeiden«, gab mir Cordula, die Psychologin, neulich einen super Tipp, »muss man den Gesprächspartnern gezielt ein anderes emotional besetztes Thema anbieten.« Künftig werde ich im Krabbel-Café nicht mehr schüchtern rumdrucksen. »Hi, ich bin der Till«, werde ich freundlich in die Runde der jungen Mütter rufen: »Und, wie war die Zeugung?«

Als Papa wurde ich täglich besorgter und betulicher. Wie würde der Kleine in dieser Monsterstadt zurechtkommen? Würde mein Brutalo-Hausarzt aus Kreuzberg der Richtige für ihn sein? Wenn ich als Kind in Basel mal wieder grün im Gesicht war, pilgerten wir zu Doktor Knöpfli. Der wusste immer Rat. Im Zweifelsfall ließ er mich »aaah!« sagen, lobte meine »Erdbeerzunge« und diagnostizierte: »klassischer Scharlach«. Aus seinem Mund klang das wie ein großes Kompliment. Scharlach bekam ich dreimal, viele andere Kinderkrankheiten auch. Man musste seine Patienten eben nur richtig motivieren. Doktor Knöpfli war ein Meister seines Fachs und ich bedauerte es sehr, dass ich ihn nicht nach Berlin mitnehmen konnte. Hier gab es zwar auf dem Papier viel mehr Arztpraxen und Kliniken als in Basel, doch wenn man Gerüchten aus meiner alten Heimat glaubte, waren inzwischen fast alle Mediziner aus Deutschland in die Schweiz ausgewandert. Früher hielt ich das für übertrieben. Doch seit wir Nachwuchs hatten, machte ich mir häufig Sorgen. Paula sagte, ich müsse mich dringend mal entspannen. Ob ich nicht mal wieder ausgehen wolle?

Eine gute Idee! Zumal Fidel, der beste Koch unter den textschreibern, an diesem Abend seinen fünfzigsten Geburtstag feierte. In seiner liebevoll eingerichteten Küche, wo leckere Lasagne und zehn verschiedene Salate bereit standen, fiel mir eine Blondine mit langen Zöpfen auf, die mir irgendwie bekannt vorkam. Es war – Haifisch-Lotte! Gefühlte Jahrzehnte hatten wir uns nicht gesehen. Sie sei jetzt mit einem Kieferchirurgen verheiratet, erzählte sie, und lebe in Zehlendorf. »Und du?«, fragte sie neugierig. »Bist du etwa immer noch Journalist?« »Ja ja«, sagte ich. »Stimmt«, sagte Haifisch-Lotte. »Neulich hab ich, glaub ich, irgendwo einen Artikel von dir gelesen.« Es klang mitleidig. Wahrscheinlich bedauerte sie mich, weil ich nicht, wie so viele Kollegen, längst irgendwo Pressesprecher geworden war. Manchmal fragte ich mich, mit wem die ganzen Pressesprecher eigentlich noch sprechen wollten, wo doch bald alle Journalisten selbst als Pressereferenten tätig waren. Mich aber würden die PR-Fuzzis nicht kriegen, versicherte ich Lotte kämpferisch, bevor sie nach Zehlendorf aufbrach. »Für kein Geld der Welt!«

Später, als Wein und Bier alle waren und fast alle Gäste bereits gegangen, fiel mir auf, dass auch ich eigentlich nur noch nebenberuflich als Journalist tätig war. In erster Linie arbeitete ich als per-

sönlicher Referent. Ich war die rechte Hand einer jungen, aufstre-
benden Persönlichkeit, kümmerte mich um die Korrespondenz
meines Chefs und war weitgehend für seine Außenpräsentation
zuständig. Mein Boss war charmant. Selten brüllte er länger als
eine halbe Stunde durch. Wir waren ein dynamisches Familien-
unternehmen, bei dem man nicht erst graue Haare bekommen
musste, um aufzusteigen. Mein Chef war vierzig Jahre jünger als
ich. Demnächst würde er fünf Monate alt werden. Als Kommuni-
kations-Profi war diplomatisches Geschick von zentraler Bedeutung, lernte ich: Wenn der Boss mal wieder einen Wutausbruch
bekam, im Museum etwa oder in der U-Bahn, dann sagte ich nicht
»Choleriker« oder »schlechte Gene«. Ich wählte Formulierungen
wie »erste Zähne« oder »Wachstumssprung« – und die Berliner
nickten voll Wohlgefallen.

Allein die Korrespondenz für meinen Chef war eine Herausforderung: Ständig musste ich Aufforderungen »zur Früherken-
nungsuntersuchung U4« abarbeiten oder auf der Post am Halle-
schen Ufer Geschenkpakete für ihn abholen, die größer als er selbst
waren. Wie der Chef in der öffentlichen Wahrnehmung positio-
niert werden sollte, war in unserer kleinen Firma umstritten. Die
Co-PR-Chefin behauptete jüngst beispielsweise, in der von mir
favorisierten farbenfrohen Kleidung wirke er keineswegs kreativ
und entspannt, sondern wie ein Clown. Die Öffentlichkeitsarbeit
war eine vielseitige, faszinierende Tätigkeit, bei der man viel mit
Menschen zu tun hatte und nie auslernte.

Hin und wieder besuchte ich mit dem Kleinen in der Kraxe
die alten Kollegen im neuen Büro der textschreiber in Friedrichshain. Gerlinde recherchierte für ein Heftli gerade zum Thema »Die
Stadt, die niemals schläft«. Helden des Berliner Nachtlebens sollten in einer TV-Serie gewürdigt werden. Natürlich hab ich mich
als junger Vater da sofort beworben. Wahrscheinlich würde aber
nichts daraus werden, sagte Gerlinde. Denn ich sei ja »nicht die
ganze Nacht wach«. Typisch Frauen-Sendung!, dachte ich. Denen
fehlte der Reporterblick. Wie weltfremd! Als ob Berliner Taxifahrer, DJs oder Notärzte im Einsatz nicht auch zwischendurch mal
kurz einnicken würden.

Schlaf war ein faszinierendes Thema. Toni erzählte neulich zum Beispiel, dass manche Menschen niemals träumten. Das hatten Neurowissenschaftler über Hirnstrommessungen herausgefunden. Klang traurig, schien aber so schlimm nun auch wieder nicht zu sein. Das Gedächtnis dieser Leute funktionierte nämlich trotzdem einwandfrei, stellten die Forscher fest, und sie schienen auch nicht unter psychischen Störungen zu leiden. Ein Problem allerdings belastete traumlose Menschen: Viele von ihnen schliefen schlecht und schreckten nachts immer wieder hoch. Manche Wissenschaftler behaupteten daher inzwischen, die Hauptfunktion des Träumens sei es, den »Schlaf zu bewachen«.

Ich selbst träumte viel. Besonders häufig, dass der Kleine weinte. Dann schreckte ich hoch – und er schlief. Oder umgekehrt: Ich dämmerte im Halbschlaf vor mich hin und mir schien, dass ich träumte, er weine. In Wirklichkeit brüllte er wie am Spieß. Wenn ich ihn dann endlich beruhigt hatte, konnte ich nicht mehr einschlafen und hatte Zeit zum Grübeln. Zum Beispiel über Erziehungsfragen. Als ich noch Kind war, wurde dieses Thema antiautoritär gehandhabt. Das Kinderhuus in Basel, wo ich tagsüber betreut wurde, orientierte sich in den siebziger Jahren nämlich an – Berlin. Die Berliner Kinderläden galten Basler Akademikern aus dem Alternativ-Milieu damals als Speerspitze der progressiven Erziehung. Wir durften die Hauswände bunt bemalen, mit Hammer, Säge und Axt hantieren und gegen Atomkraftwerke demonstrieren – denn in Berlin sei das genauso. Zu lesen gab es den »Anti-Struwwelpeter«, und einmal tanzten wir mit den Erziehern gemeinsam nackt im Kreis. Vielleicht war es also gar nicht erst das Musical »Linie 1« gewesen, das mich nach Berlin gelockt hatte. Meine Sehnsucht nach Berlin hatte letztlich frühkindliche Wurzeln, vermutete jedenfalls meine Freundin Cordula, die Expertin für Tiefenpsychologie. Bereits diese frühen Erfahrungen hätten mich unbewusst für Berlin prädestiniert, sagte sie. Doch wie tief ging eine solche Prägung wirklich? Ich wurde später Profi-Neuberliner. Dani, mein bester Freund aus dem Kinderhuus, hingegen Investmentbanker in Zürich. Vielleicht also gab es doch so etwas wie einen freien Willen, obwohl das Gehirnforscher in letzter Zeit anzweifelten? Der Ansatz im Kinderhuus war jedenfalls schon nicht verkehrt gewesen, dachte ich. Man sollte Kindern möglichst viele Freiheiten lassen und sie nicht unnötig unter Druck setzen. Aber wenn der Kleine jetzt nicht endlich Ruhe gibt, dann fall ich vom Glauben ab!

Der Prenzlauer Berg blieb mir erspart. Eigentlich brauchte man in diesem Stadtteil, in dem Paula ihre reizende Mini-Wohnung hatte, ja ein Kind, um ein vollwertiger Mensch zu sein. Aber kaum hatten wir eines, entwickelte auch sie eine Allergie gegen die dortigen Cafés, in denen die Babys Designerjeans trugen und überall »Kinder-Latte« angeboten wurde. Im Wesentlichen gab es bei den Prenzlwichsern die Schienen: Baby als Lifestyle-Accessoire und Baby als Selbstverwirklichung. Viele der Eltern, die meisten Spätgebärende wie wir, waren auf beiden Schienen gleichzeitig unterwegs. Sehr anstrengend. Das endlose Tal der Sonnenallee wollte Paula dem Kleinen aber auch nicht zumuten – und mit den Kräften einer Löwenmutter fand sie für uns eine Familienwohnung: ausgerechnet in good old Kreuzberg! Ich packte meine Siebensachen, zum gefühlt hundertsten Mal in Berlin. Und ich musste an den Berliner Zolli denken, wo die Tiere ja auch ständig umzogen. Pamboo fiel mir ein. Ein Elefant, der zur Zeit meiner Kindheit im Basler Zolli das Licht der Welt erblickt hatte. Später wanderte er ebenfalls aus. Dabei waren die Perspektiven für Elefanten in Basel besser als für Journalisten. Unser Zolli jedenfalls war weltberühmt. Doch Pamboo schien das nicht genug zu sein. Prompt fand er im Wiener Zoo einen Job als Zuchtbulle. Eine große Ehre für einen Basler. Aber auch eine Aufgabe, bei der ein hoher Leistungsdruck herrschte. Ich zog mein Pamboo-T-Shirt aus den achtziger Jahren an und packte weiter meine Sachen. Wir beide würden weiterhin unseren Weg gehen, dachte ich, der Pamboo und ich. Echte Basler Gipfelstürmer stürzen nicht ab.

Etwas Neues würde beginnen – und das war gut. Ich würde mit Paula und dem Kleinen zusammenleben, in einer großen neuen Wohnung im begehrten Graefekiez. Aber es stand auch eine Trennung an. Mir war Neukölln ans Herz gewachsen, ganz besonders das endlose Tal der Sonnenallee und mein kurioser Hinterhof: der Monsterfernseher, über den ich abends im stockdunklen Treppenhaus seit Monaten stolperte, die vergilbten Schuhschachteln an den Türrahmen, die als Briefkästen dienten, der Duft der libanesischen Hähnchenbraterei an der Ecke. Doch wo bisher »Hein« am Klingelschild gestanden hatte, stand bereits ein anderer Name. Dabei wohnte ich doch noch hier! Bis übermorgen. Auch das Knurren und Gebell des Kampfhundes aus dem vierten Stock würde ich vermissen. Wo war eigentlich der Pitbull aus dem Erdgeschoss? Hatte ihn der von oben aufgefressen? Ich würde es wohl nie erfahren. Denn ab übermorgen würde ich hier nicht mehr dazugehören. Ich würde wegziehen – zurück nach Kreuzberg.

»Wie habt ihr das bloß geschafft, eine Wohnung im Graefekiez zu finden?«, fragten mich die textschreiber-Kollegen neidisch. »Alle wollen doch jetzt dort wohnen!« Es schien in der Tat eine nette Gegend zu sein. Ich mochte Shiatsu, nachhaltiges Biomehrkornballastbrot, Kräutertees und solche Sachen. Aber drohte mir da nicht wieder genau das Milieu, das mich im Bergmannkiez am Schluss so genervt hatte?

Auf der ersten Erkundungstour durch meine zukünftige Heimat schnappte ich auf dem Zickenplatz Gesprächsfetzen auf. Zwei Mittzwanziger regten sich über die Veränderungen im Kiez auf: »Hier leben nicht mehr Leute wie du und ich«, sagte die Frau angewidert, »sondern reiche Spießer aus dem Süden: Pärchen mit Kind!« – »Genau«, sagte er. »Die machen hier alles kaputt!« Ich biss mir auf die Lippen. Viele Politiker und Publizisten behaupteten ununterbrochen das Gegenteil: Wer sich nicht vermehre, mache sich mitschuldig daran, dass hier im Schwoobeland alles den Bach runtergehe, mit den Renten und überhaupt. Doch für junge Leute war ich als Papa nun offensichtlich der Klassenfeind. Neben der Bäckerei Art Bakery entdeckte ich ein Spezialitätengeschäft für Fisch und Meeresfrüchte. »Hmm, sieht ja lecker aus!«, sagte ich und verschlang das reichhaltige Angebot in der Auslage mit meinen Augen. »Was können Sie besonders empfehlen?« – »Gar nix«, nuschelte der Fischhändler in der königsblauen Schürze. – »Ja?« –

»Ja. Weil ich nämlich Ihren Geschmack nicht kenne.« – »Verstehe. Was schmeckt Ihnen denn besonders?« – »Alles!«, sagte der Mann hinter der Theke. »Darum verkauf ich ja auch Fisch.« Ich begann sie zu mögen, meine zukünftige Heimat. Sie war so berlinerisch.

Das Erste, was der Kleine lernte, war eine Bewegung, die man beim Klettern in den Bergen in schwierigen Situationen beherrschen sollte: Schwungvoll drehte er sich aus der Rückenlage auf den Bauch. Er war so stolz, dass er das drei Tage lang fast ununterbrochen tat. Dann hatte er die Technik perfektioniert und lag wieder wochenlang träge herum. Als ich ihn in der Kita eingewöhnen wollte, weinte er anfangs viel. Ich versuchte ihn mit einem Kuscheleisbären zu bespaßen. Er fand ihn doof. Vielleicht sollte ich es mit einem Murmeltier probieren? Als ich ihm meine Armbanduhr auslieh, beruhigte ihn das jedenfalls. Wahrscheinlich waren das die Schweizer Gene?

Mein neues Leben war stark strukturiert: Nachts war ich wach, weil er wach war. Morgens stand ich früh auf, weil er wach war. Dann brachte ich ihn in die Kita, dann versuchte ich zu arbeiten, dann flitzte ich nach Hause, um Paula zu entlasten, die den Kleinen abgeholt hatte. Und immer so weiter. »Mama, Papa, arbeiti«, waren die ersten Worte des Kleinen. Arbeit und Familie. Fehlt nur noch Kirche, dachte ich. Erst als wir uns eine Babykraxe anschafften, wurde alles besser. Es war kein gewöhnliches Tragetuch, sondern eine Art Gestellrucksack, in den man den Kleinen stecken konnte. Von dort aus hatte er einen hervorragenden Ausblick, wenn ich mit ihm am Wochenende durchs Großstadtgebirge streifte. Sogar auf den Fernsehturm fuhr ich mit ihm hoch – doch wie bei allen meinen bisherigen Versuchen war das Wetter so schlecht, dass man nichts erkennen konnte. Nichts gegen Berlin. Aber mein Fernweh wurde täglich stärker. Nie hatte ich mich groß für Afrika interessiert oder eine Reise nach Asien konkret geplant. Doch jetzt, wo meine gesamte Lebenssituation dagegen sprach, erschien mir eine solche Option plötzlich enorm wichtig. Von Nepal und Tansania, wo ich die Bergwelt erobern wollte, riet mir aber sogar mein Kreuzberger Hausarzt mit der Nieren-Handkantenschlag-Diagnosetechnik ab: »Die ganzen Krankheiten da – lassense dit ma bessa.« Ich tat, was ich fast immer tat, wenn eine schwierige Entscheidung zu treffen war. Ich fragte Toni mit dem Trenchcoat und Joe um Rat. Toni war leider gerade wieder auf Reportage in Haiti. Auf seinem AB waren Papageien zu hören und die Info, er sei erst in sechs Wochen wieder zu erreichen. Joe hingegen war da und wusste sofort Rat: »Fahrt doch auf die Kanaren«, empfahl er. »Die Kanaren sind das Malle der Berliner Intellektuellen.« Ich wusste nicht einmal, wo diese Inseln lagen. Aber Paula schien nicht abgeneigt. In der Stabi lieh ich mir einen Kanaren-Reiseführer aus. »Auf La Gomera ist immer Frühling!«, stand darin zu lesen, und allzu weit weg war diese Insel ja wirklich nicht, jedenfalls im Vergleich zu Nepal und Tansania. Bald darauf buchten wir einen Flug nach Teneriffa und bretterten von dort aus mit dem Schnellboot nach La Gomera hinüber. Es war windig auf See, und Paula musste sich dreimal übergeben. Ich zweimal. Nur der Kleine wurde nicht seekrank.

Als wir im Hafen von San Sebastián angelegt hatten, wärmte uns die Mittagssonne Körper und Seele. Die Ferienwohnung lag auf einem Hügel, der deutlich höher als der Kreuzberg war. Und mitten in einem Gärtchen mit richtigen Palmen. Schon nach wenigen Stunden fühlten wir uns wie neugeboren. Grillen zirpten, exotische Vögel krächzten, schneeweiße Wölkchen zogen über den Himmel. Allerdings hatte der ewige Frühling auf La Gomera auch viele andere Nordländer hierher gelockt, stellten wir fest. Es gab einen Metzger aus dem Schwarzwald, einen Brezelbäcker aus Bayern und unzählige Berliner, die Ferienwohnungen vermieteten. Die Zeitung Valle-Bote erschien in deutscher Sprache – und am Wochenende nach unserer Ankunft wurde Karneval gefeiert.

Als sie in den siebziger Jahren aus Berlin hergezogen sei, lebten im Dorf noch Einheimische, erzählte die Vermieterin unseres Häuschens bei der Schlüsselübergabe. Die beherrschten auch noch die traditionsreiche Pfeifsprache El Silbo, die an das Gezwitscher von Kanarienvögeln erinnere. »Aber die sind bald abgehauen.« Dafür vermehrten sich die Schwoobe mit jedem neuen Tag.

Es waren leise, diskrete Schwoobe. Keiner grüßte. Wahrscheinlich lag das daran, dass sie alle irgendwann vor etwas geflohen waren, genau wie wir jetzt vor dem Berliner Winter. Und dass sie sich dafür schämten. Sie wollten unerkannt bleiben und auf keinen Fall daran erinnert werden, dass auch sie zu schwach gewesen waren für die Heimat. Entspannt euch, ich bin doch gar kein Deutscher!, wollte ich ihnen zurufen. Aber das milde Wetter machte träge. Ich schaffte es kaum, die Lippen zu bewegen. Wir frühstückten unter Palmen, tranken Mango- und Papayasaft, aßen Fischplatte im Hafen-Restaurant, betrachteten am Strand den Sonnenuntergang. Der Kleine spielte in der »Baby-Bucht« im Sand. Alles war wunderbar, und wir wurden immer träger in diesem warmen, feuchten Klima. Vielleicht waren wir nicht geschaffen für das Paradies? Nach zehn Tagen wurde es – langweilig. Wir bekamen Sehnsucht nach Berlin, wo man im Winter ein Held war und sich die tapferen Wanderer und Fahrradfahrer durch den Schneesturm zuwinkten. Im Schatten der Eiszapfen kamen sich die Menschen näher. Am Abend vor unserer Abreise sahen wir dann im Kabelfernsehen, dass es in Berlin seit Tagen nicht mehr fror. Tja, dachten wir: Heimweh war auch schon mal spektakulärer gewesen.

Zu Hause in Berlin schüttete es drei Wochen lang ohne Unterlass, aber der Kleine war gut drauf. Er verliebte sich in die Hühner und Gänse in der Hasenheide und die »Madlas« – die Lamas. Und er sprach jetzt immer mehr. Wie lange würde es noch dauern, bis er »Ich mach dich Urban!« zu mir sagen würde?

Das Familienleben machte Spaß. Allerdings fühlte sich der Alltag manchmal ein bisschen an wie früher in Basel: Diskurs in der Enge. Fast alle unsere Freunde und Bekannten waren jetzt Väter oder Mütter. Und alle guckten plötzlich Frauenfußball. Jeder musste sich irgendwie zu den kickenden Frauen verhalten, wo doch in Deutschland die Frauenfußball-Weltmeisterschaft lief. Paula – die selbst nie guckte – sagte, es sei »völlig daneben«, sich über Damenfußball lustig zu machen. Bei der Partie Deutschland: Nigeria hatte ich noch tapfer bis zum Ende durchgehalten. Es war ein ähnlich träges Gekicke gewesen wie bei Eisern Union. Nur ohne Stimmung.

Ich entschied mich, beim Hype um diese WM nicht mehr mitzumachen. Wieso statt Public Viewing nicht mal wieder einen Ausflug machen? Einfach mal rausfahren aus Kreuzberg, dieser Hochburg der Frauenfußballversteher! Denn es gab ja auch andere, geheimnisvolle Stadtteile in Berlin, zum Beispiel südöstlich vom Ostkreuz. Kenner nannten dieses Fleckchen Erde liebevoll »Schweineöde«, die offizielle Bezeichnung lautete Schöneweide. Ein hübscher Name. Und bald sollte ich wunderschöne Erinnerungen mit Schöneweide verbinden, insbesondere mit Niederschöneweide – obwohl das mehr nach Tiefland klang als nach Berggipfel. Felix schleppte mich nämlich auf die Geburtstagsparty eines Studienkollegen mit. Er und seine Familie waren mit einem Stipendium aus Poznań nach Berlin gekommen. Sie hatten kaum Geld, waren aber super drauf. »Den Teppich haben wir bei ebay ersteigert«, erzählte Jarek begeistert. »Für eins fünfzig.« Auch die Einbauküche war von ebay, die Schränke und die Kommoden. Eigentlich alles. Das gesamte Mobiliar hatte weniger gekostet als unsere Kreuzberger Blumenvase. Aber Jarek und seine Familie waren glücklich, das sah man ihnen an. Seit jenem Abend verband ich mit Schöneweide die Vorstellung von einem einfachen, aber geglückten Leben.

Dennoch wollte ich weiter weg. Doch gar nicht unbedingt in die Schweizer Alpen. Ob das ein Zeichen der Entfremdung von der alten Heimat war? Es zog mich nach Afrika, auf den Kilimandscharo – wie einst den erfolgreichsten Bergsteiger aus der Märkischen Schweiz, den ich mit Felix bei Buckow besucht hatte. Den Titel für mein Buchprojekt hatte ich schon im Kopf »Der weiße Massai«. Leider hatte ich noch keinen Verlag gefunden. Denn das Familienleben und die Schutzimpfungen für die Recherchereise nach Afrika lasteten mich voll aus. Vielleicht hätte ich auf Oskar hören sollen. »Afrika?«, fragte der spöttisch, als ich ihm von meinen Plänen erzählte. »Was willste denn da?« – »Die ganzen Tiere!«, versuchte ich ihn mit meiner Begeisterung anzustecken. »Kannste dir doch auch im Zoo angucken.«

In Basel hatte ich quasi neben dem Institut für Tropenmedizin gewohnt. In Berlin hingegen residierten die Tropenärzte am

Spandauer Damm. Von Kreuzberg aus war das ähnlich weit weg wie der Kilimandscharo. Immerhin gab sich die Dame in der Telefonzentrale hilfsbereit. »Ich schau gleich mal nach wegen Tollwut«, säuselte sie. Diese Erkrankung sei im südlichen Afrika selten, beruhigte sie mich. »Aber man stirbt daran.« Zwingend benötige ich eine Hepatitis-A-Prophylaxe, hauchte die Dame. Mit der Hepatitis-B-Prophylaxe zusammen gebe es ein tolles Sonderangebot. »Tetanus und Typhus«, sagte die Expertin weiter. Klingt nach Berlin, Sonnenallee. Falls wir mal Haustiere anschaffen sollten, dachte ich, werde ich sie Tetanus und Typhus nennen. Gegen Malaria gab es drei Mittel: Eines konnte Psychosen auslösen (»Aber wer sagt denn, dass Sie zu den zwanzig Prozent gehören?«). Das andere hieß »Toblerone« oder so und kostete so viel wie reines Gold. Das dritte Medikament war billig – aber man brauchte nach der Einnahme Sonnenschutzfaktor sechzig wegen des Hautkrebsrisikos. Leider kannte ich keine Afrikaner, die mich hätten beraten können.

Man hörte ja immer, Berlin sei so international. Schwarzen jedoch begegnete ich hier viel seltener als in Basel. Die einzigen waren die Dealer in der Hasenheide und die Dealer im Görlitzer Park. Dafür gab es im Wedding eine Togostraße und eine Kongostraße, sah ich neulich auf dem Stadtplan. Typisch Großstadt, dachte ich: mehr Schein als Sein. Dann jedoch erlebte ich bei einer ersten Höhenwanderung durch den Wilden Wedding, den Kleinen in der Kraxe, eine Überraschung: Im sogenannten Afrikanischen Viertel wohnten tatsächlich jede Menge Afrikaner! Sie betrieben Restaurants, Afro-Shops, gemütliche Cafés und Clubs und hatten eine Zeitschrift gegründet. Mir kam eine Idee. Vielleicht sollte ich für mein Buch lieber im Afrikanischen Viertel recherchieren? Das schonte die Umwelt. »Der weiße Wedding-Massai« war doch auch ein super Titel. Und letztlich war es ja nirgends so schön wie zu Hause – in Berlin.

Es war viel Wasser die Spree hinuntergeflossen seit meinen ersten Schritten durchs Berliner Großstadtgebirge. Damals, in der
Gegend um Joes WG im Tal der abgehackten Hand. Viele Winter
und Sommer hatte ich seither kommen und gehen sehen. Projekte und Lebenspläne wurden entworfen und wieder verworfen.
Es roch plötzlich anders an vertrauten Orten. In vielen Kneipen
zum Beispiel nicht mehr nach kaltem Rauch – sondern nach ver-
schwitztem Turnsaal. Eine Begleiterscheinung des Rauchverbots.
Dafür trugen die meisten Kneipengänger in Kreuzberg und Neukölln nun nicht mehr Trainingsjacke, wie zu meiner Zeit, sondern
Holzfällerhemd. Das behaupteten zumindest meine letzten Kumpels ohne Kinder, die sich im Nachtleben besser auskannten. Was
in der Politik früher die Grünen waren, waren heute die Piraten.
Irgendwie rebellisch. Regiert aber wurde Berlin plötzlich von einer
großen Koalition aus rot und schwarz: ein Sinnbild des Stillstands.
   Der Palast der Republik war nicht wieder aufgebaut worden.
Das Schloss allerdings bisher auch nicht. Lange dauerten die Diskussionen, was in den künftigen Prunkbau rein sollte. Mich erinnerte das ein bisschen an die Diskussionen im IT-Bereich. Tolle
technische Möglichkeiten wurden da ständig realisiert – und erst
irgendwann ganz am Schluss stellte sich dann die Frage nach
möglichen Inhalten, um den ganzen Kram zu füllen. Mein Lieb-
lingsprojekt – der tausend Meter hohe Berg auf dem Tempelhofer Feld – war auch noch nicht errichtet worden, trotz der großen
Tradition Berlins als Bergebauer-Stadt. Immerhin aber konnten
Pflanzenfreunde nun während der warmen Jahreszeit dort gegen
ein geringes Entgelt Kisten mit Erde anschleppen und Blumen und
Gemüse ziehen. »Die beiden hier sind von mir«, erzählte mir eine
Studentin neulich und zeigte stolz auf zwei Kisten mit sonnen-

gereiften Tomaten. »Die da drüben von meinen Nachbarn, einer türkischen Großfamilie.« Früher hätten sie nie miteinander geredet. »Aber über das gemeinsame Hobby sind wir uns jetzt näher gekommen«, sagte die Studentin und schenkte mir eine Tomate.

Zum Bergsteigen und meinem Fitnessprogramm kam ich nicht mehr so häufig. Neulich aber traf ich mich mit Fidel zum Tennisspielen. Er war zwar noch zehn Jahre älter als ich, aber erstaunlich fit. Als ich nach einem langen Ballwechsel nur noch nach Luft schnappte, guckte ich kurz zum Nachbarfeld hinüber, wo ein hochgewachsener junger Mann mit pechschwarzem Haar trainierte. Gerade schlug er einen erstklassigen, doppelhändigen Rückhand-Toppspin. Den Typen hatte ich schon mal irgendwo gesehen. Ramin! Ich konnte es kaum fassen. Es war tatsächlich mein ehemaliger Mitbewohner aus der Jugendstilvilla. »Krass, der Hein«, begrüßte er mich später in der Umkleidekabine. »Tennis? Du? Kannischkaumglauben!« Ob er inzwischen einen Job als Barkeeper gefunden habe?, fragte ich. »Nein«, sagte Ramin. »Ich mach Schauspielschule. Hochschulderkünste.« Laufe super dort. Er sei jetzt im vierten Semester. Nur mit der Aussprache habe er noch ein bisschen Probleme. »Aber weißu, James Dean hat auch genuschelt.« Ramin war auf dem Sprung, musste zur Probe. »Hau rein!«, sagte er noch, salutierte wie beim Militär – und verschwand aus der Tür.

Nur ganz wenige Dinge blieben in Berlin wie sie waren. Zum Beispiel Joes WG. Neulich war ich mal wieder dort eingeladen. Ohne Familie. Die abgehackte Hand aus Stahl am Straßenrand war in Wahrheit viel kleiner als in meiner Erinnerung, fiel mir auf, als ich das Hansa-Viertel hinter mir ließ. Ich überlegte, kurz vom Velo zu steigen, um sie zu streicheln. In der WG tranken wir Wein und stießen immer wieder auf meine neun Jahre in Berlin an. Zur Feier des Tages hatte Joe den Kult-Film »Was nicht passt, wird passend gemacht« aus der Videothek geholt. Es tat gut, unter alten Freunden zu sein.

Auf dem Rückweg dann umrundete ich die Siegessäule nicht mehr unzählige Male unschlüssig, wie damals als Neuling. Ich wusste jetzt, wo es lang ging, ins heimatliche Kreuzberg. Ich war jetzt ein Berliner, spürte ich zum vielleicht ersten Mal in meinem Leben. Abgebrüht. »Die glooben, det wär neu, wat hier looft. Aber hatten wa allet schon«, hatte mir neulich ein Ur-Berliner Taxifahrer sein Lebensgefühl geschildert. »Hatten wa schon. Allet schon mal dajewesen. Das letzte Neue hab ick vor Jahren jesehen. Und det war ooch nich neu. Det kannt ick nur nich.« Recht hatte er, der Mann. Irgendwann konnte einen nichts mehr überraschen. Seltsam nur, dass die Heinrich-Heine-Straße in dieser Nacht so anders aussah als sonst. Gegen fünf Uhr, die Sonne ging gerade auf, hielt ich erschöpft inne. Im hintersten Reinickendorf. Irgendwo musste ich in der Dunkelheit doch wieder falsch abgebogen sein. Es war zum Händeabhacken. Doch ich brach in Gelächter aus.

Bei den Wölfli in Basel hatten wir früher manchmal das Lied vom Bolle gesungen: »Sein Rock war ohne Kragen, / sein Nasenbein zerknickt, / die Ärmel war'n zerrissen, / die Augen marmoriert: / Aber dennoch hat sich Bolle / ganz köstlich amüsiert!« Damals wusste ich nicht, dass der Song aus Berlin stammte. Aber woher denn auch sonst!

Und die Berge? Männer wie Röbi und ich brauchten steile Felswände, um glücklich zu sein. Aber mit dem Alter veränderten sich die Bedürfnisse. Seit meinem vierzigsten Geburtstag etwa konnte ich das platte Land viel leichter ertragen. Der Mont Blanc? Die Eiger Nordwand? Das Matterhorn? Letztlich waren das doch alles nur Äußerlichkeiten: »Nicht der Berg ist es, den man bezwingt, sondern das eigene Ich«, schrieb bereits Edmund Hillary, einer der Erstbesteiger des Mount Everest. Für einen wirklichen Gipfelstürmer konnte auch die Ebene zur Herausforderung werden: zum Steilhang.

Das mit dem riesigen Mont Klamott auf der ehemaligen Startbahn des Flughafens Tempelhof wurde nichts. Aber im Winter wolle der Berliner Senat dort zumindest eine Langlaufloipe spuren lassen, erzählte mir Joe Anfang September. Ich freute mich schon den ganzen Herbst über auf den ersten Schnee. Früher wollte ich während der kalten Jahreszeit einfach nur Berghänge runterrasen. Doch inzwischen konnte ich auch dem Altherrensport Langlauf etwas abgewinnen. Als Ende November dann endlich die ersten

Flocken fielen, schulterte ich meine Langlauf-Skier und stapfte durch die Eiseskälte zum alten Flughafengelände.

Es war zwölf Grad unter null. Nebel lag über der ehemaligen Startbahn und verhüllte die Felsen, die verschneiten Abhänge, die Tannenwälder und Gebirgsseen – die nur in meiner Vorstellung existierten. Irgendwo hinter den Schwaden musste der Fernsehturm in den Himmel ragen, die berühmteste Spitze Berlins. Doch wo war die Loipe? Ob Joe einer Zeitungsente aufgesessen war?

Ich schnallte mir die Bretter an und zuckelte meine Skibrille zurecht. Dann ließ ich die Arme wie Propeller kreisen, um die Durchblutung anzuregen. Im Winter 1987 hatte ich zum letzten Mal auf Langlaufbrettern gestanden, erinnerte ich mich. Es war in einem Schulskilager in Davos. Wir waren jung und wollten auf Alpin-Skiern die Hänge runterrasen. Die Lehrer aber zwangen uns zum Langlauf. Ätzend fanden wir das damals. Doch nun träume ich seit Monaten davon, gemächlich durch eine märchenhafte Winterlandschaft dahinzugleiten und von sanften Bewegungen in frischer Bergluft, von aktiver Entspannung.

Ich schlitterte über den harschigen Schnee. Gelegentlich stieß ich auf Spuren von Langlaufskiern. Doch sie endeten abrupt irgendwo im Nichts, genau wie ich das von Berliner Radwegen kannte. Querflugfeldein kämpfte ich mich auf den schmalen Brettern vorwärts. Für einen Augenblick kam ich mir mal wieder wie ein echter Berliner vor, der mutig und kompromisslos sein Ding durchzog. Dann rutschte ich auf einer vereisten Schneeverwehung aus und fiel auf den Hintern.

Das Tollste am Langlaufparadies Tempelhofer Feld: Es war ein Geheimtipp. Lediglich eine Krähe leistete mir an diesem Morgen Gesellschaft. Auf mehr als vier Quadratkilometern. Schließlich fand ich auch die eigentliche Loipe. Sie verlief etwas abseits, entlang einer Absperrung, an der auf großen Hinweisschildern, an denen Eiszapfen hingen, alle paar Meter »Hier brütet die Feldlerche von April bis Juli« stand. Schwungvoll glitt ich dahin. Im silbergrauen Licht zeichnete sich sanft die Silhouette des Fernsehturms ab. Nur mein Atem und das Sirren der Skier waren zu hören – mitten in der Schwoobeland-Metropole. Es gab Tage, an denen war Neuberliner der schönste Beruf der Welt. Und ich erinnerte mich an einen Satz, den ich bei Theodor Fontane gelesen hatte: »Vor Gott sind eigentlich alle Menschen Berliner.«

Irgendwann, der Abend dämmerte bereits, stapfte mir eine Fußgängerin entgegen, die einen Rollkoffer hinter sich herzog. »Sorry«, rief sie mir zu. »Do you speak English? I am looking for the airport.«

Über den Autor

© Lisa Shoemaker

Till Hein, geboren 1969, studierte in Basel Geschichte, Germanistik und Russistik. 1996/97 absolvierte er eine journalistische Ausbildung beim Österreichischen Nachrichtenmagazin Profil und arbeitete von 1999 bis 2001 für das SZ-Magazin. Seit 2002 lebt er in Berlin, wo er u.a. für Die Zeit, Der Standard, Brand Eins, Geo, mare, NZZ am Sonntag und den Tagesspiegel schreibt. »Der Kreuzberg ruft!« ist sein erstes Buch.

Wolfgang Philippi

Ich bin ein Berliner Buch!
Das Mitmach-Stadt-entdecken-Kaputtmach-Buch
ISBN 978-3-8148-0189-6
160 Seiten, 9,95 € [D]

Dieses Buch ist eine liebevoll-schräge Einladung,
die Hauptstadt nach eigenem Bild zu formen und
auf überraschende Weise zu erleben.

Petra Boden

Die Berliner Currywurst
Mit einem Beitrag von Horst Evers
ISBN 978-3-8148-0180-3
224 Seiten, 14 € [D]

Petra Boden unternimmt einen kulinarischen Streifzug
durch die Berliner Geschichte und Gegenwart und erzählt
Geschichten vor und hinter der Imbisstheke.

Falko Rademacher

Das Buch für Berlinhasser
Fast eine Liebeserklärung
ISBN 978-3-8148-0176-6
224 Seiten, 14,95 € [D]

»Böse, klar, aber prima recherchiert, solides Berlin-
Grundwissen von Landowsky bis Berliner Currywurst.
Der Untertitel heißt ja auch ›Fast eine Liebeserklärung‹.
Bitte, es geht doch.« *TIP*

Murat Topal

Neukölln
Endlich die Wahrheit
ISBN 978-3-8148-0182-7
240 Seiten, 14,95 € [D]

»Ein überraschendes, facetten- und lehrreiches Sammel-
surium, das erschöpfend von ganz Berlin erzählt und
deshalb in keinem Bücherregal von Wahl-, Neu- oder
schlicht Berlinern fehlen sollte!« *Radio Fritz*

berlin edition im
be.bra verlag

www.bebraverlag.de